本丛书得到国家社科基金重大项目《把握经济发展趋势性特征，加快形成引领经济发展新常态的体制机制和发展方式研究》（批准号 15ZDC009）和深圳市人民政府委托重大项目《加快发展新经济的体制机制问题：中国发展新经济的问题与对策研究》的资助

国家出版基金项目
NATIONAL PUBLICATION FOUNDATION

中国改革新征途:
体制改革与机制创新丛书

A New Journey in China's Reform:
A Collection of System Reform and Mechanism Innovation

中国经济新棋局

China's New Economic Chessboard

张占斌◎著

人民出版社

总　序

　　一部中国改革史,其实也是一部制度和体制机制变迁的历史。在中国经济进入新常态的大环境下,制度改革、制度创新和体制机制变迁的作用更加凸显。党的十八大以来,以习近平同志为核心的党中央强调,"摆在我们面前的一项重大历史任务,就是推动中国特色社会主义制度更加成熟更加定型,为党和国家事业发展、为人民幸福安康、为社会和谐稳定、为国家长治久安提供一整套更完备、更稳定、更管用的制度体系"。① "到二○二○年,在重要领域和关键环节改革上取得决定性成果,完成本决定提出的改革任务,形成构建系统完备、科学规范、运行有效的制度体系,使各方面制度更加成熟更加定型"②,推进国家治理体系和治理能力现代化。党的文献中首次出现并重点强调"制度体系""制度定型"的概念,让世界看到新一轮改革的制度取向。

　　今天中国的改革,已经进入以强化制度建设为核心的全面深化改革阶段。"制度改革"始终聚焦重要领域和关键环节,"制度创新"始终注重顶层设计和配套衔接,综合部署"弹钢琴",使一系列制度体系愈加成熟定型。改革不是单个领域体制的调整和修补,而是各方面体制

---

① 《习近平谈治国理政》,外文出版社2014年版,第104—105页。
② 《十八大以来重要文献选编》(上),中央文献出版社2014年版,第514页。

与制度的创新;不是某个领域体制改革的单向推进,而是各领域、各层次的系统推进;不是止步于改革体制机制,而是要着眼于制度聚合与集成,形成总体性的制度成果和制度文明。以制度建设巩固改革开放的成果,以制度创新激发社会活力,增进全体人民福祉,这是全面深化改革不遗余力推进制度创新的深层逻辑。

我国仍然处在社会主义初级阶段,在跨越"中等收入陷阱"的进程中,完善社会主义市场经济体制具有特殊的紧迫性。经济发展进入新常态以来,党中央、国务院提出了供给侧结构性改革的战略部署,核心要义是优化制度供给,形成引领经济发展新常态的好的体制机制。可以说,本套丛书的研究也契合了制度供给侧改革的理论和实践,并得到了国家社会科学基金重大项目《把握经济发展趋势性特征,加快形成引领经济发展新常态的体制机制和发展方式研究》(编号 15ZDC009)的资助。

党的十八大以来,党和国家的事业发生历史性转变,我国发展站到了新的历史起点上,中国特色社会主义进入了新的发展阶段。党的十九大开启中国发展的新篇章,社会主义现代化强国建设的新征程拉开大幕,客观上要求中国特色社会主义制度体系更加成熟定型。本套丛书意在为推进我国重要领域和关键环节的制度建设,提高国家治理能力现代化提供有益借鉴。

张占斌

2017 年 8 月

于国家行政学院

目　录

前　言

开启"社会主义现代化强国建设"的新征程

　　党的十八大以来,以习近平同志为核心的党中央团结带领全党全国各族人民,为全面建成小康社会和实现中华民族伟大复兴的中国梦,励精图治、攻坚克难,提出了以人民为中心的治国理政新理念新思想新战略,作出了一系列推动经济发展的重大改革和创新举措。这些理论和实践探索,是我们党科学把握当代中国实际和时代特征推进马克思主义中国化的最新成果,是推动具有许多新的历史特点的伟大斗争的锐利武器,是夺取全面建成小康社会新胜利的战略蓝图,是与时俱进做好经济建设和经济改革工作的行动指南。面对复杂的经济形势,中国经济在自身经济基数庞大、世界经济增长放缓的大背景下,稳中求进、稳中调优,持续运行在合理区间,增速位居全球前列。实践证明,党中央的一系列决策部署是符合中国特色社会主义发展实际的。我们必须深刻领悟、准确把握党的十八大以来党中央领导经济建设的雄心壮志和基本内涵,开启社会主义现代化强国建设的新征程。

　　第一,更加强烈的历史担当,加快从经济大国走向经济强国。党的十八大以来,习近平同志提出了我国经济发展进入新常态的重要判断,提出了"加快从经济大国走向经济强国"的努力方向和"两个一百年"

的奋斗目标。习近平同志在参观《复兴之路》展览时说："现在,我们比历史上任何时期都接近中华民族伟大复兴的目标,比历史上任何时期都更有信心、有能力实现这个目标。""实现中华民族伟大复兴,就是中华民族近代以来最伟大的梦想。"这个梦想沉淀了中华民族集体记忆的屈辱和苦难,也彰显了我们党带领全国人民走向全面小康和实现经济强国梦、带领国家走向民族伟大复兴的坚定意志和决心。从经济角度看,实现中华民族伟大复兴的中国梦,就是要在全面建成小康社会的基础上,努力跨越"中等收入陷阱",实现从经济大国向经济强国转变的宏伟目标,这些重要思想,体现了习近平同志强烈的胸怀天下、强国富民的历史担当,彰显了带领中华儿女谱写社会主义现代化强国建设新篇章的雄心壮志。

第二,更加宽阔的国际视野,积极推动国际经济合作和全球经济治理。当前,世界正发生复杂深刻的变化,各国面临的发展问题十分严峻。以习近平同志为核心的党中央以宽阔的国际视野,紧紧围绕和平发展战略思想和外交策略方针,成功开展了一系列重大外交活动,就"一带一路"建设、促进世界经济增长、推动区域合作、完善全球经济治理等阐述主张,引发国际舆论高度关注。从提出坚持正确义利观到完善全球治理机制,从倡议建设丝绸之路经济带到建设21世纪海上丝绸之路,从建立"新型大国关系"到阐述"命运共同体"构想等,均表达了中国发展造福世界的真诚意愿,展示了中国发展促进全球经济繁荣的良好初衷,加深了国际社会对中国的总体认识,促进了中国参与国际合作和全球治理的历史进程。中国广泛参与了一系列国际重要会议,密切与世界各国深入交往,体现出作为一个负责任的大国更加主动自信地参与全球经济治理的良好形象。

第三,更加真诚地尊重规律,新常态下发挥市场在配置资源中的决定性作用。党的十八届三中全会提出市场决定资源配置是市场经济的一般规律,市场经济本质上就是市场决定资源配置的经济。其中关于"市场决定论"的提出,体现了尊重经济规律,注重运用规律的突出特点,在完善市场经济体制方面又坚定向前迈了一大步。党的十八届四中全会又进一步提出建设法治的市场经济。以习近平同志为核心的党中央在深入分析当前国内外宏观经济形势和深刻揭示中国经济潜在增长率新变化的基础上,对中国经济发展的阶段性特征和趋势做了新的概括,提出经济发展进入新常态的判断,认为我国经济正在向形态更高级、分工更复杂、结构更合理的阶段演化。认识新常态,适应新常态,引领新常态,是当前和今后一个时期我国经济发展的大逻辑。发展必须是遵循经济规律的科学发展、必须是遵循自然规律的可持续发展、必须是遵循社会规律的包容性发展,这是我国经济发展必须遵循的三个规律。党的十八届五中全会提出,必须牢固树立并切实贯彻落实创新、协调、绿色、开放、共享的发展理念,在发展主线上强调推进供给侧结构性改革。这些概括和提升,体现了以习近平同志为核心的党中央尊重历史经验、尊重人类规律、尊重现实国情的可贵品质。

第四,更加务实的思想作风,经济体制改革要在全面深化改革中起牵引作用。领导干部务实不务实,群众火眼金睛,是能够看出来的。在加强群众路线教育和"两学一做"的实践中,以习近平同志为核心的党中央强调领导干部一定要求真务实,要做到讲实情、出实招、办实事、求实效,要"接地气"。这些重要讲话、思想和实践,受到了普遍好评。群众心里的确有杆秤。站在时代的潮头,我们强烈感受到,改革开放是决定当代中国命运的关键一招,也是决定实现"两个一百年"奋斗目标、实现中华民族伟大复兴的关键一招。经过三十多年不断改革,容易改的问题基本都改了,留下来的大都是比较难啃的硬骨头,甚至是牵动全局的敏感问题和重大问题。我们必须以务实的思想作风,以更大的政治勇气和智慧,不失时机深化重要领域改革,坚决破除一切妨碍科学发展的思想观念和体制机制弊端,敢于啃硬骨头,敢于涉险滩,冲破思想观念的障碍。要以经济体制改革为重点,发挥经济体制改革的牵引作用,加快实现全面深化改革的目标。习近平同志在党的十八大之后首次地方考察活动,就选择了改革开放的前沿阵地深圳,并向邓小平铜像敬献花篮,表明志向和决心,中国改革开放的巨轮继续破冰前行。党的十八届三中全会后,改革全面铺开,改革力度、广度和深度前所未有,抓改革落地的勇气十足,经济体制改革不断深入,开创了全面深化改革的崭新局面。

第五,朴实的为民情怀,改革发展成果更多更公平惠及全体人民。习近平同志在党的十八大后的首次公开讲话中,就鲜明宣示:"人民对美好生活的向往,就是我们的奋斗目标。"党的十八大以来,以习近平同志为核心的党中央把以人民为中心的发展思想摆在治国理政的突出位置,把增进人民福祉、促进人的全面发展作为发展的出发点和落脚点,发展人民民主,维护社会公平正义,保障人民平等参与、平等发展权利,充分调动人民积极性、主动性、创造性。党中央高度重视"三农"工作,始终关心粮食安全问题,提出"中国人的饭碗任何时候都要牢牢端在自己手上",始终关心耕地保护,提出"要像保护大熊猫那样来保护耕地",始终关心环境生态保护和治理,提出"环境保护和治理要以解决损害群众健康突出环境问题为重点",推动形成绿色发展方式和生活方式,打赢蓝天保卫战。强调"精准扶贫、精准脱贫","打赢扶贫开发攻坚战"。党的十八大以来,习近平同志连续五年在新年伊始离京考察,地点都选在贫困偏远地区,渗透出"以民为本、以人为本"的执政理念,彰显出"真挚深厚、朴实无华"的为民情怀。

　　第六,更加坚强的党的领导,更好发挥政府在经济发展中的作用。历史经验表明,共产党不仅能够打天下,也能够治天下。党领导了新中国的经济建设,特别是领导了三十多年改革开放,取得了震惊世界的"中国奇迹"。当前,在"五位一体""四个全面"的战略布局下,加强和完善党的领导,是我们巩固政权和加快发展的关键所在。全党同志要坚决维护以习近平同志为核心的党中央权威,把思想和行动统一到中央重大决策部署上来,正确处理中央和地方、全局和局部、当前和长远的关系,正确对待利益格局调整,充分发扬党内民主,坚决维护中央权威,保证政令畅通,坚定不移实现中央改革决策部署。要深化从严治党规律的认识,提高党的领导能力和执政能力。习近平同志指出:"经济发展进入新常态,党领导经济工作的观念、体制、方式方法也要与时俱进。"要加强党领导经济工作制度化建设,提高党领导经济工作法治化水平,增强党领导经济工作专业化能力,强化舆论引导工作。在高度注重加强党的领导的同时,还要更好地发挥政府在经济社会发展中的作用。科学的宏观调控,有效的政府治理,是发挥社会主义市场经济体制优势的内在要求。要正确处理好政府与市场的关系,更好地发挥政府作用,切实转变政府职能,深化行政体制改革,创新行政管理方式,健全宏观调控体系,加强市场活动监管,加强和优化公共服务,促进社会公平正义和社会稳定,促进共同富裕。

　　党的十八大以来,在新中国成立特别是改革开放以来我国发展取得的重大成就的基础上,党和国家事业发生历史性变革,我国发展站在了新的历史起点上,中国特色社会主义进入新的发展阶段,进入了中国特色社会主义现代化强国建设的新阶段。我们要在以习近平同志为核心的党中央的坚强领导下,以新的精神状态和奋斗姿态把中国特色社会主义推向前进。

第一章　两个一百年:全面建成小康社会与实现中国梦

"中国的变化对世界各国产生了巨大的政治和经济影响。"①

习近平同志指出:"我坚信中国共产党成立一百周年时,全面建成小康社会的目标一定能实现。我坚信中华人民共和国成立一百周年时,把我国建成富强、民主、文明、和谐的社会主义现代化国家的目标一定会实现。我更坚信中华民族伟大复兴的梦想一定会实现。"②"两个一百年"奋斗目标的提出,既包含了全面建成小康社会的近期目标,与"五位一体"总体布局和"四个全面"战略布局相呼应,也蕴含了实现伟大中国梦的远期愿景。中华民族经过艰辛努力,走在了向"两个一百年"奋斗目标前进的道路上,这幅自强不息的历史画卷,凝聚了几代中国人的情感和夙愿,体现了中华民族和中国人民的整体利益,也是每一个中华儿女的共同期盼。

一、"两个一百年"目标与中国梦的提出

"两个一百年"奋斗目标有其深刻的历史根源。从世界经济的发

---

① 戴维·史密斯:《龙象之争》,丁德良译,当代中国出版社 2007 年版,第 33 页。
② 《习近平谈治国理政》,外文出版社 2014 年版,第 36 页。

展史看,中华民族曾以卓越的创造能力长时期走在世界的前列。安格斯·麦迪森的研究表明:早在公元 10 世纪时,中国在人均收入上就已经是世界经济中的领先国家,而且这个地位一直延续到 15 世纪。① 从收入角度看,从公元 10 世纪到 19 世纪初期,中国的 GDP 总量和人均 GDP 均为当时世界之最。国外学者普遍认为,在 15—16 世纪之前,中华民族具有世界领先的地位,科学技术能力、生产力水平以及制度文明构成的中华文明著称世界,令西方国家钦羡仰慕。

先进的中华文明与领先的经济发展水平,占据世界中心舞台长达两千余年,中华民族以此而自豪。康雍乾的鼎盛时期,国家统一、社会安定、经济繁荣、国力强大。以 1750 年为例,这一年中国 GDP 总量占世界份额的 32%,居世界首位,而欧洲英、法、德、俄、意的国内生产总值共占全球的 17%,这五国的 GDP 只有中国的一半稍多。②

西方资本主义文明的崛起迅速打破了世界发展的格局。16 世纪的世界,人类社会经历了一次重大转折,地处亚欧大陆西端的西欧地区率先进入了资本主义社会。从意大利掀起文艺复兴运动到英国发动工业革命,思想和经济的深刻变革引导西欧各国走出了中世纪社会并开始领跑世界。1688 年,英国发生"光荣革命",资产阶级通过非暴力的方式战胜了封建势力,确立了君主立宪的近代国家体制,为推动工业革命扫清了障碍。在英国,1733 年机械师凯伊发明了飞梭,1765 年纺织工哈格里夫斯发明了"珍妮纺纱机",1785 年瓦特制成改良型蒸汽机投入使用。机器动力的发明和推广催生了资本主义工业革命时代的到

---

① 安格斯·麦迪森:《中国经济的长期表现(公元 960—2030 年)》,伍晓鹰等译,上海人民出版社 2011 年版,第 1 页。

② 《党建》杂志社:《思考中国:〈学习活页文选〉选编》,红旗出版社 2010 年版,第 34 页。

来,从而颠覆了中国农业文明领先世界的地位,将中国抛在了西方的后面。

1840年英国发动鸦片战争,打破了中国"天朝帝国"的美梦,中华民族由此陷入积贫积弱的历史困境。尽管清朝政府和官员们还以盲目自大的心态聊以自慰,不愿意承认自己的落后,但国家腐朽、经济凋敝、社会衰乱则无情地宣告了中华民族被世界先进潮流抛弃的不争事实。"在举国上下死气沉沉的局面中,民族的生机与活力被扼杀了。"①一系列不平等条约、一次次割地赔款,中华大地和中华儿女蒙羞。

面对西方列强的坚船利炮,天朝帝国及其体系轰然崩溃,我们的国家也逐渐沦为风雨如晦的半殖民地半封建社会。面对灾难深重的民族苦难,无数仁人志士前赴后继,探寻着救国救民的道路,实现中华民族伟大复兴成为中华儿女的共同夙愿。1921年中国共产党成立,团结带领中国人民进行28年浴血奋战,成立了中华人民共和国,彻底结束了旧中国一盘散沙的局面。新中国成立后,在继续完成新民主主义革命任务、迅速地恢复国民经济的同时,开始了现代化建设和民族振兴之路。

党的十一届三中全会开启了党团结带领中国人民进行改革开放的伟大开端,开辟了中国特色社会主义道路,形成了中国特色社会主义理论体系,确立了中国特色社会主义制度,中华民族也在图强振兴的路上越走越坚实。在崭新的探索中,党领导人民克服各种干扰,以坚定的道路自信、理论自信、制度自信和文化自信,以前所未有、举世瞩目的成就展示了中华民族伟大复兴的新风采。党的十五大第一次提出了"两个一百年"奋斗目标,"到建党一百年时,使国民经济更加发展,各项制度

① 谷安林主编:《中国共产党历史二十八讲》,人民出版社、党建读物出版社2006年版,第2页。

更加完善;到21世纪中叶新中国成立一百年时,基本实现现代化,建成富强民主文明的社会主义国家"。党的十八大报告再次重申了"两个一百年":在中国共产党成立一百年时全面建成小康社会,在新中国成立一百年时建成富强民主文明和谐的社会主义现代化国家。

习近平同志当选总书记后,在参观《复兴之路》展览时说:"现在,我们比历史的任何时期都更加接近中华民族伟大复兴这个目标,我们比历史上任何时期都更有信心、有能力实现这个目标。"认为实现中华民族伟大复兴就是中华民族近代最伟大的中国梦。习近平同志提出的中国梦愿景,是我们党和国家在整个社会主义初级阶段的奋斗目标,是邓小平创造性地提出"三步走"战略的最终实现形式。这个目标与党的十八大提出的"两个一百年"奋斗目标是相一致的,也就是在全面建成小康社会的基础上,到2050年左右建成富强民主文明和谐的社会主义现代化国家。在2050年这个战略节点上,正是伟大的中国梦的实现时刻,从这个意义上讲,"三步走"战略的实现,既是"两个一百年"奋斗目标的实现,也是中国梦愿景的实现。

中国梦顺应了当今中国的发展大势,昭示了党和国家走向未来的宏伟图景。紧跟时代发展步伐、把握中国现实要求,提出鼓舞人心的行动纲领和奋斗目标,是我们党带领人民推进事业发展的鲜明特征。从推翻"三座大山"到建设新中国,从实现"四个现代化"到全面建成小康社会,每一次纲领目标的提出,都照亮了我们的奋斗前程,凝聚了人民的奋进力量。经过长期的历史探索和艰苦实践,我们党成功开创和发展了中国特色社会主义,中华民族正迎来伟大复兴的光明前景。现在,我国经济实力、综合国力大幅跃升,人民生活显著改善,逐步由发展中大国向现代化强国迈进,由中低收入国家向中高收入国家迈进。可以说,我们已站在一个新的历史起点上,进入一个新的历史阶段,比以往任何时候都更加接近民族复兴的目标。中国梦与中华民族历史传统相承接，与当今中国发展大势相契合，确立了党和国家事业发展新的历史坐标。

中国梦顺应了全国各族人民创造美好未来的热切期盼，反映了全体中华儿女梦寐以求的共同心愿。"中国梦不仅是整个国家的富强之梦，而且是同国人的住房梦、就业梦、社会保障梦、生活环境优美梦等个人愿望直接相联系的，是中国人的总体追求与每个人的个体追求紧密结合在一起的憧憬和期盼。"①中国梦是国家民族的梦，也是每个中国人的梦。② 中华民族是一个伟大的民族，创造了辉煌灿烂的中华文明。但进入近代以后，历经沧桑、历经磨难，每一个中国人、每一个炎黄子孙都更加懂得民族复兴的意义。实现民族伟大复兴，体现了中华民族和中国人民的整体利益，深深扎根于中国人的心底，烙印在民族记忆的深处，成为全国各族人民的共同理想。可以说，中国梦道出了中国人民的心声，道出了海内外中华儿女的渴望，最具凝聚力、感召力，最具广泛性、包容性，是最大公约数，成为激励中华儿女团结奋进、开辟未来的一面鲜艳旗帜。

中国梦顺应了世界发展进步的潮流，展示了中国为人类文明作出更大贡献的意愿。"中国梦是中华民族的梦，是中国人民的梦，是世界人民的梦的有机组成部分。"③随着改革开放和社会主义现代化建设的推进，中国逐步走向世界舞台的中心，中国的发展越来越离不开世界，世界的发展也越来越离不开中国。国际社会关注中国的发展理念、发展走向，希望分享中国的发展机会、发展成果。中国梦是亿万中国人民

---

① 李君如：《中国梦的意义、内涵及辩证逻辑》，《毛泽东邓小平理论研究》2013 年第7 期。

② 《习近平谈治国理政》，外文出版社 2014 年版，第 39—40 页。

③ 孟东方、王资博：《中国梦的内涵、结构与路径优化》，《重庆社会科学》2013 年第5 期。

的民族复兴之梦，也是同世界人民携手共进、同各国合作共赢之梦。中国人民素有珍爱和平、崇尚和谐、开放包容的传统，想发展、怕动荡、盼和平。复兴之梦也是和谐之梦、和平之梦。中国的发展、中国梦的实现，意味着世界和平与发展力量的增强，意味着人类文明的进步，既有利于中国赢得尊严和尊重，也有利于推动实现持久和平、共同繁荣的世界梦。习近平同志指出，实现中国梦必须走中国道路，必须弘扬中国精神，必须凝聚中国力量。① 这"三个必须"，是我们党团结带领人民实现中华民族伟大复兴中国梦的基本执政遵循。②

以习近平同志为核心的党中央强调"两个一百年"奋斗目标和实现"中国梦"的统一，强调在实现"两个一百年"奋斗目标中追逐"中国梦"。这说明，此时此刻，我们正处于近代以来中国历史上最接近中华民族伟大复兴目标的重要时刻，我们既倍加自豪，又对党确立的理想信念倍加坚定，对党肩负的历史责任倍加清醒。可以这样说，"两个一百年"目标必将成为我们党坚定道路自信、理论自信、制度自信，夺取中国特色社会主义新胜利的两座里程碑。③

二、从小康社会到全面建成小康社会

"实现全面建成小康社会、建成富强民主文明和谐的社会主义现代化国家的奋斗目标，实现中华民族伟大复兴的中国梦，就是要实现国

---

① 《习近平谈治国理政》，外文出版社 2014 年版，第 35—36 页。
② 何毅亭：《学习习近平重要讲话》（增订本），人民出版社 2014 年版，第 27 页。
③ 张占斌、周跃辉：《两个百年战略节点与中国经济强国梦研究》，《中共党史研究》2014 年第 1 期。

家富强、民族振兴、人民幸福,既深深体现了今天中国人的理想,也深深反映了我们先人们不懈追求进步的光荣传统。"①全面建成小康社会,是实现中华民族伟大复兴中国梦的关键一步,是现阶段党和国家事业发展的战略统领。②

"小康"一词最早源出《诗经·大雅·生民之什》:"民亦劳止,汔可小康,惠此中国,以绥四方。"意为百姓辛苦,应休养生息享受安康;既造福于京城百姓,也有益于天下安宁。"小康"在《礼记·礼运》中得到较系统的阐述,成为仅次于"大同"的理想社会模式。"小康社会"首先是经济概念,是指介于温饱和富裕之间的社会发展阶段。同时,"小康社会"亦是一种国家治理理念,是指在实现生活富足的基础上,遵守法令和纪律,追求安定和谐自由和国家统一富强。古代哲人管子所说的"仓廪实而知礼节,衣食足而识荣辱",正是"小康社会"治理理念的集中体现。③

1979 年 12 月 6 日,邓小平在会见来访的日本首相大平正芳时首次提出了"小康"的概念和"小康社会"的构想:"我们要实现四个现代化,是中国式的现代化。我们的四个现代化的概念,不是像你们那样的现代化的概念,而是'小康之家'。到 21 世纪末,中国的四个现代化即使达到了某种目标,我们的国民生产总值人均水平也还是很低的。要达到第三世界中比较富裕一点的国家的水平,比如国民生产总值人均一千美元,也还得付出很大的努力。中国到那时也还是一个小康的状态。"④这是我国党和国家领导人最早关于"小康社会"思想的论述。

---

① 《习近平谈治国理政》,外文出版社 2014 年版,第 39 页。
② 陈宝生:《加快从经济大国走向经济强国——深入学习习近平同志的经济战略思想》,《人民日报》2014 年 10 月 15 日。
③ 魏礼群主编:《四个全面:新布局、新境界》,人民出版社 2015 年版,第 2 页。
④ 《邓小平文选》第二卷,人民出版社 1994 年版,第 237 页。

此后,党的十二大和十三大把邓小平提出的这个战略设想确定为全党和全国人民的长期奋斗目标:第一步,到 1990 年实现国民生产总值比 1980 年翻一番,解决人民的温饱问题;第二步,到 20 世纪末使国民生产总值比 1980 年翻两番,人民生活达到小康水平;第三步,到 21 世纪中叶达到中等发达国家水平,人民生活比较富裕,基本实现现代化。这也就是我们现在常说的社会主义现代化分三步走的战略部署。

事实上,"小康社会"的概念在中国社会主义现代化的实践中得到了不断丰富和完善,变得越来越准确、越来越清晰。并且,经过全党和全国人民的共同奋斗,到 2000 年,中国的小康社会建设已经取得了显著成就,在总体上实现了小康。但是,从更高的要求来看,这个阶段所达到的小康社会,还是一种较低水平的小康。① 尽管在平均意义上,2000 年中国的人均国内生产总值超过 850 美元,但很多人才刚刚解决了温饱问题,还有一部分人的生活水平在温饱线以下。与此同时,在民主、政治、文化教育事业以及市场经济体制下的基本医疗和社会保障等方面,都与建设社会主义现代化强国目标有着较大的差距,中国经济落后的状况没有得到根本改变。在这种情况下,对国家的经济、社会和政治发展战略进行提升,就成为中国特色社会主义的一种不可避免的历史性选择。正是基于这样的现实状况,旨在让所有人都过上小康生活的"全面建设小康社会"这一目标被逐步明确地纳入了中国共产党和中国政府的发展战略框架。

2012 年 11 月,党的十八大根据经济社会发展的实际进程,从中国特色社会主义总体布局出发,提出到 2020 年全面建成小康社会的新要求和新愿景。党的十八大报告明确提出"确保到二〇二〇年实现全面

---

① 赵胜轩主编:《全面建成小康社会与中国梦》,人民出版社、党建读物出版社 2015 年版,第 33 页。

建成小康社会宏伟目标"的时间表，以及经济持续健康发展、人民民主不断扩大、文化软实力显著增强、人民生活水平全面提高、资源节约型和环境友好型社会建设取得重大进展等具体内涵。将"全面建设小康社会"改为"全面建成小康社会"，标志着全面建设小康社会进入最后的关键阶段。因此，从改革开放初期提出"小康社会"理想，到20世纪末建设和进入"小康社会"发展阶段，达到"总体小康"水平，再到21世纪初的"全面建设小康社会"构想和党的十八大提出的"全面建成小康社会"宏伟蓝图，正是中国共产党带领全国人民"奔小康"，一步步实现中华民族伟大复兴中国梦的战略选择和不懈追求。①

全面建成小康社会，核心在全面。这是实现中国梦的重要基础。这个"全面"，体现在覆盖的人群是全面的。它是不分地域、不分城乡、不分老幼的全面小康，是不让一个人掉队、"大家好才是真的好"的全面小康。这个"全面"，也体现在涉及的领域是全面的。我们要建成的全面小康，不仅仅是经济上有量化要求，而且是"干部清正、政府清廉、政治清明""找到全社会意愿和要求的最大公约数"的全面小康，是"破除城乡二元结构，建设农民幸福生活的美好家园"的全面小康，是"国家物质力量和精神力量都增强，全国各族人民物质生活和精神生活都改善"的全面小康，是经济更加发展、民主更加健全、科教更加进步、文化更加繁荣、社会更加和谐、人民生活更加殷实、环境生态更加友好的全面小康。

全面建成小康社会，重点在发展。这是实现中国梦的支撑力量。我国改革开放三十多年建设小康社会的基本经验，根本的一条就是靠坚定不移地把党和国家的中心任务放到经济建设上，推动社会生产力

---

① 李君如：《全面建成小康社会的政治宣言和行动纲领》，《中国资产评估》2013年第3期。

以前所未有的速度发展起来。在发展进入新阶段、经济进入新常态的当下,习近平同志关于全面建成小康社会的论述,强调发展是最大的民意、是最大的共识、是最基本的经验。抓住发展中存在的突出矛盾,瞄准的是经济、社会和人的素质的全面提升。发展是当今世界潮流,发展是当今中国主题。无论是"工业化、信息化、城镇化、农业现代化同步发展",还是"坚持发展是硬道理的战略思想",全面建成小康社会的战略目标,体现的正是中国特色社会主义的根本属性和必然要求。

全面建成小康社会,关键在建成。这是实现中国梦的战略保障。我们原来提出的"总体小康"还是较低水平、不全面、发展不平衡的小康,而"全面建成小康社会"则是将目前较低水平、不全面、发展不平衡的小康,发展成为更高水平、内容比较全面、发展较为均衡的小康社会。小康社会是我们党对中国社会主义认识深化和拓展的重要体现。全面建成小康社会,是"让人民群众在每一个司法案件中都感受到公平正义"的小康,是"望得见山、看得见水、记得住乡愁"的小康,是"以改革创新精神开拓国防和军队建设新局面",是"为实现中国梦提供坚强力量支撑"的小康,是让每个人"共同享有人生出彩的机会,共同享有梦想成真的机会"等等。这些真真切切的梦想内容,通过全国各族人民的奋斗努力,能够确保在2020年最终得到实现,才能更进一步激发人民实现中国梦的信心和斗志。

全面建成小康社会,要坚持定量定性相结合。小康是中国人民的千年期盼。全面建成小康社会也需要有可供测算的评价指标体系。近年来,为了评估全面小康社会建设成就,测算与全面建成小康的距离,一些研究机构提出了全面小康指标体系。以指标体系衡量,能使人直观看到全面小康建设进展情况,便于人们对小康社会实现维度的精准把握和理解。但是,也要看到全面小康不能仅仅简化成有限指标,全面小康应该是一个定量与定性兼备的目标，内涵十分丰富。特别是党的十八大进一步明确全面建成小康社会的新要求，即经济持续健康发展，人民民主不断扩大，文化软实力显著增强，人民生活水平全面提高，资源节约型、环境友好型社会建设取得重大进展。可见，全面小康实质是我国现代化的阶段性目标，涵盖工业、农业、国防、科学技术"四个现代化"，体现建设中国特色社会主义"五位一体"总布局。在五个方面中，有些可以量化，如经济、社会方面的一些目标；有些难以量化，如政治、文化方面的一些目标。因此，全面小康目标是定量目标与定性目标的结合。①

三、统筹推进"五位一体"总体布局

随着中国经济发展步入多元复合转型的重要战略机遇期，经济社会面临诸多矛盾叠加、风险隐患加剧，以习近平同志为核心的党中央统筹推进经济建设、政治建设、文化建设、社会建设、生态文明建设的"五位一体"总体布局。"五位一体"的总体布局是一个有机整体，其中经济建设是根本，政治建设是保证，文化建设是灵魂，社会建设是条件，生态文明建设是基础。② 坚持五位一体建设全面推进、协调发展，才能形成经济富裕、政治民主、文化繁荣、社会公平、生态良好的发展格局，把中国建设成为富强民主文明和谐的社会主义现代化国家。

第一，要适应新形势新任务新要求，深刻把握"五位一体"总体布

---

① 张占斌：《全面小康不能仅仅简化成有限指标》，《人民日报》2015 年 4 月 8 日。
② 肖贵清、田桥：《习近平治国理政思想的逻辑主线和框架结构》，《中国特色社会主义研究》2017 年第 1 期。

局。"五位一体"总体布局虽涉及不同领域,有各自特殊的内容和规律,但它们之间是有机统一、不可分割、相辅相成、相互促进的辩证统一关系。经济建设是建设有中国特色社会主义政治、文化和社会、生态文明的前提和基础,其核心是激发群众的创造性、发展生产力,为现代化建设奠定坚实的物质生活基础;政治建设就是继续推进并深化政治体制改革,发展社会主义民主政治,建设法治国家,给每个人的发展创造平等的地位和均等的机会;文化建设就是用先进的价值观武装国民,提供强有力的精神动力和智力支持,营造了丰富多彩、健康向上的新生活;社会建设就是不断创新社会治理新模式,努力提供更有质量更高水平的公共产品和公共服务,创造社会和谐稳定的局面;生态文明建设就是努力推进生态文明的体制机制创新,形成绿色的发展方式和生活方式,提供幸福、健康、宜人的生活环境。"五位一体"是相互联系、相互促进、相辅相成的统一整体。这一战略布局,是科学发展的总体布局,有原则要求,有政策安排,有举措方法,更加清晰地指明了中国绿色发展、绿色跨越的道路,为中国实现又好又快发展,赢得更加美好的未来,提供了重要指导。

经济建设中,发展必须是科学发展,经济增长必须是实实在在和没有水分的增长。要以提高发展质量和效益为中心,以供给侧结构性改革为主线,加快形成引领经济发展新常态的体制机制和发展方式,深入实施创新驱动发展战略,推动科技与经济深度融合,促进新型工业化、信息化、城镇化、农业现代化、绿色化同步发展,形成区域协调发展新格局,发展更高层次的开放型经济。政治建设中,坚持党的领导、人民当家作主、依法治国有机统一,以保证人民当家作主为根本,以增强党和国家活力、调动人民积极性为目标,以加强党的领导为根本保证,把制度建设摆在突出位置,加快建设社会主义法治国家,推进国家治理能力和治理体系现代化。文化建设中，坚持把社会效益放在首位，社会效益和经济效益相统一。以社会主义核心价值观为引领，加强思想道德建设和社会诚信建设，丰富文化产品和服务，发挥文化引领风尚、教育人民、服务社会、推动发展的作用。社会建设中，解决好人民群众最关心最直接最现实的利益问题，在学有所教、劳有所得、病有所医、老有所养、住有所居上持续取得新进展。围绕构建中国特色社会管理体系，加快形成党委领导、政府负责、社会协同、法治保障的社会管理体制，提高公共服务共建能力和共享水平。① 正确处理人民内部矛盾，建立健全党和政府主导的维护群众权益机制。生态建设中，要加快建设资源节约型、环境友好型社会，形成人与自然和谐发展的现代化建设新格局，打赢蓝天保卫战，推进美丽中国建设，为全球生态安全和人类可持续发展作出新贡献。

第二，重点布局生态文明，打造绿色发展新抓手。党的十八大将生态文明建设纳入"五位一体"中国特色社会主义总体布局，要求"把生态文明建设放在突出地位，融入经济建设、政治建设、文化建设、社会建设各方面和全过程"。生态文明建设功能更为特殊，把生态文明建设提高到"五位一体"整体推进中国特色社会主义建设的高度，深刻把握生态文明建设对"五位一体"总体布局的特殊意义和作用机制。一是要走低碳循环经济的发展之路。低碳循环经济将彻底颠覆以往的生产方式。形成低碳经济和循环发展的关键在于推动能源技术进步，建立起清洁低碳、安全高效的现代能源体系。二是要走高科技支撑的发展之路。高科技支撑发展主要表现在：首先，科技革命大突破，以纳米、生物工程等为代表的新信息技术催生促进经济社会大转型的革命性变

---

① 袁方成、罗家为：《十八大以来城乡基层治理的新方向、新格局与新路径》，《社会主义研究》2016 年第 1 期。

化。其次，产业革命突飞猛进，表现为产业设计、云物大智开启创新信息技术新时代。再次，产业形态突变爆发，创新产业集群成为产业集群与转型升级新模式。最后，区域经济新状态，重点在区域创新与区域设计。三是要推动主体功能区的建设。主体功能区的重点内容包括区域市场形成和发展、与主体功能相适应的区域产业选择、区域产业结构调整、区域性能源、交通通信等基础设施建设、区域内公共服务的供给等。目前主体功能区可以划分为优化开发区、重点开发区、限制开发区和禁止开发区。四是要加强生态安全屏障建设。在经济生活中需要大力落实生态文明理念，重点放在转变经济发展方式和发展循环经济，推进形成绿色发展方式和生活方式，同时需要建立起完善、统一的生态文明制度体系。生态安全屏障建设范围覆盖地区主要是生态重点地区和生态脆弱地区，建设内容包括森林、湿地、荒漠、城市等主要生态系统，这是国家生态安全体系的基本框架。

第三，统筹"五位一体"总体布局，推动经济社会双转型。"五位一体"总体布局相互渗透、不可分割，具有内在一致性，按照"五位一体"总体布局，围绕引领经济新常态、贯彻新发展理念，适度扩大总需求，推进供给侧结构性改革，促进经济社会全面协调可持续发展，对实现"两个一百年"奋斗目标和中华民族伟大复兴的中国梦具有重要意义。开拓发展新思路、新境界，必须统筹推进"五位一体"总体布局，推进全面建成小康社会进程，不断把实现"两个一百年"奋斗目标向前推进。正如习近平同志指出那样，全面建成小康社会，是我们党向人民、向历史作出的庄严承诺，是13亿多中国人民的共同期盼。只有坚持"五位一体"的总体布局，在推动经济发展的基础上，建设社会主义市场经济、民主政治、先进文化、生态文明、和谐社会，协同推进人民富裕、国家强盛、中国美丽。

四、协调推进"四个全面"战略布局

党的十八大以来，以习近平同志为核心的党中央在统筹推进"五位一体"总体布局的框架下，又提出了"四个全面"战略布局，确立了新形势下党和国家各项工作的战略目标和战略举措，为统筹推进"五位一体"总体布局提供了方法论。"四个全面"是从我国发展现实需要提出来的，是从人民群众的热切盼望中得出来的，是推动我国经济健康可持续发展、实现"两个一百年"奋斗目标和中国梦的根本保障。

第一，深刻理解"四个全面"战略布局的重大意义和内在逻辑。"四个全面"战略布局是党中央站在时代和全局的高度，敏锐洞察世界大势，正确认识中国国情、立足中国实际，准确分析我国现阶段发展的新变化新特点，深刻把握当前党和国家事业发展中必须解决好的主要矛盾，根据我们党在新时期新阶段的历史任务和实践需要提出来的。"四个全面"战略布局确立了新形势下党和国家各项工作的战略方向、重点领域、主攻目标，是我们党治国理政方略与时俱进的新创造，开辟了我们党治国理政的新境界，为实现"两个一百年"奋斗目标和中华民族伟大复兴的中国梦提供了理论指导和实践指南。

"四个全面"战略布局是有机联系、相互贯通的顶层设计，全面小康社会是处于统领地位的战略目标，全面深化改革、全面依法治国、全面从严治党为实现战略目标提供强大动力、可靠保障和政治保证。①我们要把思想和行动统一到"四个全面"战略布局上来，紧紧围绕"四

---

① 杨永志：《析"四个全面"战略布局的中国梦指向》，《中共贵州省委党校学报》2015年第4期。

个全面"谋划和推动各项工作,在贯彻落实上凝神聚焦发力,把国家富强、民族振兴、人民幸福的伟大梦想一步步变成现实。要抓住发展这个党执政兴国的第一要务,促进经济社会持续健康发展,让发展成果更多更公平惠及全体人民。要全面深化改革,激发和增强社会活力,让人民群众有更多获得感。要全面依法治国,维护宪法法律权威,维护社会公平正义。要全面从严治党,严明党的政治纪律和政治规矩,确保党始终成为中国特色社会主义事业的坚强领导核心。

第二,要坚持用"四个全面"战略布局引领各项工作。2015年1月,习近平同志在云南考察期间强调要用"四个全面"引领各项工作。"四个全面"战略布局是对党和国家事业发展提出的总要求,各领域、各方面工作都要着力服务"四个全面",都必须从贯彻落实"四个全面"的高度来谋划和推动。要按照"四个全面"战略布局,更加扎实地推进经济发展,更加坚定地推进改革开放。首先要紧紧围绕"四个全面"战略布局谋划发展,以思想共识凝聚行动力量,在各个领域体现"四个全面"的发展要求。其次要抓住解决"四个全面"这一主要矛盾,更加重视用全面建成小康社会的目标凝聚力量,更加重视把改革开放作为推动发展的强大动力,更加重视发挥法治的保障、引领和规范作用,更加重视从严治党。最后要认识新常态,适应新常态,引领新常态。中国经济新常态是形成"四个全面"的时代和历史大背景。要主动自觉适应经济社会发展新常态,更好地把握规律性、富于创造性、增强主动性,在新的历史起点上,实现我们的宏伟目标。

第三,要用辩证法的要求协调推进"四个全面"战略布局。我们党要团结带领人民协调推进"四个全面"战略布局,实现"两个一百年"奋斗目标、实现中华民族伟大复兴的中国梦,必须不断接受马克思主义哲学智慧的滋养,更加自觉地坚持和运用辩证唯物主义世界观和方法论,增强辩证思维、战略思维能力，把各项工作做好。必须坚持唯物辩证法的根本方法，反对形而上学。"四个全面"是系统工程，是有机联系的统一整体，由一个战略目标和三大战略举措构成，强调四个方面相辅相成、相互促进、相得益彰，强调每个"全面"的系统性、整体性、协同性。这就要求我们要注重调查研究，做到加强顶层设计和摸着石头过河相结合、整体推进和重点突破相结合，不断增强工作的原则性、预见性和创造性。① 要把握好重要矛盾和次要矛盾、矛盾的主要方面和次要方面的关系。"四个全面"是当前党和国家事业发展必须解决好的主要矛盾，在抓主要矛盾和矛盾的主要方面的基础上，按照轻重缓急分先后顺序，逐次解决各种矛盾，以取得整体效果。要坚持两点论和重点论的辩证统一。习近平同志指出："在推进'四个全面'过程中，我们既要注重总体谋划，又要注重牵住'牛鼻子'。"②比如，我们既对全面建成小康社会作出全面部署，又强调"小康不小康，关键看老乡"；既对全面深化改革作出顶层设计，又强调突出抓好关键领域和关键环节的改革。总之，要坚持统筹兼顾、综合平衡，做到十个指头弹钢琴。

第四，要在探索发展规律中协调推进"四个全面"战略布局。在协调推进"四个全面"战略布局的进程中，我们必然会面临许多前所未有的新情况新问题。不断认识和把握新形势下经济社会发展的特点和规律，是全党的一项长期的理论和实践任务。而要深刻认识、准确把握规律，就必须坚持实事求是。2015 年 6 月 12 日，习近平同志在纪念陈云同志诞辰 110 周年座谈会上指出："实践反复证明，能不能做到实事求

---

① 范清宇：《浅谈加强顶层设计与摸着石头过河相结合》，《中国行政管理》2014 年第 9 期。

② 贺新元：《"四个全面"战略布局：实现中国梦之"四维"》，《人民论坛》2015 年第 13 期。

是,是党和国家各项工作成败的关键,全党同志一定要把实事求是贯穿到各项工作中去,经常、广泛、深入开展调查研究,努力把真实情况掌握得更多一些、把客观规律认识得更透一些,为协调推进'四个全面'战略布局打下扎实的工作基础。"在协调推进"四个全面"战略布局进程中,我们必须不断探索规律、不断认识规律、不断运用规律,才能推动"四个全面"战略布局的实践不断走向深入。解放思想、实事求是、与时俱进,是马克思主义活的灵魂。习近平同志强调:"落实好'四个全面'战略布局,要求全党同志以与时俱进、奋发有为的精神状态,不断推进实践创新和理论创新,继续书写马克思主义中国化、时代化新篇章。"①广大党员干部要加强学习,加强调查研究,努力成为推动经济社会发展的行家里手。要在协调推进"四个全面"战略布局的进程中,不断深化认识,不断总结经验,不断实现理论创新和实践创新的良性互动。

五、牢固树立和贯彻落实新发展理念

理念是行动的先导,发展理念是否正确,从根本上决定着发展成效乃至成败。党的十八大以来,以习近平同志为核心的党中央审时度势,总结借鉴国外发展经验教训,分析研究国内发展大势,提出创新、协调、绿色、开放、共享的新发展理念,破解发展难题,增强发展动力,厚植发展优势,以新理念、新作为标注中国经济的新方位。创新、协调、绿色、开放、共享的新发展理念,集中反映了我们党对我国发展规律的新认

① 陈宝生:《推进"四个全面"战略布局落地生根》,《人民日报》2016 年 9 月 5 日。

识,集中体现了"十三五"乃至更长时期我国的发展思路、发展方向、发展着力点,集中揭示了中国将迈上更高质量、更有效率、更加公平、更可持续发展的发展道路,是关系我国发展全局的一场深刻变革。

第一,新发展理念是发展理论的重大创新。改革开放三十多年来,我们党总是根据形势和任务的变化,适时提出相应的发展理念和战略,引领和指导发展实践。从改革开放初期的以经济建设为中心、发展是硬道理,到21世纪初提出发展是党执政兴国的第一要务,再到坚持科学发展、全面协调可持续发展,从中可以看出,每一次发展理念、发展思路的创新和完善,都推动实现了发展的新跨越。党的十八大以来,以习近平同志为核心的党中央着眼我国新发展实践,深入推进党的理论创新,在发展目标、发展动力、发展布局、发展保障等方面形成了一系列新理念新思想新战略。新发展理念,集中反映了我们党对经济社会发展规律认识的深化,是我国发展理论的又一次重大创新;集中体现了对社会主义本质要求和发展方向的科学把握,标志着我们党对经济社会发展规律的认识达到了新的高度。

第二,新发展理念是基于中国国情的科学判断。必须清醒地认识到,我国仍处于并将长期处于社会主义初级阶段,基本国情和社会主要矛盾没有变。正是在此基础上,党中央提出创新、协调、绿色、开放、共享的新发展理念。

一是我国仍处于并将长期处于社会主义初级阶段的基本国情没有变。人口多、底子薄、发展不平衡仍是我国最大实际。当前,我国经济总量虽已超过11万亿美元,稳居世界第二,但人均国内生产总值只有8000多美元,排在世界第八十位左右,相当于世界平均水平的70%。劳动生产率比较低,就业结构层次不尽合理,农业就业人口占总就业人口的比重在30%左右。城乡差距较大,农民人均收入仅相当于城市居民的三分之一。

二是人民日益增长的物质文化需要同落后的社会生产之间的矛盾这一社会主要矛盾没有变。经过多年艰苦奋斗,我们解决了温饱问题,实现了总体小康,但与全面建成小康社会、普遍提高人民生活水平和质量等新的目标要求相比,仍存在较大差距。我国公共产品供给总体上不足,人均公共设施资本存量与欧美发达国家差距较大,公共服务保障水平较低,居民衣食住行等基本生活消费支出占人均消费支出的比重仍然偏高。服务业增加值占国内生产总值的比重虽然超过50%,成为国民经济第一大产业,但仍比同等发展程度国家低10个百分点左右,与发达国家75%左右的水平相比差距更大。

三是我国是世界上最大发展中国家的国际地位没有变。近年来,在全球经济受国际金融危机影响延续低迷态势的大背景下,我国经济增速在世界主要经济体中位居前列,但综合发展水平与发达国家相比还存在较大差距。比如,2016年我国常住人口城镇化率为57.35%[①],不仅明显低于发达国家水平,也低于同等发展程度国家的平均水平。截至2016年年底,我国仍有4000多万人口亟待脱贫,这相当于一个中等规模国家全部的人口数量。

第三,新发展理念是必须长期坚持的基本遵循。随着经济总量不断增大,我们在发展中遇到了一系列新情况新问题,经济发展面临速度换挡节点、结构调整节点、动力转换节点。破解发展难题,实现持续健康发展,必须以新发展理念引领发展方式转变,培育经济发展新动能,解决经济发展中的不平衡问题,推动发展质量和效益提升。

创新发展,注重解决发展动力问题。抓创新就是抓发展,谋创新就

---

① 《2016年国民经济实现"十三五"良好开局》,国家统计局网站,2017年1月20日。

是谋未来。在国际发展竞争日趋激烈和我国发展动力转换的形势下，只有把发展基点放在创新上，形成促进创新的体制架构，才能塑造更多依靠创新驱动、更多发挥先发优势的引领型发展。近年来，我国科技整体水平明显提高，但关键核心技术受制于人的局面并没有从根本上得到改变。因此，必须把创新摆在国家发展全局的核心位置，不断推进以制度创新、科技创新为主要内容的各方面创新。

协调发展，注重解决发展不平衡问题。协调发展是持续健康发展的内在要求，只有坚持区域协同、城乡一体、物质文明精神文明并重、经济建设国防建设融合，才能在协调发展中拓宽发展空间，在加强薄弱领域中增强发展后劲。当前重点是要积极推进京津冀协同发展、长江经济带发展和"一带一路"建设，充分发挥"三大战略"和"四大板块"叠加效应，以新型城镇化为重点推动城乡协调发展，培育形成新的增长极。

绿色发展，注重解决人与自然和谐问题。绿色是永续发展的必要条件，是人民追求美好生活的重要体现。只有坚持绿色富国、绿色惠民，为人民提供更多优质生态产品，推动形成绿色发展方式和生活方式，才能协同推进人民富裕、国家富强、中国美丽。必须坚持节约资源和保护环境的基本国策，坚定走生产发展、生活富裕、生态良好的文明发展道路，让良好生态环境成为新的经济增长点，成为展现我国良好形象的发力点和人民群众美好生活的支撑点。

开放发展，注重解决发展内外联动问题。开放是实现国家繁荣发展的必由之路，只有丰富对外开放内涵，提高对外开放水平，协同推进战略互信、经贸合作、人文交流，才能开创对外开放新局面，形成深度融合的互利合作格局。必须顺应我国经济深度融入世界经济的趋势，从更高层次、以更宽视野推进全方位开放，坚持内外需协调、进出口平衡、

"引进来"和"走出去"并重、引资和引技引智并举,形成互利共赢、共同发展的新格局。

共享发展,注重解决社会公平正义问题,只有让广大人民群众共享改革发展成果,才能真正体现社会主义制度优越性。践行以人民为中心的发展思想,必须把增进人民福祉、促进人的全面发展作为发展的出发点和落脚点,注重机会公平,保障基本民生,充分调动人民群众积极性、主动性、创造性,使全体人民在共建共享发展中有更多获得感,朝着共同富裕方向稳步前进。

第四,新发展理念是应对世界变局的战略抉择。当今世界,和平与发展的时代主题没有变,世界多极化、经济全球化、文化多样化、社会信息化深入发展。一方面,世界经济在深度调整中曲折复苏。国际金融危机破坏了世界经济增长动力,其带来的冲击与深层次影响依然存在,主要经济体走势和宏观政策取向分化,全球贸易低迷,贸易保护主义强化,新的增长动力还没有形成,全球经济增长乏力。另一方面,外部环境不确定不稳定因素显著增多。新一轮科技革命和产业变革风起云涌。国际能源格局发生重大调整,国际能源生产和消费结构及能源技术向低碳化发展,正在改变世界能源版图。全球治理体系深刻变革,国际贸易体系、国际货币和金融监管体系正在重构,网络、深海、极地、空天等领域相关国际制度和国际规则建设的需求不断增强,国际关系复杂程度前所未有。

第二章　发展阶段:主动适应和
引领经济新常态

我国经济发展正在向形态更高级、分工更复杂、结构更合理的阶段
演化。认识新常态,适应新常态,引领新常态,是当前和今后一个时期我
国经济发展的大逻辑。习近平同志提出中国经济进入新常态,是对我国
经济中长期潜在增长率下降趋势的深刻揭示,是对我国经济发展趋势性
特征的科学判断。站在时代的路口和新阶段的起点,我们必须历史地、
辩证地认识我国经济发展的阶段性特征,主动适应和引领新常态。

一、站在经济新发展阶段的时代起点上

新常态是我国经济发展进入更高阶段的表现。习近平同志在
2013 年中央经济工作会议上首次提出"新常态"概念,其后多次进行阐
述。2014 年 5 月他在河南考察和 7 月在党外人士座谈会上均提到"新
常态",11 月在亚太经合组织工商领导人峰会开幕式上首次全面阐释
经济新常态,12 月在中央经济工作会议上对经济新常态做了深入系统
的阐述。2016 年 1 月 18 日,习近平同志在省部级主要领导干部学习

贯彻党的十八届五中全会精神专题研讨班上指出,谋划和推动"十三五"时期我国经济社会发展,就要把适应新常态、把握新常态、引领新常态作为贯穿发展全局和全过程的大逻辑。这说明,经过改革开放三十多年的伟大奋斗,我国已经站在了一个新发展阶段的时代起点上了。从经济总量、部分省市 GDP、进出口总额、外汇储备等综合指标看,我国已成为名副其实的经济大国。①

习近平同志讲,"我们中国共产党人干革命、搞建设、抓改革,从来都是为了解决中国的现实问题"②。放眼世界来看,我们虽然已经是经济大国了,但还不是真正的世界经济强国。要跨越"中等收入陷阱",就不能停留在经济大国的认识水平、发展水平和治理水平上,需要科学认识中国经济新常态的趋势特征,靠改革和创新着力推动解决我国发展面临的一系列突出矛盾和问题,加快从经济大国走向经济强国。

现在看,国际金融危机后续影响尚未完全消除,一些经济体的复苏仍然脆弱,新旧增长点转换任务艰巨。随着时间的推移,新常态下我国经济发展的内在支撑条件和外部需求环境都已发生了深刻变化,我们要正视经济潜在增长率逐步下降的客观现实。从整体看,中国经济发展进入新常态的直接导因是全球经济复苏迟滞,而内因是发展环境发生深刻变化。③

第一,世界经济格局深刻调整,全球经济缓慢低速增长。从 2008年国际金融危机以来,世界经济呈现出"总量需求增长缓慢、经济结构深度调整"的显著特征,使得我国的外部需求出现常态性萎缩,我国低成本比较优势也发生了转化。美欧等经济强国相继提出"再工业化"

① 魏礼群:《由经济大国到经济强国的发展战略》,《新华文摘》2013 年第 18 期。
② 《十八大以来重要文献选编》(上),中央文献出版社 2014 年版,第 497 页。
③ 韩康:《经济新常态:新观察、新思考》,《国家行政学院学报》2015 年第 2 期。

"工业4.0""2020战略""重生战略"等措施,意在结合新能源、新材料、新技术发展实体经济,抢占国际经济制高点。而发展中国家都在努力调整发展模式,加快发展具有比较优势的产业,使得有限世界市场范围内的竞争更加激烈。这种态势,对我国形成"双向挤压",必须有忧患意识。现在世界经济仍处在国际金融危机后的深度调整期,总体复苏疲弱态势难有明显改观,国际金融市场波动加大,国际大宗商品价格波动,地缘政治等非经济因素影响加大。我们既要抓住机遇趋利避害、顺势而出牌,加快全球战略性布局,又要防范各类风险。

第二,我国经济发展面临要素资源瓶颈,转型升级任务艰巨繁重。经历了三十多年高强度大规模开发建设后,我国的经济增长结构正在发生历史性变化,传统产业相对饱和,传统人口红利在逐步减少,进入人口老龄化社会,"刘易斯拐点"正在加速到来。与此相对应的是,我国过度依靠投资和外需的经济增长模式,已使得能源、资源、环境的制约影响越来越明显,石油、天然气等重要矿产资源的对外依存度已超过50%,生态环境压力在不断加大,要素的边际供给增量已难以支撑传统的经济高速发展路子。"我国被称为'世界工厂',但生产的多为劳动密集型和低附加值的产品,核心技术主要依赖出口,企业自主创新能力不强。"①长期以来,我国产业多处于中低端水平,发展方式粗放,存在着科技创新能力不足,科技与产业的融合力度不够、很多产业竞争力不强、核心技术受制于人等诸多问题,伴随着经济增速下调,各类隐性风险逐步显性化,客观上要求我们主动放慢经济增长速度,为经济转型升级腾出空间、留出时间。②

---

① 马建堂:《全面实现经济强国任重道远》,《中国集体经济》2011年第4期。
② 国家行政学院经济学教研部编著:《中国经济新常态》,人民出版社2015年版,第4页。

第三,人均 GDP 偏低,重要经济指标差距很大。2016 年我国的经济规模已达 74 万亿人民币,经济总量的世界占比达 14.84%,继续高居全球经济体的第二位。[1] 但是人均 GDP 偏低,在国际排名第 80 位左右。而从经济强国的角度看,其基本的量化门槛为:一是国内生产总值的世界占比至少要达到 6%;二是科技创新水平指数要进入世界前五名的行列;三是服务业产值占比要超过 70%;四是城市化率不能低于70%;五是国际储备货币占比要超过 4%。[2] 从目前各项经济强国指标的水平看,中国显然离世界经济强国的目标还有很远的路要走,差距还很大,对此必须有清醒的认识。因此,要着力破除以往圈地运动式的粗放增长,学会追求质量和效益的精耕细作。要坚持以提高经济发展质量和效益为中心,更加注重人力资本提升、科技进步和全面创新。

第四,"中等收入陷阱"的风险加大,改革创新的压力极其严峻。世界银行在 2006 年的《东亚经济发展报告》中将"中等收入陷阱"定义为进一步的经济增长被原有的增长机制锁定,人均国民收入难以突破10000 美元的上限,这时经济体很容易进入经济增长阶段的停止徘徊期。这是我国理论界目前较为一致的看法,并认为"中等收入陷阱"是经济增长的负效应,是生产要素成本上升、投入产出递减、劳动密集型比较优势不断减少等经济增长因素的变化,导致经济增长失去新的动力,从而引发一个国家或地区掉入"中等收入陷阱"的风险。经济理论研究表明,世界上大多数国家或地区最初的经济增长,都是依靠利用本地区的资源比较优势,依靠短期内大量地增加生产要素投入而形成的。但任何一个国家或地区的劳动力、土地等资源供给总是有限的,再加上

① 《全国各国 GDP 出炉!中国排名第二》,搜狐财经,2017 年 2 月 25 日。
② 张占斌主编:《中国经济强国梦》,河北出版传媒集团、河北人民出版社 2014 年版,第 52 页。

市场竞争等问题,因此要跨越"中等收入陷阱"实现可持续的经济增长,就必须依靠技术进步,依靠全要素生产率提高而不是简单地增加要素投入来促进经济增长。从我国经济发展的现状来看,"中等收入陷阱"的风险是客观存在的,我们宁可信其有,不可信其无,保持头脑清醒,加倍努力,加倍小心,力争早日跨过"中等收入陷阱"。①

二、经济新常态的趋势性变化和特征

习近平同志多次在重要场合对中国经济新常态进行分析和阐释。他强调指出,经济发展进入新常态,正从高速增长转向中高速增长,经济发展方式正从规模速度型粗放增长转向质量效率型集约增长,经济结构正从增量扩能为主转向调整存量、做优增量并存的深度调整,经济发展动力正从传统增长点转向新的增长点。② 这一揭示是深刻的,为中国发展经济学理论增添了新的视角和新的内容。为了让全党干部提高认识,更接地气,他还从九个方面揭示了中国经济新常态的趋势性特征变化。

从消费需求看,过去我国消费具有明显的模仿型排浪式特征,"你有我有全都有","羊群效应"明显,一浪跟着一浪。现在模仿型排浪式消费阶段基本结束,个性化、多样化消费渐成主流,保证产品质量安全、通过创新供给激活需求的重要性显著上升,必须采取正确的消费政策,释放消费潜力,使消费继续在推动经济发展中发挥基础作用。

从投资需求看,过去投资需求空间巨大,只要有钱胆大敢干,投资都有机会有回报,投资在经济发展中扮演着重要角色。经历了三十多

---

① 张占斌:《中国跨越中等收入陷阱战略问题》,《经济研究参考》2012 年第 56 期。
② 习近平:《在中央经济工作会议上的讲话》,《人民日报》2014 年 12 月 12 日。

年持续的高强度大规模开发建设后,传统产业和房地产业相对饱和,继续投资的潜力已经不大。但基础设施互联互通和一些新技术、新产品、新业态、新商业模式的投资机会大量涌现,对创新投融资方式提出了新要求。企业家和各级政府必须善于把握投资方向,消除投资障碍,使投资继续对经济发展发挥关键作用。

从出口和国际收支看,国际金融危机发生前,国际市场空间扩张得很快,只要有成本优势,出口就能扩大,出口成为拉动我国经济快速发展的重要动能。现在全球总需求不振,我国低成本比较优势也发生了转化,同时我国出口竞争优势依然存在,高水平"引进来"、大规模"走出去"正在同步发生,必须加紧培育新的比较优势,使出口继续对经济发展发挥支撑作用。

从生产能力和产业组织方式看,过去供给不足是长期困扰我们的一个主要矛盾,现在传统产业供给能力大幅超出需求,钢铁、水泥、玻璃等产业的产能已近峰值,房地产出现结构性、区域性过剩,各类开发区、工业园区、新城新区的规划建设总面积超出实际需要。因此,产业结构必须优化升级,企业兼并重组、生产相对集中不可避免,新兴产业、服务业、小微企业作用更加凸显,生产小型化、智能化、专业化将成为产业组织新特征。

从生产要素相对优势看,过去劳动力成本低是最大优势,有源源不断的新生劳动力和农业富余劳动力,引进技术和管理就能迅速变成生产力。"一些发展中国家正是依靠生产成本低廉而开拓市场,增加资本积累,进而使 GDP 逐渐由低收入阶段接近中等收入阶段,甚至迈入中等收入阶段。"①现在,我国人口老龄化日趋发展,农业富余劳动力减

---

① 成思危、厉以宁、吴敬琏、林毅夫等:《改革是中国最大的红利》,人民出版社 2013 年版,第 26 页。

少，要素的规模驱动力减弱，能够拉动经济上水平的关键技术人家不给了。因此，经济增长必须更多依靠人力资本质量和技术进步，必须让创新成为驱动发展新引擎。

从市场竞争特点看，过去主要是数量扩张和价格竞争，现在正逐步转向质量型、差异化为主的竞争，统一全国市场、提高资源配置效率是经济发展的内生性要求。企业依赖税收和土地等优惠政策形成竞争优势、外资超国民待遇的方式已经难以为继。因此，我们必须深化改革开放，加快形成统一透明、有序规范的市场环境，为市场充分竞争创造良好条件。

从资源环境约束看，过去能源资源和生态环境空间相对较大，可以放开手脚大开发、快发展。现在，环境承载能力已经达到或接近上限，难以承载高消耗、粗放型的发展了。人民群众对清新空气、清澈水质、清洁环境等生态产品的需求越来越迫切，生态环境越来越珍贵。我们必须顺应人民群众对良好生态环境的期待，推动形成绿色低碳循环发展新方式。

从经济风险积累和化解看，过去经济高速发展掩盖了一些矛盾和风险。"地方政府债务、房地产泡沫、严重产能过剩和流动性风险，这四大风险相互影响、相互转化，共同推高了资金杠杆和经济运行的脆弱性。"①现在，伴随着经济增速下调，各类隐性风险逐步显性化，有些风险还比较严重，需要高度重视。整体看，风险总体可控，但化解以高杠杆和泡沫化为主要特征的各类风险将持续一段时间，必须标本兼治、对症下药，建立健全化解各类风险的体制机制。

从资源配置模式和宏观调控方式看，过去，总需求增长潜在空间

---

① 刘世锦主编：《在改革中形成增长新常态》，中信出版社2014年版，第35页。

大,实行凯恩斯主义的办法就能有效刺激经济发展;经济发展中的短板很清楚,产业政策只要按照"雁行理论"①效仿先行国家就能形成产业比较优势。现在,全面刺激政策的边际效果明显递减,既要全面化解产能过剩,也要通过发挥市场机制作用探索未来产业发展方向,必须全面把握总供求关系新变化,科学进行宏观调控。

习近平同志关于经济新常态的论述,我们理解至少有两层含义:一是已经出现了或实现了的情况,如经济增长向中高速转换;二是正在努力实现的事情,如发展方式转变、增长动力转换等。从整体上看,经济新常态的主要特征包括经济增长速度转换、经济发展方式转变、产业结构调整优化、经济增长动力变化、资源配置方式转换、经济福祉包容共享等在内的丰富内涵。

一是增长速度由高速转向中高速。这是经济新常态的基本特征。从近十年看,2003年到2007年,我国经济连续五年保持两位数的高速增长,2008年受国际金融危机影响回落到一位数增长,而2012年和2013年进一步回落到7.7%的年增长率。根据国家统计局公布的数据,2014、2015、2016年GDP同比增长分别为7.4%、6.9%、6.7%,经济增速进一步呈现出回落态势。随着经济总量的扩大,生产要素相对优势减弱,资源环境的约束突出,经济增速放缓将是大概率趋势。我们必

---

① "雁行理论":1935年由日本学者赤松要(Akamatsu)提出。指某一产业,在不同国家伴随着产业转移先后兴盛衰退,以及在其中一国中不同产业先后兴盛衰退的过程。雁行理论又被称为产业结构的候鸟效应。发展经济学学者研究战后东亚国家经济及产业结构变迁,认为东亚国家是雁行理论的经济发展形态:以日本为雁头,其次为"亚洲四小龙"(包含韩国、中国台湾、中国香港、新加坡),其后是中国大陆与东盟各国(包含印尼、马来西亚、菲律宾、泰国等)。即日本先发展某一产业,当技术成熟,生产要素也产生变化时,这些产品在日本的竞争力转弱。接着"亚洲四小龙"自日本移转技术或产业转移,开始发展此产业。在此同时,日本产业结构升级到另一个新的层次。同样地,当"亚洲四小龙"在该产业发展成熟后,这些产品的生产又转移到相对更落后的国家或地区发展。"亚洲四小龙"的产业结构也相应升级,呈现出有先后次序的发展。

须理性对待这一变化,用"平常心"对待中高速增长新常态。

二是发展方式从规模速度型粗放增长转向质量效率型集约增长。这是经济新常态的基本要求。当前,"跑马占荒、占地为王"的无序竞争已穷途末路,环境承载能力已经达到或接近上限,靠规模数量扩张的粗放增长也难以持续,资源过于依赖进口的问题越发突出。面对矛盾和困难,我们必须正确看待经济增长速度问题,要在改进官员考核手段、提高经济质量和效益、走向质量型差异化的市场竞争、推进绿色和可持续发展、更加注重保障和改善民生等方面发力,发扬"工匠精神",深耕细作,努力打造"中国质量"升级版。

三是产业结构由中低端水平转向中高端水平。这是经济新常态下经济结构优化升级的主攻方向。一直以来,我国的产业结构主要位于全球价值链的中低端,比较利益较低。"我国产业结构矛盾集中表现为过度集中于生产和加工制造环节的中低端,研发、设计、供应链管理、营销、品牌等关键环节滞后或缺失,由此带来产能过剩问题突出,能源、资源、环境压力加大、贸易条件恶化、国民收入增长缓慢、服务业难以快速发展等一系列问题。"①历史经验表明,靠中低水平的产业结构是难以建成经济强国的。我们要适应新兴产业、服务业、小微企业作用更加凸显,生产小型化、智能化、专业化逐步成为产业组织基本特征的趋势性变化,抓紧向中高端进军,抢占国际产业经济的制高点和"制空权",进一步提升我国产业在全球价值链中的地位,打造"中国效益"。

四是增长动力由偏重要素和投资驱动转向创新驱动。这是经济新常态的核心内涵。过去三十多年我国走的是高投入、高消耗、高污染、低产出的经济发展路子,目前依靠要素驱动和投资驱动的经济高速增

---

① 国家发改委宏观经济研究院课题组:《"十二五"时期我国产业结构调整战略与对策研究》,《经济研究参考》2010年第43期。

长模式已难以为继。当前,全球新一轮科技革命和产业革命方兴未艾,世界主要国家抢占未来科技发展制高点的国际竞争日趋激烈。要保持中高速增长和实现中高端水平的目标,我们比以往任何时候都更需要实施创新驱动战略。现在大众创业、万众创新风起云涌,企业主动转型、创新意愿更加明显,我国经济增长的动力正逐步发生转换。全要素生产率水平逐步提高,逐渐转入创新驱动型的经济新常态,一些新技术、新产品、新业态、新商业模式的投资机会将会大量涌现,这些投资将成为经济发展新的动力和增长点。

五是资源配置由市场起基础性作用转向起决定性作用。这是经济新常态的机制保障。从以往二十多年的实践看,我国基本上是政府主导的不完善的市场经济。"尽管政府主导的增长方式在历史上发挥了重要作用,但随着内外发展环境的变化,内在的弊端开始全面暴露,对市场的扭曲已经影响到经济生活的正常运行。"①比如,资源配置的明显不合理、容易出现权钱交易的腐败问题等,既坏了规则,又害了干部和企业家。党的十八届三中全会提出"使市场在资源配置中起决定性作用和更好发挥政府作用",党的十八届四中全会提出"社会主义市场经济本质上是法治经济",表明了党对市场经济规律的认识达到了新的高度。在市场起决定性作用的新常态下,政府不搞强刺激,主要通过转变职能、简政放权、减税让利、规范市场环境等途径,将资源配置的决定权限交给市场,通过市场方式解决好以高杠杆和泡沫化为主要特征的各类风险,通过区间调控、定向调控等方式弥补"市场失灵"。

六是经济福祉由先富先好转向包容共享。这是经济新常态的发展结果。改革开放以来,为了打破计划经济时代的大锅饭,采取了让一部

---

① 迟福林:《改革红利》,中国经济出版社 2013 年版,第 203 页。

分人、一部分地区先发展起来、先富起来的大政策，有力地推动了经济发展，成效显著。效率优先，兼顾公平，经济福利在相当大的程度上取决于国民收入的数量和国民收入在社会成员之间的分配情况。但随着改革的深入，收入分配方面的问题逐渐增多，有些方面的问题变得越发严重，影响了社会稳定。摆正效率与公平成为经济社会发展中的大问题，促使经济福祉由先富先好向包容共享型转换成为硬任务。新常态下，既要注重效率，更要关注公平。我们要更加注重满足人民群众需要，更加关注贫困地区和低收入群众生活，更加重视补齐短板，更加重视社会大局稳定，促进经济福祉逐步走向包容共享型。

三、经济发展进入新常态的机遇与挑战

机遇总是与挑战并存。"经济发展进入新常态，没有改变我国仍处于重要战略机遇期的判断，改变的是重要战略机遇期的内涵和条件；没有改变我国经济发展总体向好的基本面，改变的是经济发展方式和经济结构。"[1]经济新常态将给中国带来新的发展机遇和挑战。

第一，经济增量依然可观，但稳定经济增长任务繁重。经过三十多年高速增长，中国经济体量已今非昔比。仅2016年中国经济的增量就有5万多亿人民币，大体相当于1994年全年经济总量，可在全世界排到第十七位。[2] 从经济总量看，我国目前已成为仅次于美国的第二经济大国。从发展速度看，三十多年来，中国经济以世界少有的年均接近两位数的增长速度高速发展，创造了经济增长的"中国奇迹"。经济新

---

① 李伟：《适应新常态，迈向新阶段》，《人民日报》2014年12月29日。
② 《发改委：预计2016年经济增长6.7%左右》，腾讯财经，2017年1月10日。

常态下,依靠依然可观的实际增长,能够有效保障国家财政实力不断增强,而财力的增加能够对促进经济发展、加强经济和社会中的薄弱环节、切实改善民生、有效应对各种风险和自然灾害的冲击提供有力的资金保障。从我国的发展实际看,依靠依然可观的实际增长,也将为中国经济带来更多"大国红利"。但客观讲,经济新常态下,经济下行的挑战亦十分明显,"经济增长机理发生的一个最大变化,就是由供给约束转变为需求约束"[1],这需要我们保持战略定力,综合施策,强化供给,使经济增长运行在合理区间。

第二,经济增长动力更为多元,但核心动力源正在培育中。中国改革以来经济增长的动力有两个明显特征,即投资拉动的作用持续保持很高的水平;外贸出口保持了较高的增长水平,是强劲的拉动力。但现在看,外贸出口遇到诸多挑战,大进大出的驱动作用逐渐弱化。如何培育新的经济增长点成为日益迫切的大问题。一方面,要推动五化同步发展,例如,从城镇化角度看,我国正在经历世界上速度最快、规模最大的城镇化过程,城镇化伴随的大规模人口迁移,将推动消费持续增长,这将成为中国经济增长的强大推动力。2016 年我国的名义城镇化率仅为 57.35%,户籍城镇化率则低得多,为 41.2% 左右,与发达国家相比还有很大的发展空间。[2] 从工业化角度看,我国正处在工业化中期阶段,工业化的任务远没有完成,除东部部分省市基本完成工业化外,中部、西部等省区工业化的发展还不是很充分,仍有很大的发展空间。另一方面,要更加注重创新驱动的重要作用,推动大众创业、万众创新。我国的科技体制改革、创新能力提升等方面还有很远的路要走,面临的

---

① 郑新立:《努力保持经济稳定增长》,《经济日报》2015 年 1 月 8 日。
② 齐志明、李坚、许晴:《城镇化不能只重面子 要防止过度城镇化》,《人民日报》2017 年 3 月 14 日。

创新挑战和技术瓶颈依然存在，离依靠"技术红利"创造经济增长核心动力源还有较大的空间，但不少远水难解近渴。

第三，发展前景更加稳定，但经济结构转型升级困难重重。"转型升级是经济发展过程的客观现象，也是必然要求。"①2013 年我国第三产业增加值占 GDP 比重达 46.1%，首次超过第二产业，2015 年第三产业增加值占 GDP 比重超过 50%，2016 年第三产业增加值占 CDP 比重达到 51.6%，这是非常好的经济结构优化迹象。在支撑我国三十多年的高速增长中，内需结构中投资占比相对较高，但 2010 年消费率和投资率达到各占 50% 之后，消费率出现较快增长趋势，在经济结构中占比再次超过投资率，消费的基础性作用和投资的关键性作用逐步得到体现。由于地理条件、发展基础、历史文化等因素，我国区域经济结构中东中西部发展差距较大，随着"一带一路"、京津冀协同发展、长江经济带等区域发展战略的制定和实施，区域结构亦在逐步得到优化，将为中国经济带来更多"发展红利"。但同时应看到，我国经济结构的转型升级还面临着诸多挑战，产业结构与发达国家相比还显得较为落后，需求结构、区域结构、城乡结构、收入分配结构等还有很大的调整空间，这些因素在制约着中国经济质量的整体提高。

第四，市场活力进一步释放，但转变政府职能需要改革再深化。在经济新常态下，政府职能转变的核心仍然是处理好政府和市场的关系。我国经济转型进程中的政府职能转变问题，不仅是经济体制改革的核心问题，而且也是影响与制约未来我国经济社会健康发展的关键变量。新一届政府将简政放权、转变政府职能作为全面深化改革的"突破口"和"当头炮"，目的就是要从体制机制上给各类市场主体松绑，发挥市

---

① 杨晶：《努力推动中国经济转型升级》，《行政管理改革》2013 年第 9 期。

场在资源配置中的决定性作用。截至 2016 年年底,国务院部门层面的
行政审批项目减少了 600 多项,另外取消了中央指定地方实施的行政
审批项目 200 多项。不仅是行政审批,简政放权的其他项目,比如非行
政许可项目彻底清零,职业资格取消了 433 项,中介服务减掉了 300 多
项,工商登记前置审批减少了 85% 等,成效显著。① 2016 年,全国新登
记企业 553 万户,比上年增长 24.5%,平均每天新登记企业 1.5 万
户。② 这些举措既对减轻企业负担、激发市场活力发挥了重要作用,也
将成为中国经济改革的重要机遇之一。同时我们也要承认,多年来地
方一些职能部门过度干预企业经营管理,吃拿卡要、"红顶中介"、寻租
腐败等现象仍比较普遍。近年,在反腐的大潮中这些问题有所改变,但
一些干部不作为又成为新的问题,值得关注。建立现代的服务政府和
法治政府,加快转变政府职能,还有很长的路要走,需要改革再突破。

四、主动适应和积极引领经济新常态

我国经济站在了新的历史起点上,必须以更加积极主动的姿态推
进经济发展的新局面。习近平同志提出:"我们正在推行的全面深化
改革,既是对社会生产力的解放,也是对社会活力的解放,必将成为推
动中国经济社会发展的强大动力。"③我们要更加突出全面深化改革的
重要作用,主动谋划用好我国经济的巨大韧性、潜力和回旋余地,坚持

---

① 《国务院常务会 41 次议简政放权》,中国政府网,2017 年 1 月 17 日。
② 《李克强:2016 年新登记企业增长 24.5%平均每天新增 1.5 万户》,人民网,2017
年 3 月 5 日。
③ 习近平:《谋求持久发展,共筑亚太梦想——在亚太经合组织工商领导人峰会开
幕式上的演讲》,《人民日报》2014 年 11 月 10 日。

不懈推动经济发展提质增效，主动适应积极引领中国经济新常态。

第一，保持经济平稳健康增长。面对经济发展增速换挡、方式转型、结构调整、动力转换的经济新常态，需要客观看待、冷静理性，保持一颗平常心。但这并不是意味着可以不要合理的增长速度，而是要通过推进结构性改革，保持经济平稳健康增长。重点要推进产业结构、需求结构、供给结构、区域结构等领域的改革，优先发展先进制造业、战略性新兴产业，大力发展现代服务业，积极寻求和培育新的消费热点和增长点，坚定不移地走中国特色新型城镇化之路，确保经济增长运行在合理区间。当下乃至到 2020 年，GDP 增长率保持在 6.5% 左右，就是合理区间。当然实际运行中也可能高一点，也可能低一点，但不能相距太远。值得指出的是，当前，推进党风廉政建设和反腐败斗争正在深入，有些官员怕惹事而不作为，也有的不会干事了，值得重视并加以解决。我们要充分释放反腐的资金红利、效率红利和公平红利，激发全社会干事创业热情，促进经济平稳健康增长。①

第二，提高经济发展质量和效益。新常态下，经济增长必须是实实在在和没有水分的增长，是有效益、有质量、可持续的增长，这其中的关键就是要抛弃以往的增长模式，实现发展方式的转变。这也是吴敬琏等经济学家多年呼吁的主题。② 发展方式转变靠什么？靠推动全面创新，更多依靠产业化的创新来培育和形成新的增长点。当然，这里的"创新"既包括科学技术的创新，也包括生产组织方式的创新、商业模式的创新以及体制机制的创新。我们要坚持走中国特色自主创新道路，以全球视野谋划和推动创新，积极培育壮大新产品、新业态。我们要坚持走创新驱动和内生增长之路，努力形成"大众创业、万众创新"

---

① 张依涛：《让反腐释放经济增长新红利》，《人民日报》2015 年 1 月 12 日。
② 吴敬琏：《中国增长模式抉择》（第 4 版），上海远东出版社 2013 年版。

的新局面。要积极鼓励广大企业实现产业组织方式、商业模式、市场竞争等领域的创新，让中国大地成长出更多的像阿里巴巴、华为、中兴、联想、腾讯、小米等这样的创新型企业。

第三，提高经济稳步发展的信心。"底线思维是一种系统战略思维，它指出什么是不可跨越的底线，按照现行的战略规划可能出现哪些风险和挑战，可能发生的最坏情况是什么，以做到心中有数；而且它还能通过系统的思考和运作告诉人们如何防患未然，如何化风险为坦途、变挑战为机遇，如何守住底线、远离底线、坚定信心、掌握主动、追求系统的最佳结果和最大正能量。"①习近平同志强调，坚持底线思维，就是要凡事从坏处准备，努力争取最好的结果，做到有备无患、遇事不慌，牢牢把握主动权。这既是我们应对复杂经济形势的科学方法，也是适应经济新常态的治理理念。我们要对经济新常态阶段各种潜在的经济风险如房地产风险、地方政府债务风险、金融流动性风险、产能过剩风险等保持清醒的认识，建立健全防范各种风险的体制机制，未雨绸缪、积极应对经济领域可能出现的各种风险和挑战。② 要高度重视粮食安全问题，加快转变农业发展方式，稳定粮食以及主要农产品的产量，把饭碗牢牢端在自己手上。

第四，推动改革开放迈上新台阶。我们应清醒认识到，新常态也伴随着新矛盾新问题，一些潜在风险渐渐浮出水面。能不能适应引领新常态，关键在于全面深化改革的力度。要进一步深化简政放权、放管结合、优化服务的改革，激发企业和市场活力。全面推进和落实户籍、土地管理制度改革、国企改革和要素市场化等改革，重点清理取消能源、医疗、医药等领域不必要的生产经营准入限制、行业管理规定，进一步

---

① 张国祚：《谈谈"底线思维"》，《求是》2013 年第 19 期。

② 刘世锦主编：《在改革中形成增长新常态》，中信出版社 2014 年版，第 11 页。

修订政府核准的投资项目目录。加快推进财税体制改革,完善财税治理体系,统筹推进预算改革、税制改革和事权财权统一改革。加快金融改革,围绕服务实体经济加快完善金融体制,发展壮大资本市场。创新重点领域投融资机制,进一步健全市政基础设施、水利工程等领域的投资运营机制。加快推进利率、汇率和资源品价格等市场化改革。

第五,争创开放型经济新优势。新常态下,全球分工格局正在加快重塑,全球经济治理结构日趋复杂,各种各样新的区域合作框架机制在不断推出。"全面提升开放型经济水平,根本在于不断扩大对外开放,以开放促改革。"①我们必须更加积极地促进内需和外需平衡、进口和出口平衡、引进外资和对外投资平衡,逐步实现国际收支基本平衡,构建开放型经济新体制。要积极完善扩大出口和增加进口政策,提高贸易便利化水平,巩固出口市场份额。要利用好上海自由贸易试验区这个创新载体和创新窗口,加快推进"一带一路"建设。要努力提高对外投资效率和质量,促进基础设施互联互通,推动高铁、核电、4G 通信等优势产业"走出去",开展先进技术合作,稳步推进人民币国际化。② 加快筹建亚洲基础设施投资银行,设立丝路基金。要充分利用上海合作组织、亚太经合组织会议等区域合作机制,积极参与全球经济治理,获取更多的经济主动权。

第六,加强保障和改善民生工作。保障人民群众基本生活、抓好重点领域民生工作、形成系统的民生制度体系,守住民生的底线,既是党和国家经济工作的基本归宿,也是积极适应经济新常态目标的出发点和落脚点。在民生问题上要坚持两点论:一是尽力而为,要积极采取措

---

① 高虎城:《全面提升开放型经济水平》,《求是》2013 年第 24 期。

② 《李克强主持召开国务院常务会议:部署加快中国装备"走出去"推进国际产能合作》,《人民日报》2015 年 1 月 29 日。

施克服各种困难,加快民生工作的推进;二是量力而行,要本着实事求是原则,不能设定过高的目标,不搞超出实际能力的承诺。同时,也要防止落入民粹主义的陷阱。我们要加强农村地权制度的建立,深化户籍制度改革,加大教育体制、卫生医疗体制、养老服务体制、生态文明体制等改革的力度,进一步实施区域协调发展战略,加快从城乡二元结构向一元结构转换。要加大对基本公共服务和扶贫济困工作的支持力度,实现精准扶贫,防止平均数掩盖大多数。要做好就业工作,精准发力,确保完成就业目标。要更好发挥市场在促进就业中的作用,鼓励创业带动就业,提高职业培训质量,加强政府公共就业服务能力。

第三章　基本方针:提高经济增长的质量和效益

　　经济规模与经济质量,是经济发展中令人关注的两大命题。过去经济总量低,我们更多地关注如何扩大经济规模,形成高增长。现在我国的经济规模已空前大了,提高经济质量显得越来越重要迫切。习近平同志提出:"我们不再简单以国内生产总值增长率论英雄,而是强调以提高经济增长质量和效益为立足点。"①增长必须是实实在在和没有水分的增长,是有效益、有质量、可持续的增长。② 当前,我国经济发展进入经济新常态,进入经济增长的"从容状态"与"理性状态",我们要推动发展调速不减势、量增质更优,实现中国经济提质增效升级。

一、实现实实在在和没有水分的增长

　　在过去的实践中,存在着一些对经济增长和发展的错误解读,把经

---

① 《十八大以来重要文献选编》(上),中央文献出版社 2014 年版,第 436 页。
② 《习近平谈治国理政》,外文出版社 2014 年版,第 112 页。

济增长和发展简单地理解为国内生产总值或 GDP 的增长,把"发展就是硬道理"等同于"GDP 增长就是硬道理"①,把 GDP 作为考核领导干部绩效的主要指标,逐渐形成了 GDP 增长导向的经济增长模式。以至于有的外国研究专家,批评中国地方政府是公司型政府。这种状态不能继续下去了。

第一,实实在在和没有水分的增长是有效益、有质量、可持续的增长。一是有效益的增长,就是要提高资源尤其是稀缺资源的配置效率,以尽可能少的资源投入生产尽可能多的产品、获得尽可能大的效益,就是社会劳动生产率提高、财政收入增加、企业效益增强、投资效益上升、居民收入增多等基础上的增长,是靠科技进步支撑的增长。二是有质量的增长,是以人为本、让全体人民都能享受成果、促进社会公平正义的增长。有质量的增长不仅仅是 GDP 的增长,还包括社会福利的增进以及社会公平正义等方面的全面增长。我们强调以人为本的发展,就是坚持发展为了人民、发展依靠人民、发展成果让全体人民共享。三是可持续的增长,是绿色的增长,是经济、社会和自然环境相协调的增长。我们讲发展,是与人口资源环境相协调的可持续发展,是建立在优化结构、提高质量和效益基础上的又好又快发展。可持续增长也是第一、第二和第三产业协调拉动的增长,是消费、投资和出口协调带动的增长,是依靠科技进步、劳动者素质提高、管理创新驱动的增长。

第二,实实在在和没有水分的增长是保持合理速度的增长。首先,增长要保持一定的速度。我国仍是一个发展中国家,还处于社会主义初级阶段,发展是解决我国所有问题的关键。增长是发展的前提和基础,没有一定的增长速度,就业问题就无法保障,人民生活水平就难以

---

① 陈享光:《实现没有水分的经济增长》,《前线》2014 年第 9 期。

提高,因此,在改革的攻坚期、深水区,我们要破解发展难题、突破发展瓶颈、化解发展挑战,保持一定的增长速度是必要的。① 其次,增长速度并不是越快越好。过快的增长速度使我们牺牲了大量劳动力福利、付出极大的环境资源成本,过度投资、重复建设等问题更加严重,也积累了不少财政、金融风险,代价高昂,加剧了供需失衡,形成经济泡沫化的风险隐患。盲目求高求快,速度的弦绷得过紧,就难以给转变发展方式、调整经济结构、解决深层次矛盾和问题留出时间和空间。再次,增长必须保持合理的速度。"经济效益既是衡量经济工作的准确尺度,又是国民经济积累,扩大社会再生产的重要源泉。"②增长速度不能通过重复建设来追求,不能以资源浪费来换取,不能以牺牲环境为代价,不能靠弄虚作假来创造,"不能光追求速度,而应该追求速度、质量、效益的统一"。要努力追求实实在在、没有水分的速度,既不使经济出现大的起落、又使通货膨胀控制在人民可承受范围内的速度,民生改善、就业比较充分的速度,劳动生产率同步提高、经济活力增强、结构调整有成效的速度,经济发展质量和效益得到提高又不会带来后遗症的速度。

第三,实实在在和没有水分的增长是实事求是、尊重经济规律的增长。经济增长不仅有增长的数量问题,还有其增长的质量问题,仅仅追求增长的数量或速度而忽视增长质量的增长模式是不可持续的。首先,增长应当是实事求是的增长,是物质财富的增加,不是"建了拆、拆了建"创造出的 GDP 增长,不是"黑色的 GDP",更不是"带血的GDP",不能"官出数字,数字出官",更不能是弄虚作假的增长。习近平同志在 2012 年中央党校春季学期第二批入学学员开学典礼上讲话

---

① 张占斌:《"新常态"经济发展仍需合理速度》,人民网,2014 年 8 月 14 日。
② 郑友敬:《经济效益问题研究》,中国社会科学出版社 1990 年版,第 20 页。

指出:"我们作决策、办事情、谋发展,都要认识规律、遵循规律。""要避免犯脱离实际、超越阶段而急于求成、急躁冒进的错误,真正做到既尽力而为又量力而行,推动经济社会又好又快发展。""做出实实在在的业绩,不好大喜功、不做表面文章、不搞花架子。"①"实实在在",表明我们更加客观面对经济现实,中国经济增长的成绩举世瞩目,但增长中存在"水分"问题,也绝不回避。不断对"增长"内涵进行反思,实现有效益、有质量、可持续的增长,为增长"脱水",是对经济发展的改善,也是民心所向。其次,增长是尊重经济规律的增长。经济增长必须从国情出发,必须实事求是,不能靠行政命令层层加码、级级考核,不能急于求成、拔苗助长。改革开放三十多年来,我国的经济社会发展已经出现了不少新情况新变化。我国经济持续快速增长,但发展中不平衡、不协调、不可持续的问题突出。中国经济已经进入结构调整阵痛期、增长速度换挡期,在这个阶段要求我们应该更加注重经济规律。实实在在和没有水分的增长,必须尊重市场规律,使市场在资源配置中起决定性作用。而且,与其他事物一样,经济增长也是质与量的有机统一体,没有量就没有质,而离开了质,量也就失去了意义。因此实实在在的增长必须遵循数量与质量、速度与效益相统一的规律。

实实在在和没有水分的增长是以习近平同志为核心的党中央对发展观的深刻反思,是对我们今后工作的指引。实现实实在在和没有水分的增长,应当在改进考核手段、提高经济质量和效益、推进绿色和可持续发展、更加注重保障和改善民生等方面发力。

第一,改进政绩考核内容和手段,不再简单以 GDP 论英雄。习近平同志在党的十八届二中全会上强调指出:"要树立正确的政绩观,多

① 习近平:《坚持实事求是的思想路线》,《学习时报》2012 年 5 月 27 日。

做打基础、利长远的事,不搞脱离实际的盲目攀比,不搞劳民伤财的'形象工程''政绩工程',求真务实,勇于担当,真正做到对历史和人民负责。""要看 GDP,但不能唯 GDP。GDP 快速增长是政绩,生态保护和建设也是政绩;经济发展是政绩,维护社会稳定也是政绩;立竿见影的发展是政绩,打基础作铺垫也是政绩;解决经济发展中的问题是政绩,解决民生问题也是政绩。"①他在参加河北省委常委班子专题民主生活会上的讲话中强调,要树立正确政绩观,切实抓好打基础利长远的工作,一张蓝图抓到底。我们要纠正单纯以经济增长速度评定政绩的偏向,"不再简单以国内生产总值增长率论英雄,而是强调以提高经济增长的质量和效益为立足点"②。要完善发展成果考核评价体系。只有以更科学的标准发挥考核"指挥棒"的作用,才能引导各级领导干部追求实实在在、没有水分、不带来后遗症的速度,使他们将主要精力转移到谋求有质量、有效益、可持续的新路上来,创造打基础、利长远、惠民生的实绩。

第二,要以提高经济发展的质量和效益为中心,加快经济结构调整和转变经济发展方式。实实在在和没有水分的增长是增强经济增长的内生活力和动力的本质要求。关键是要把推动发展的立足点转到提高质量和效益上来,加快形成新的经济发展方式。要以提高经济增长质量和效益为中心,稳中求进,开拓创新。要在不断转变经济发展方式、不断优化经济结构中实现增长。一是要向经济结构调整、转变发展方式要动力。要彻底改变以牺牲环境、破坏资源为代价的粗放型经济增长方式。实现实实在在和没有水分的增长,关键是深化经济结构战略性调整。习近平同志强调,"要实现尊重经济规律、有质量、有效益、可

---

① 习近平:《之江新语》,浙江出版联合集团、浙江人民出版社 2007 年版,第 30 页。
② 2013 年 10 月 7 日,习近平同志在亚太经合组织人领导人峰会上的演讲。

持续的发展,关键是深化产业结构战略性调整。要充分利用国际金融危机形成的倒逼机制,把化解产能过剩矛盾作为工作重点"①。今天的调整转型,是为了明天更健康、更高质量、更可持续的增长。二是要向自主创新要动力。实施创新驱动发展战略,是加快转变发展方式、增强经济发展内生动力和活力的战略举措。

第三,正确认识经济发展同生态环境保护的关系,推进绿色发展方式和可持续发展。经济发展与环境保护存在着密切的关系,它们既相互制约又相互促进。习近平同志指出,我们追求人与自然的和谐、经济与社会的和谐,通俗地讲就是要"两座山":既要金山银山,又要绿水青山,绿水青山就是金山银山。这"两座山"之间是有矛盾的,但又可以辩证统一。"我们既要绿水青山,也要金山银山。宁要绿水青山,不要金山银山,而且绿水青山就是金山银山。"②他强调:"要正确处理好经济发展同生态环境保护的关系,牢固树立保护生态环境就是保护生产力、改善生态环境就是发展生产力的理念";"更加自觉地推动绿色发展、循环发展、低碳发展,决不以牺牲环境为代价去换取一时的经济增长"③。把环境保护放到更加突出的位置,要紧紧围绕建设美丽中国深化生态文明体制改革,加快建立生态文明制度,健全国土空间开发、资源节约利用、生态环境保护的体制机制,推动形成人与自然和谐发展的现代化建设新格局。

第四,更加注重保障和改善民生,实现经济发展和民生改善良性循环。"民为邦本,本固邦宁。"习近平同志指出,检验我们一切工作的成

---

① 《习近平在中央经济工作会议上的讲话》,《人民日报》2012 年 12 月 17 日。
② 中共中央宣传部编:《习近平总书记系列重要讲话读本》,学习出版社、人民出版社 2014 年版,第 120 页。
③ 2013 年 5 月,习近平同志在中央政治局第六次集体学习时的讲话。

效,最终都是要看人民是否真正得到了实惠,人民生活是否真正得到了改善。要按照"守住底线、突出重点、完善制度、引导舆论"的思路做好民生工作。"保障和改善民生是一项长期工作,没有终点站,只有连续不断的新起点,要实现经济发展和民生改善的良性循环。""不断改善民生是推动发展的根本目的。"①一方面,要千方百计增加居民收入,让人民群众分享经济发展成果。另一方面,要坚定不移走共同富裕的道路。紧紧围绕更好保障和改善民生、促进社会公平正义深化社会体制改革,推进社会领域制度创新,推进基本公共服务均等化。

二、"五化并举"形成新的经济发展方式

长期以来,我国经济发展一直存在着重规模、轻质量,重速度、轻效益的问题。加快形成新的经济发展方式,把推动发展的立足点真正转到提高质量和效益上来,归根结底还是要处理好经济发展中的规模和质量、速度和效益的关系问题。结构是否得到优化,质量和效益是否提高,这是判断经济发展方式是否转变的检验标准。这里的关键是"五化并举",形成五个着力点。

党的十八大报告提出"坚持走中国特色新型工业化、信息化、城镇化、农业现代化道路,推动信息化和工业化深度融合、工业化和城镇化良性互动、城镇化和农业现代化相互协调",促进"新型工业化、信息化、城镇化、农业现代化同步发展"的要求。习近平同志在2015年3月24日的中央政治局会议上首次提出"绿色化"概念。"绿色化"概念的

---

① 中共中央宣传部编:《习近平系列重要讲话读本》,学习出版社、人民出版社2014年版,第109页。

提出,是对党的十八大提出的"新四化"的拓展与延伸,这样"四化"就变成为"五化"。这是一个重大的理论和实践创新,是解决经济社会发展中深层次矛盾和问题的重要途径。

第一,推动信息化和工业化深度融合。信息革命浪潮在全球范围内方兴未艾,我国只有牢牢把握这一战略机遇,推动信息化和工业化深度融合,才能实现赶上并超过发达国家。一是要加快推动和鼓励信息技术创新,在国民经济和社会发展的各个领域研制和运用世界上最先进的信息技术。二是要加快对传统产业进行技术改造,用最新的信息技术改造传统产业。信息技术可以运用在生产经营过程的方方面面,通过技术改造可以让传统产业焕发青春和新的活力。三是要在新兴产业中实现工业技术与信息技术一体化。四是要在国民经济的各个领域和千家万户同步运用工业和信息技术。不仅要把信息技术渗透到工业,同时也要渗透到农业、服务业,推进农业和服务业现代化。

第二,推动工业化和城镇化良性互动。工业化和城镇化不能孤立发展,而需要实现二者的良性互动。一是需要对工业进行合理布局。过去一个时期,有的地区在工业化的过程中呈现出村村点火、户户冒烟的现象,工业过度分散,虽然人口脱离了农业劳动,但并没有相应地推进城镇化。在"五化并举"思想的指导下,我们要加快推进工业项目进园区,让更多劳动力在一个地区进行聚集。二是要深化户籍制度改革,有序推进农业转移人口市民化,努力实现城镇基本公共服务常住人口全覆盖,让农村转移出来的劳动力真正地享受城市文明。三是要走中国特色新型工业化道路,运用现代技术改造传统产业,发展新型的更加注重资源节约和环境保护的工业,避免走传统的在发展工业的同时污染环境的老路;发展与现代工业相适应的现代金融、保险、信息等服务业,实现工业与服务业的协调发展。

第三,推动城镇化和农业现代化相互协调。未来我国推进城镇化和农业现代化的任务依然十分艰巨,需要推动二者相互协调、良性互动。一是要科学规划,实现城乡发展在空间布局、基础设施、社会保障和社会福利、教育和文化等一体化,为农业现代化和城镇化造就和培育更多高素质劳动力和各级各类人才。二是要深化改革,完善生产要素市场,促进城乡生产要素平等交换和公共资源均衡配置,形成以工促农、以城带乡、工农互惠、城乡一体的新格局。三是农业现代化的过程不是简单地大量使用农药、化肥、除草剂等化学产品的过程,更多的是要实现农业生态文明,让更多城市居民在享受更多高质量农产品的同时,可以到农村享受现代农业和农村文明。

第四,将绿色化融入"四化"全过程之中。大力推进绿色化是发展所需、人民所盼、形势所迫,也是转变经济发展方式的重要突破口。一是牢固树立"绿水青山就是金山银山"的理念,像爱护眼睛一样爱护生态环境,像对待生命一样对待生态环境,绝不以牺牲生态环境作为代价换取一时的经济增长。二是加快推动生产方式的绿色化,构建科技含量高、资源消耗低、环境污染少的产业结构和生产方式,大力提高经济绿色化程度,加快发展绿色产业,形成经济社会发展新的增长点。三是加快推动生活方式的绿色化,实现生活方式和消费模式向勤俭节约、绿色低碳、文明健康的方向转变,力戒奢侈浪费和不合理消费。四是把生态文明纳入社会主义核心价值体系,形成人人、事事、时时崇尚生态文明的社会新风尚,为生态文明建设奠定坚实的社会、群众基础。

总之,"五化并举"的路径,是"四化同步"概念的"升级版",也是加快转变经济发展方式的新路径。只有加快推进"五化并举",促进工业化、信息化、城镇化、农业现代化、绿色化同步发展,才能最终实现经济发展方式从粗放型向集约型的转变。

三、积极发现培育新的经济增长点

新的增长点从哪里来？新的增长点只能从经济结构调整中来。经济结构调整,要做好加减乘除法。加法就是发现和培育新增长点,减法就是压缩落后产能、化解产能过剩,乘法就是全面推进科技、管理、市场、商业模式创新,除法就是扩大分子、缩小分母,提高劳动生产率和资本回报率,这是调结构这个四则运算的最终目标。

新的增长点有没有、在哪里？新的增长点就在新型工业化、信息化、城镇化、农业现代化、绿色化之中,其对拉动经济增长具有重要作用。从农村看,农村住房条件普遍改善,但污水垃圾遍地,道路泥泞不堪,公共设施投资严重不足。从城市看,高楼林立,大广场、宽马路气势恢宏,但公共设施老旧落后,城市管理跟不上,地下设施老化,棚户区、城中村大量存在,都需要更新改造。从产业看,传统产业比例过大,新兴产业规模偏小,科技创新空间很大,产业结构亟待优化升级。从服务业看,老年人口越来越多,健康需求快速增长,学前教育亟待发展,产生了很多特殊需求,但有效供给严重不足。发展服务业还有很大空间。从生态环境看,大气、水、土壤等污染严重,生态环境急需修复治理,但环保技术产品和服务很不到位。我国城乡、区域发展不平衡现象严重,有差距,但同时也有潜力缩小两者之间的差距。

如何发现和培育新的增长点？习近平同志强调,一是市场要活,二是创新要实,三是政策要宽。①

---

① 《习近平:创新是引领发展的第一动力》,中国网,2016 年 2 月 25 日。

市场要活,就是要使市场在资源配置中起决定性作用,主要靠市场发现和培育新的增长点。"市场并不仅仅是工具。市场是一种分工交易体系,包含了一系列的基础制度,包括法治、契约、有限政府等。"①在供求关系日益复杂、产业结构优化升级的背景下,涌现出很多新技术、新产业、新产品,往往不是政府发现和培育出来的,而是"放"出来的,是市场竞争的结果。技术是难点,但更难的是对市场的理解,这是一个需要探索和试错的过程。

创新要实,就是要推动全面创新,更多靠产业化的创新来培育和形成新的增长点。创新驱动指的是以创新作为主要推动力的发展方式。这种创新既包括了技术创新,也包括体制、结构、组织、人力资源和分配机制等方面的创新。当然,创新必须落实到创造新的增长点上,而不是简单地满足于有多少知识产权专利进了产权局、专利库等。我们要把创新成果变成实实在在的产业活动,变成朝气蓬勃的生产力。要增强对创新驱动发展的认识,准确研判世界科技创新和产业变革大势,从实际出发,有所为有所不为,确定创新的突破口,努力形成新的增长动力。

政策要宽,就是要营造有利于大众创业、市场主体创新的政策环境和制度环境。政府要痛下大决心,加快转变职能,做好自己应该做的事,创造更好的市场竞争环境,培育市场化的创新机制,在保护产权、维护公平、改善金融支持、强化激励机制、集聚优秀人才等方面积极作为。"要进一步加大简政放权力度。加快清理不必要的证照和资质、资格审批,为新设企业降门槛、除障碍。"②对看准的、确需支持的,政府可以采取一些合理的、差别化的激励政策,真正把市场机制公平竞争、优胜劣汰的作用发挥出来。

① 迟福林:《改革红利》,中国经济出版社2013年版,第204页。
② 张占斌:《政府怎样推动大众创业》,《时事报告》2014年第11期。

具体来看,重点要从以下几个方面加快培育新的经济增长点:

第一,加快培育六大消费增长点。扩大内需是中国经济发展的战略基点,也是我国经济发展的长期战略方针。鼓励大众消费,控制"三公"消费。促进养老家政健康消费,壮大信息消费,提升旅游休闲消费,推动绿色消费,稳定住房消费,扩大教育文化体育消费。要汇小溪成大河,让亿万群众的消费潜力成为拉动经济增长的强劲动力。

第二,推动产业结构迈向中高端。制造业是我们的优势产业。要实施"中国制造2025",坚持创新驱动、职能转型、强化基础、绿色发展,加快从"中国制造"转向"中国智造",从制造大国转向制造强国。采取财政贴息、加速折旧等措施,推动传统产业技术改造。坚持有保有压,化解过剩产能,支持企业兼并重组,在市场竞争中优胜劣汰。促进工业化和信息化深度融合,开发利用网络化、数字化、智能化等技术,着力在一些关键领域抢占先机、取得突破。

第三,打造新兴产业和新兴业态竞争高地。实施高端装备、信息网络、集成电路等重大项目,把一批新兴产业培育成主导产业。制定"互联网+"行动计划,推动移动互联网、云计算、大数据、物联网等与现代制造业结合,促进电子商务、工业互联网和互联网金融健康发展,引导互联网企业拓展国际市场。

第四,推进新型城镇化取得新突破。城镇化是解决城乡差距的根本途径,也是最大的内需所在。要坚持以人为核心,以解决"三个1亿人"问题为着力点,发挥好城镇化对现代化的支撑作用。加大城镇棚户区和城乡危房改造力度,推进农民工等外来人口城镇化,提高城镇规划建设管理水平,破解城镇化资金和土地等难题。

第五,努力促进现代服务业的大发展。服务业就业容量大,发展前景广。要深化服务业改革开放,落实财税、土地、价格等支持政策以及带薪休假等制度,大力发展旅游、健身、养老、穿衣设计等生活和生产服务业。深化流通体制改革,加强大型农产品批发、仓储和冷链等现代物流设施建设,努力大幅降低流通成本。

四、处理好稳增长与调结构的关系

习近平同志强调"要坚持统筹稳增长、调结构、促改革,处理好具有全局性影响的问题,促进经济持续健康发展"①。不以 GDP 论英雄,并不意味着可以不要 GDP。我国是世界上最大的发展中国家,发展仍然是第一要务,是解决一切问题的基础和关键。不再一味追求速度,是为了腾出更多空间推进结构性改革,提升经济发展的质量和效益,因此,必须把转方式调结构放在更加重要的位置上来。

一些地方省区市 GDP 增速放缓,与我国经济发展进入新常态有着密切联系。在新常态下,由于经济规模总量的持续扩大和经济增长动力的转换,中国经济不可能持续处于高速增长,经济必然从高速增长转向中高速增长。从这个意义上说,地方省区市 GDP 增速放缓是经济发展到某一历史阶段的必然,也是由经济发展的客观规律决定的。从发展理念上看,中央明确提出,考核要既看发展又看基础,既看显绩又看潜绩,把民生改善、社会进步、生态效益等指标和实绩作为重要考核内容,再也不能简单以 GDP 增长率论英雄。这也在很大程度上促使地方把更多精力放在转方式、调结构、惠民生上。

不过,我们不以 GDP 论英雄,并不意味着可以不要 GDP,更不意味

---

① 《中共中央召开党外人士座谈会,习近平主持会议并发表重要讲话》,新华网,2013 年 7 月 30 日。

着地方"一把手"可以对经济增速放缓漠不关心、不闻不问。在保证质量和效益的前提下，经济发展速度快一点，中央也是要表扬的。我国是世界上最大的发展中国家，发展仍然是第一要务，特别是经济发展仍是解决一切问题的基础和关键。因此，各级干部仍要高度重视经济发展问题，不能松劲。面对经济新常态，要做到定向精准保持投资平稳增长、多点支撑促进消费扩大和升级、调整优化外贸结构，使"三驾马车"在拉动经济持续健康增长中均衡发力。

处理好稳增长与调结构的关系，重点是坚持稳中求进的工作总基调。"稳中求进"，是个常见词，也是当下中国的"工作总基调"。对中国和中国共产党来说，这一工作总基调，是"做好经济工作的方法论"，也是"治国理政的重要原则"。党的十八大以来，习近平同志在国内外多种场合频繁谈及这一词汇，中央政治局会议、中央经济工作会议等分量极重的会议，更是屡次关注这一话题。党的十八大闭幕不久后的2012年11月30日，中共中央在中南海召开党外人士座谈会时，习近平同志谈到"稳中求进的工作总基调"，指出2013年"要以提高经济增长质量和效益为中心，稳中求进，开拓创新，扎实开局"。不久之后的12月9日，在广州主持召开经济工作座谈会时，他又强调，"既要坚定必胜信心，又要增强忧患意识，按照稳中求进的工作总基调，扎实推动我国经济持续健康发展"。2014年12月1日，他在中共中央召开党外人士座谈会时的讲话中谈道，稳的重点要放在稳住经济运行上，进的重点是深化改革开放和调整结构。2016年12月14日至16日，中央经济工作会议指出，稳是主基调，稳是大局，在稳的前提下要在关键领域有所进取，在把握好度的前提下奋发有为。习近平同志主持召开中央财经领导小组第十五次会议时再次强调，做好2017年经济工作，要坚持稳中求进工作总基调，把握好经济社会发展大局，确保经济平稳健康发展,努力提高经济运行质量和效益。应该说,稳增长仍然是经济运行与发展的首要目标。

强调保持经济运行在合理区间,不再一味追求速度,是为了腾出更多的空间推进结构性改革,提升经济发展的质量和效益,因此,必须把转方式调结构放在更加重要的位置上。当前,随着经济增速换挡,一些地方面临着需求总体偏弱、新增长点青黄不接、产业转型任重道远等问题。为此,既要增强忧患意识,也要抓住新常态下蕴藏的新机遇,趋利避害、顺势而为。在发展观念上,要正视现实,客观理性地看待经济增速放缓,牢牢把握住底线思维,确保物价"天花板"不被顶破,就业"底线"不被击穿。在调控政策方面,要适应速度变化,有扶有控,有保有压,既防范经济增速跌出合理区间,为全面深化改革和转方式调结构留出空间。同时,也要避免经济增速稍有波动就采取"大水漫灌"式的强刺激,要加快推动动力转换,统筹兼顾、远近结合。

第四章　全面改革:发挥经济体制改革牵引作用

　　中国的改革开放,已走过了三十多年波澜壮阔的风雨历程,释放了巨大的改革红利,深刻地改变了中国,也深刻地改变了世界。正如习近平同志所提出的:"中国人民的面貌、社会主义中国的面貌、中国共产党的面貌能发生如此深刻的变化,我国能在国际社会赢得举足轻重的地位,靠的就是坚持不懈地推进改革开放。"①但随着国际国内形势的深刻变化,我国发展出现了新老问题的交织,改革进入攻坚期和深水区。党的十八届三中全会作出了全面深化改革的决定,强调以经济体制改革为重点,发挥经济体制改革的牵引作用。以习近平同志为核心的党中央,以"明知山有虎,偏向虎山行"的勇气大刀阔斧、攻坚克难,以"图难于其易,为大于其细"的智慧运筹帷幄、总揽全局,以"咬定青山不放松"的决心严明责任、狠抓落实,推动全面深化改革奋力前行。

一、全面深化改革的实质:追求制度现代化

　　美国经济学家道格拉斯·诺思认为:"制度变迁是制度创立、变更

---

① 《十八大以来重要文献选编》(上),中央文献出版社2014年版,第494页。

及随着时间变化而被打破的方式,结构变迁的参数包括技术、人口、产权和政府对资源的控制等,正是制度变迁构成了一种经济长期增长的源泉。"①科斯认为,中国改革开放取得了伟大成就很重要的一个原因就是实现了制度变迁,承认了产权市场。我们理解,习近平提出的全面深化改革要"推进国家治理体系和治理能力现代化",其本质就是要通过制度变迁,实现制度现代化,进而推进国家治理现代化。

国际经验和我国实践表明,不实现制度的现代化,其他方面的现代化不可能持久,甚至不可能实现。制度现代化不是一蹴而就的,而是一个逐步完善和发展的过程。推动制度不断走向现代化的根本动力就是全面深化改革。当前,经济体制改革是全面深化改革的重点。1992年,邓小平在南方重要谈话中明确指出:"恐怕再有30年的时间,我们才会在各方面形成一整套更加成熟、更加定型的制度。"这一论断高瞻远瞩、意味深长。从南方谈话到现在,我们已经进行了二十多年的改革,到2020年,我们将在重要领域和关键环节改革上取得决定性成果,形成系统完备、科学规范、运行有效的制度体系,使各方面制度更加成熟更加定型。党的十八届三中全会提出全面深化改革总目标和时间表,与当年邓小平同志提出的制度定型化目标相吻合,这是对邓小平同志改革思想的创造性继承和发展。

第一,制度现代化是中国现代化的前提。人类经济福利、科技水平的高度发达,人类理性的进步,是人类现代化的外在的、直接的表现,而这些成就和进步,只有在现代化的制度体系中才能取得。现代化发展要求与之相适应的制度,这得到大多数现代化国家的证明。作为一个现代化的后来者,中国的现代化是一个不断追赶发达国家的过程。这

---

① 道格拉斯·诺思:《经济史中的结构与变迁》,上海三联书店1991年版,第225页。

个追赶的过程,制度现代化是国家现代化的前提。20世纪我们提出农业现代化、工业现代化、科学技术现代化、国防现代化。党的十八大将其发展成为"五位一体"的社会主义布局,就是经济现代化、政治现代化、社会现代化、文化现代化、生态文明建设现代化。党的十八届三中全会提出国家治理体系和治理能力现代化。国家制度是一个现代国家的基本制度和国家基础设施,也是一个国家提供给人民和社会的国家性公共产品。实现国家制度现代化不仅是现代化国家最主要的目标和国家现代化的组成部分,也是一个国家实现现代化的必由之路。

第二,制度现代化为中国现代化开辟了道路。"国家现代化,是一个不断增加新的现代化要素,用现代化要素改造传统要素和传统要素不断现代化的过程。"[1]制度除了促进现代化发展外,在一定历史条件下,也会制约社会发展与文明进步。只有制度的变革、制度现代化才能打破旧的局面,为社会生活确立新的方向,为现代化开辟道路。改革开放以来的实践,就是最好的例证。邓小平1992年在南方谈话中指出:"社会主义基本制度确立以后,还要从根本上改变束缚生产力发展的经济体制,建立起充满生机和活力的社会主义经济体制,促进生产力的发展,这是改革,所以改革也是解放生产力。"[2]改革是社会主义制度的自我完善和发展,是社会主义制度的本质特征和内在要求。中国特色社会主义之所以具有旺盛的内生力和发展潜力,根本原因就在于我们党高举改革开放的大旗。通过不断的改革,旧的制度消亡,新的制度建立,这个过程就是国家现代化的过程。

第三,制度现代化为中国现代化提供保障。现代化的进程需要一

---

① 胡鞍钢:《治理现代化的实质是制度现代化——如何理解全面深化改革的总目标》,《人民论坛》2013年第11期。

② 《邓小平文选》第三卷,人民出版社1993年版,第370页。

个稳定、有序的社会环境，而这恰恰是制度变革所追求的目标和其功能产生的直接后果，因此说制度变革为现代化提供了保障。制度的变革使新的制度克服了传统社会秩序的僵硬性，一方面有效地容纳和促进了社会的变化发展，另一方面也因此维持了社会秩序的相对稳定性，保证了现代化的顺利发展。我国的现代化，如果没有现代化的制度体系做支撑和保障，是不可能完成的。

第四，制度现代化在中国的前进方向。由于各国国情不同，制度现代化的实现形式在各国并不完全一样，需要根据自己国家的实际，形成有自己风格、气质的制度体系。习近平同志强调："国家治理体系是在党的领导下管理国家的制度体系。"[1]这就为制度现代化提出明确指向。事实上，"制度现代化不是一蹴而就的，而是一个逐步完善和发展的过程，推动制度现代化的根本动力就是全面深化改革"[2]。我们国家治理体系和治理能力总体是好的，是适合我国国情和发展要求的。

但实践是发展的，制度创新也要跟上。这就是我们已经形成一套制度体系，还要进行改革的原因。具体要从以下几个方面着力：

第一，深化党的领导体制改革。我们党是执政党，与国家权力紧密相联系，国家治理现代化水平，在很大程度上取决于政党建设和政党领导现代化水平。推进党的建设现代化，关键在于处理好党和国家的关系、党和政府的关系、党和人民的关系。根本要求是全面从严治党，保持党的先进性和纯洁性，坚决消除党内腐败现象。完善党的领导体制和执政方式，提高科学执政、民主执政、依法执政水平。

---

① 习近平：《切实把思想统一到党的十八届三中全会精神上来》，《人民日报》2014年1月1日。

② 包心鉴：《以制度现代化推进国家治理现代化》，《中共福建省委党校学报》2014年第1期。

第二,深化经济体制改革。经济体制改革是全面深化改革的重点。改革必须立足于我国长期处于社会主义初级阶段这个最大实际,坚持发展仍是解决我国所有问题的关键这个重大战略判断。当前,必须从广度和深度上推进市场化改革,大幅度减少政府对资源的直接配置,推动资源配置依据市场规则、市场价格、市场竞争,实现效益最大化和效率最大化。要健全归属清晰、权责明确、保护严格、流程顺畅的现代产权制度;要大力发展混合所有制经济,推动国有企业改革。健全和完善私有产权保护制度,稳住企业家信心。加快完善现代市场体系,建立公平开放透明的市场规则。

第三,深化行政体制改革。政府治理是国家治理的主要载体和集中体现。国家治理体系和治理能力现代化水平,突出表现在政府治理体系和治理能力现代化水平上。推进政府治理现代化,关键在于处理好政府和市场的关系、政府和社会组织的关系、政府和人民大众的关系。根本要求是切实转变政府职能,为充分发挥市场在资源配置中的决定性作用发挥好宏观调控和行政监督作用。大力推动"放管服"改革,全面建立和实施"三个公开、三个清单"制度。创新行政管理方式,加强和优化公共服务,为社会成员提供更多更好的公共产品。增强政府公信力、执行力和法治化水平,着力建设廉洁政府和法治政府。

第四,深化社会体制改革。推进国家治理现代化,说到底就是调整好国家与社会的关系,促进国家职能和权力向社会回归;为社会发育和发展提供更加有利的政治条件和制度环境。因此,创新社会治理,提升社会治理现代化水平,既是国家治理现代化的重要基础、又是重要目的。根本要求是改进社会治理方式,坚持系统治理、依法治理、综合治理和源头治理。激发社会组织活力,加快实施政社分开,大力培育发展各类社会组织,充分发挥社会组织在密切党委政府同人民群众关系中的桥梁纽带作用。①

二、经济体制改革是全面深化改革的重点

"能否实现改革再出发是一件生死攸关的大事。"②应当说,全面深化改革是有重点的全面改革,这个重点,就是经济体制改革,要发挥经济体制改革牵引作用。党的十八届三中全会公报指出,经济体制改革是全面深化改革的重点,核心问题是处理好政府和市场的关系,使市场在资源中起决定性作用和更好发挥政府作用。改革开放以来,我们以巨大的政治勇气,锐意推进改革开放。从农村到城市、从沿海到内地,经济体制改革始终是全面推进改革的突破口和重头戏,在理论和实践上不断取得重大进展。当前,无论是全面建成小康社会,还是全面实现国家现代化,都要求我们始终以经济建设为中心,把经济体制改革作为改革的重点。

第一,经济体制改革具有牵一发而动全身的作用。人类社会进步是在生产力与生产关系、经济基础与上层建筑的基本矛盾运动中发展演进的。生产力决定生产关系,经济基础决定上层建筑。这一社会发展的基本规律决定了我们必须要以经济体制改革为先导,发挥其牵引作用,为全面深化改革创造条件、提供动力。经济体制改革得到进一步深化,就会促进生产力的解放与发展,就会完善中国特色社会主义的经

---

① 国家行政学院编写组:《攻坚:全面深化经济体制改革》,国家行政学院出版社2014年版,第14页。

② 吴敬琏:《中国改革再出发》,载《改革是中国最大的红利》,人民出版社2013年版,第42页。

济基础,就能更好地拉动上层建筑和各个领域的改革,对全面深化改革起到牵引带动作用。

第二,发展阶段要求必须以经济建设为中心。党的十一届三中全会以来,从农村到城市、从沿海到内地,经济体制改革始终是全面推进改革的"突破口"和"重头戏"。当前,国内外环境都在发生极为广泛而深刻的变化,我国人均国民生产总值依然远低于世界平均水平,仅是世界平均水平的60%左右。完成新型工业化、信息化、新型城镇化、农业现代化、绿色化的任务还很重。从全局来看,我国仍处于并将长期处于社会主义初级阶段的基本国情没有变,人民日益增长的物质文化需要同落后的社会生产之间的矛盾这一社会主要矛盾没有变,我国是世界最大发展中国家的国际地位没有变。这"三个没有变",警示我们必须保持理性头脑,下大功夫把自己的事情办好,必须通过深化经济体制改革,不断解放和发展社会生产力,提高综合国力和国际竞争力。

第三,深化经济体制改革有利于全面改革推进。"牵住深化经济体制改革这个'牛鼻子',可以有力促进其他领域深层次矛盾的化解,促进其他领域改革的协调深化。"[①]一方面,市场化改革的推进,要求市场经济法治化建设不断趋于完善,进而带动政治体制改革,有力推动社会主义文化体制改革,进一步推进建立生态文明体制。另一方面,改革发展到了一定阶段,进一步深化经济体制改革也迫切需要统筹推进政治、文化、社会、生态文明等其他领域的改革,实现经济体制改革、政治体制改革、文化体制改革、社会体制改革、生态文明体制改革相互协调、相互支撑。

第四,深化经济体制改革是解决经济发展不平衡、不协调、不可持续

[①] 张高丽:《以经济体制改革为重点全面深化改革》,载《〈中共中央关于全面深化改革若干重大问题的决定〉辅导读本》,人民出版社2013年版,第18页。

的需要。近几年,我国经济体制、经济结构在不断优化,但不平衡、不协调和不可持续问题仍然非常突出。第一产业基础不稳,第二产业核心竞争力不强,第三产业比重过低的问题仍然突出。[①] 区域结构失衡,城乡结构失衡,区域之间、城乡之间发展的差距过大。经济关系中政企不分、政资不分、政社不分、政事不分的不协调问题仍比较突出;中央和地方政府的财力与事权不匹配。这都需要经济体制改革的进一步深化来解决。

三、深化经济体制改革的基本思路

习近平同志强调:"面对新形势新任务,我们必须通过全面深化改革,着力解决我国发展面临的一系列突出矛盾和问题,不断推进中国特色社会主义制度自我完善和发展。"[②]当前,改革已经步入深水区,已进入攻坚阶段。全面深化经济体制改革,其基本思路可以总结成"五个相结合"。

第一,创造改革红利与共享改革红利相结合。改革开放以来很多改革成果都是由基层群众创造出来的。事实上,我国经济体制改革三十多年的历程充分地说明,人民群众是创造改革红利的主体,只有当人民群众的改革积极性高涨时,改革事业才能有序地向前推进。当前,经济体制改革中不协调、不包容等问题,使得城乡之间、区域之间、行业之间的差距在不断扩大,收入分配体制改革滞后等原因,导致高收入群体和低收入群体的差距在不断拉大,这就在某种程度上影响到了广大人

---

① 国家行政学院编写组:《攻坚:全面深化经济体制改革》,国家行政学院出版社2014年版,第15页。

② 《十八大以来重要文献选编》(上),中央文献出版社2014年版,第494页。

民群众对改革的积极性。因此,让广大人民群众共享改革发展的成果,这是经济改革的出发点和落脚点,也是深化经济体制改革最有力的保障。

第二,市场导向与政府推进相结合。回顾我国三十多年经济体制改革的历程,实质是由"高度集中的计划经济体制"向"社会主义市场经济体制"转变的过程。从改革开放前高度集中的计划经济,到党的十二届三中全会提出的"有计划的商品经济",再到党的十四大对"社会主义市场经济"改革目标的最终确立,其本质是由计划经济逐步向市场经济转轨的过程。因此,我国在深化经济体制改革的进程中,必须充分发挥价格机制、供求机制和竞争机制在市场经济中的杠杆作用,更大地发挥市场在资源配置中的决定性作用,最大限度地为不同的经济主体创造公平竞争的市场环境。"现代市场经济体制并不排斥政府必要的干预。"①因此,也要更好发挥政府在经济体制改革中的作用,党的十八大报告明确指出,"经济体制改革的核心问题是处理好政府和市场的关系"。因此,要进一步深化经济体制改革,必须遵循"市场导向与政府推进相结合"的基本思路。

第三,顶层设计与发挥基层首创精神相结合。我国的经济体制改革发轫于农村经营体制改革,这种改革主要遵循的是自下而上、由易到难的改革模式,遵循的是"摸着石头过河"的渐进式改革。过去经济体制改革中出现的"一放就乱、一收就死"的怪圈,其更根本原因就在于改革缺乏整体性、系统性。我国当前的经济体制改革已进入深水区,过去相对容易的改革已经改得差不多了,剩下的改革需要啃"硬骨头"。因此,解决这些矛盾和问题的根本出路在于加强顶层设计,从全局上对

---

① 高尚全:《经济体制改革的核心是处理好政府与市场的关系》,载《改革是中国最大的红利》,人民出版社 2013 年版,第 76 页。

改革的整体思路、战略取向进行顶层设计,以加强经济体制改革的整体性、系统性和协同性。我们也要看到,经济改革具有潜在性,而人民群众是改革的根本创造者,在经济体制改革中,要尊重人民首创精神,注意发挥广大人民的积极性、创造性和主动性,才能进一步深化经济体制改革。摸着石头过河和加强顶层设计是辩证统一的,推进局部的阶段性改革开放要在加强顶层设计的前提下进行,加强顶层设计要在推进局部的阶段性改革开放的基础上谋划。

第四,综合配套与改革试点相结合。确立社会主义市场经济体制为经济改革目标模式之后,政治体制、文化体制、社会体制、生态文明体制等改革就必须与发展社会主义市场经济体制相适应、相配套,只有相关领域的配套改革深入推进,才能有效地配合和推动经济体制改革。①比如,我国一些经济领域的改革,包括垄断行业改革、财税体制改革、价格改革、事业单位分类改革等,都离不开相关领域的综合配套改革。深化我国经济体制改革,要着力进行综合配套,促进各个领域的改革共同深化、相互促进、良性发展。对于那些"牵一发而动全身"的重点领域,要加强改革的试点工作,不断积累可复制可推广的经验,以利在全国范围内推开。

第五,有序推进与重点突破相结合。我国的经济体制改革,遵循的是渐进式而非激进式的改革模式,这是我国经济改革道路的一个基本特征。改革前进的每一步,都是采取循序渐进、有步骤、有阶段的方式推进,都是在人民群众的实践探索和制度创新的基础上有序地推进。我国的经济体制改革始终立足于社会主义初级阶段的基本国情,先农村改革后城市改革,先局部探索后全面推开,先计划经济体制后过渡到

---

① 张占斌、周跃辉:《释放经济体制改革红利的基本思路与战略重点》,《中国延安干部学院学报》2013 年第 5 期。

社会主义市场经济。应当着力指出的是,"通过重点突破,以点带面,激发改革动力,是我国改革取得成功的重要经验"①,像政府机构改革、资源产品价格改革、医疗体制改革、金融体制改革、收入分配体制改革等牵一发而动全身的关键领域,要进行重点突破。

四、在体制机制的重点领域实现突破

习近平同志指出:"改革是由问题倒逼而产生,又在不断解决问题中而深化。"②我们要在体制机制的重点领域打好攻坚战,继续深化所有制、财税、金融、价格、收入分配等重点领域的改革。

第一,深化所有制改革,坚持和完善基本经济制度。我国所有制改革的实质是公有制经济与非公有制经济的共同发展。深化所有制改革必须牢牢抓住党的十八大提出的两个"毫不动摇":一方面,要毫不动摇巩固和发展公有制经济,坚持公有制主体地位,发挥国有经济主导作用。③ 要在国企改革方面取得重要突破,要准确界定不同国有企业功能,分类推进改革。国有企业是我国经济发展的中间力量,也是党和国家事业发展的重要物质基础和政治基础。"对国有企业要有制度自信"。深化国有企业改革,要沿着符合国情的道路去改,要遵循市场经济规律,也要避免市场的盲目性,推动国有企业不断提高效益和效率。④ 要坚定不移把国企做强做优做大,不断增强国有经济活力、控制

---

① 王一鸣主编:《改革红利与发展活力》,人民出版社 2013 年版,第 262 页。
② 《十八大以来重要文献选编》(上),中央文献出版社 2014 年版,第 497 页。
③ 王绛:《国企突围供给侧结构性改革》,《国资报告》2016 年第 8 期。
④ 《习近平长春考察聚焦国有企业》,新华网,2015 年 7 月 18 日。

力、影响力和抗风险能力。另一方面,要毫不动摇地鼓励、支持和引导非公有制经济的发展,鼓励和支持中小民营企业的发展。要着力消除各种制度性障碍,破除阻碍民间投资的"玻璃门""弹簧门"①等体制障碍,保障各种所有制经济主体依法公平参与市场竞争。继续推进"新36条"②的实施落地,并有针对性地进行细化,增强实践中的操作性。

第二,深化财税体制改革,理顺各项财政权利。财政是国家治理的基础和重要支柱,财税体制改革在宏观调控、调整收入分配结构、公共产品供给等方面起着主导作用,这是我国当前一项尤为重要和迫切的改革。从宏观层面来看,财税体制改革的核心是要理顺四个权:税权、预算权、财产权和归置权。当前,我国基层财政困难、地方政府隐性债务负担重、收入再分配效应有限等问题十分突出。因此,要深化财税体制改革,进一步健全财力与事权相匹配的财政体制,增强县级政府提供基本公共服务的保障能力。优化转移支付结构,提高一般性转移支付规模和比例,清理归并部分专项转移支付项目,加快形成统一规范透明的财政转移支付制度。同时,完善预算管理制度,健全预算编制和公开透明管理制度。进一步深化个人所得税制度改革,理顺税权和财产权。

第三,深化金融体制改革,构建稳健的金融体系。金融是现代市场经济的核心,深化金融体制改革对于促进实体经济发展、巩固社会主义市场经济体制具有重要意义。但现实看,我国金融与实体经济发展存在着失衡现象,实体经济融资难比较突出。要解决这些问题,就要稳步

---

① "玻璃门"是指"看得见,没有显性障碍,但却无法进入,强行进入会碰到头"的障碍,而"弹簧门"是指民营企业在刚刚踏入某领域之后,稍稍不小心就被弹出来了。"玻璃门"主要指投资准入方面的问题,"弹簧门"主要指民营企业被挤出的问题。这两个比喻形象地反映出我国民间资本在投资领域所遇到的与国营企业不平等的现象。

② "新36条"是指"非公经济36条"颁布5年之后,国务院于2010年5月13日再次发布的《国务院关于鼓励和引导民间投资健康发展的若干意见》。由于该意见共计有36条,为了与非公经济36条相区别,故被简称为"新36条"。

推进利率市场化改革,使利率能够灵敏地反映资金供求情况,以实现资金的优化配置,缓解内外部经济的不平衡,增强金融机构间的竞争。加强金融机构公司治理,推进现代金融企业制度建设,加快民间金融机构发展,健全金融组织体系。加快发展资本市场,完善分层有序、互为补充的现代金融市场体系,不断提高金融市场化程度,降低企业的直接融资成本,推动金融为实体经济和中小微企业发展服务。加强金融系统的流动性风险管理,切实防范和化解金融风险,坚决守住不发生金融系统性风险的底线,维护金融体系的稳健高效运行。

第四,深化资源产品价格改革,理顺价格调节体系。价格机制是市场经济的核心机制,价格改革的目的是要建立反映市场供求和资源稀缺程度的信号传递机制,应当按照"要素市场化"的原则深化价格改革,进一步理顺价格调节体系,以促进结构调整和资源保护。应当说,我国一次能源价格是比较高的,但资源产品价格改革的视野应更开阔一些,应该放在整个资源和环境这样一个角度去考虑。将淡水、电、天然气、成品油等价格改革放在优先位置,通过价格杠杆作用促进土地资源、水资源、能源资源等的节约和有效使用。在价格改革过程中,要同步推进产权制度改革,推进国有资源、公共资源的确权工作。同时,应尽可能地引入竞争机制,打破垄断,改善管理,坚决破除大量资源通过不规范甚至违法渠道转化成了个人财富的体制机制因素。

第五,深化收入分配体制改革,促进改革红利惠及全体人民。收入分配制度是经济社会发展中一项带有根本性、基础性的制度安排,是社会主义市场经济体制的重要基石。强调以人民为中心的发展,让人民有更多的获得感,就要在全面建成小康社会的决定性阶段,继续深化收入分配体制改革,优化收入分配结构,促进社会公平公正,实现经济改革红利由全体人民共享。一方面,要坚持按劳分配为主体、多种分配方式并存,坚持初次分配和再分配调节并重,继续完善劳动力、资本、技术、管理等要素按贡献参与分配的初次分配机制。另一方面,要加快健全以税收、社会保障、转移支付为手段的再分配调节机制,努力实现居民收入增长和经济发展同步,劳动报酬增长和劳动生产率提高同步。

第六,深化土地、户籍、社会保障等制度改革,增强改革的综合配套性。改革之路,不进则退。当前,我国的改革已经步入深水区,各种利益关系相互交织,深化经济体制改革,必须加强综合配套改革。要加强农村地权制度的建立,深化户籍制度的改革,着力提高社会保障的水平,加大教育体制、科研体制、卫生医疗体制等改革的力度,为释放城镇化红利、企业创新红利、经济结构调整红利、"新人口红利"等提供配套支撑。[①] 值得重点注意的是,广大人民对医疗卫生体制、保障性住房制度改革、生态和环保制度等领域的改革诉求很高,改革成果要让广大人民看得见、摸得着,必须扎扎实实地攻坚推进、重点突破。同时,要更加注重政治体制、文化体制、社会体制和生态文明制度改革的协同效应,通过综合配套和改革试点相结合,发掘体制机制变革的潜在红利。

---

① 常晔:《保持增强战略定力　持续释放改革红利》,光明网,2015 年 9 月 14 日。

第五章　市场决定:发挥市场配置资源决定性作用

　　处理好政府与市场关系是解决改革过程中各种疑难问题的核心。习近平同志指出:"经济体制改革的核心问题仍然是处理好政府和市场的关系"①"我们全面深化改革,就要激发市场蕴藏的活力。"②党的十四届三中全会提出"建立社会主义市场经济体制,就是要使市场在国家宏观调控下对资源配置起基础性作用",党的十八届三中全会提出"全面深化改革必须发挥经济体制改革牵引作用,紧紧围绕使市场在资源配置中起决定性作用深化经济体制改革"。从"基础性"到"决定性"两字之改,对市场作用作出了全新的认识和定位,我国的市场经济理论与实践又勇敢地向前迈出关键的一步。这既是中国经济发展到新阶段、新常态下认识深化的必然产物,也是实践发展热切呼唤的结果。

---

　　① 张新宇:《政府和市场关系研究的四重维度》,《毛泽东邓小平理论研究》2017年第2期。
　　② 习近平:《谋求持久发展,共筑亚太梦想——在亚太经合组织工商领导人峰会开幕式上的演讲》,《人民日报》2014年11月10日。

一、经济体制改革理论的突破和发展

西方国家根据凯恩斯主义,所奉行的一直是市场主导和国家干预相结合的经济体制,即在注重市场调节作用的基础上,政府反复利用时松时紧的财政金融政策对经济实行宏观调控,用经济立法手段约束企业行为,用指导性计划和经济杠杆引导企业经营。[①] 我国经济体制改革一直围绕着调整政府和市场关系进行,从计划经济到有计划的商品经济,再到社会主义市场经济,市场的力量一步步得到释放,党对政府和市场关系的认识不断升华。

第一,从计划经济到有计划的商品经济,突破了把计划经济同商品经济对立起来的传统观念。1978 年,党的十一届三中全会提出,应该坚决按经济规律办事,重视价值规律的作用。1979 年,邓小平同志提出:"社会主义也可以搞市场经济""把这当作方法,不会影响整个社会主义,不会重新回到资本主义。"[②]邓小平同志第一次把市场经济同社会主义直接联系起来,把市场经济当作发展生产力的方法,从而开启了我国波澜壮阔的改革开放伟大征程。理论界的"思想革命"也拉开大幕,在计划经济和商品经济的争论中,学术交锋经常发生,新观点不断出现。1982 年,党的十二大提出"计划经济为主、市场调节为辅"的经济体制改革原则。1984 年党的十二届三中全会提出,"发展社会主义商品经济"的重要论断,突破了把计划经济同商品经济对立起来的传

---

① 张占斌:《中国式崛起:渐进改革与政府公共政策选择》,中央文献出版社 2004 年版,第 26 页。
② 《邓小平文选》第二卷,人民出版社 1994 年版,第 231、236 页。

统观念。

第二,用市场经济概念替代商品经济概念,在理论认识上又前进了一大步。到了20世纪80年代中后期,随着改革实践的发展和理论研究的深入,对经济体制改革的认识进一步深化,商品经济概念和商品经济思维,开始越来越多地为市场经济概念和市场经济思维所替代。这种理论认识上的重要进步,集中表现在1987年党的十三大报告中,即"社会主义有计划商品经济的体制,应该是计划与市场内在统一的体制","新的经济运行机制,总体上来说应当是'国家调节市场,市场引导企业'的机制",强调计划和市场的作用都是覆盖全社会的,不再提计划经济为主。与党的十二届三中全会提出发展社会主义商品经济相比,党的十三大报告提出建立和培育社会主义市场经济体系,在理论认识上又前进了一大步,改革实践的眼光、领域、思路大大开阔。

第三,提出建立社会主义市场经济体制的目标,实现了经济体制改革理论的重大突破。1992年党的十四大提出了我国经济制度改革的目标是建立社会主义市场经济体制,"就是要使市场在社会主义国家宏观调控下对资源配置起基础性作用",这为长期纠结于"计划"和"市场"的改革开启了一个新的里程碑。至此,我们党对社会主义市场经济的认识、对政府和市场关系的认识达到了一个新高度:市场经济不仅仅是市场竞争机制、供求机制和价格机制,更是一种资源配置机制。习近平同志在谈到1992年的经济制度改革目标时,指出"这一重大理论突破,对我国改革开放和经济社会发展发挥了极为重要的作用。这也说明,理论创新对实践创新具有重大先导作用,全面深化改革必须以理论创新为先导"①。

---

① 《十八大以来重要文献选编》(上),中央文献出版社2014年版,第498页。

第四,作出"使市场在资源配置中起决定性作用"的历史定位,是在完善社会主义市场经济体制上迈出的新步伐。2013年党的十八届三中全会提出,"使市场在资源配置中起决定性作用",用"决定性"代替"基础性",正是认识上的不断深化和理论上的重大创新。习近平同志就《中共中央关于全面深化改革若干重大问题的决定》作说明时指出,从党的十四大以来的二十多年间,对政府和市场的关系,我们一直在根据实践拓展和认识深化寻找新的科学定位。现在,我国的社会主义市场经济体制已经初步建立,市场化程度大幅度提高,我们对市场规律的认识和驾驭能力不断提高,主客观条件具备,应该在完善社会主义市场经济体制上迈出新的步伐,从理论上作出新的表述条件已经成熟,应该把市场在资源配置中的"基础性作用"修改为"决定性作用"。这是自1992年提出建立社会主义市场经济体制的改革目标以来,经过二十多年的实践后,理论上的重要发展。

二、市场决定是市场经济规律的内在要求

习近平同志强调,进一步处理好政府和市场的关系,实际上就是要处理好在资源配置中市场起决定性作用还是政府起决定性作用这个问题。① 中央作出"使市场在资源配置中起决定性作用"的科学定位,结合了对市场经济规律的认识和我国已经初步建立社会主义市场经济体制的现实,是理论和实践的统一。"不论是理论分析和实践经验都证

---

① 《十八大以来重要文献选编》(上),中央文献出版社2014年版,第499页。

明,市场机制是人类社会迄今为止发展社会生产力、激发人的创造力、增强社会活力的最有效手段。"①

第一,使市场在资源配置中起决定性作用是市场经济的本质要求。应当说,市场决定资源配置是市场经济的一般规律,市场经济本质上就是市场决定资源配置的经济。所有经济活动最根本的问题,就是如何最有效地配置资源。所谓配置资源,就是各种生产要素如何用于不同商品的生产,以及所生产的商品如何分配到各生产要素所有者。资源配置方式不同,会产生不同的配置效率。经济发展就是要提高资源尤其是稀缺资源的配置效率,以尽可能少的资源投入生产尽可能多的产品,获得尽可能大的效益。理论和实践都证明,市场配置资源是最有效率的形式。市场决定资源配置,就是在经济活动中遵循和贯彻价值规律,实质就是让价值规律、竞争和供求规律等市场经济规律在资源配置中起决定性作用。

第二,使市场在资源配置中起决定性作用,并不是说市场在资源配置中起全部作用。把市场在资源配置中的"基础性作用"修改为"决定性作用",十分清楚地表明在市场经济活动中,除市场之外的任何其他因素都不在资源配置中起决定性作用,政府调节也不例外。但是,这并不是说市场在资源配置中起全部作用,在市场失灵的领域还要更好发挥政府作用。市场作用和政府作用互不否定,只是职能不同。使市场在资源配置中起决定性作用就是运用价值法则中的优胜劣汰原则配置资源,是绝对不可否定的。更好发挥政府作用就是政府要积极排除妨碍优胜劣汰原则配置资源的因素。党的十八届三中全会也对更好发挥政府作用提出了明确要求,强调政府的职责和

---

① 张军扩:《论市场在资源配置中起决定性作用的核心问题及相关改革》,《经济纵横》2014 年第 7 期。

作用主要是保持宏观经济稳定，加强和优化公共服务，保障公平竞争，加强市场监管，维护市场秩序，推动可持续发展，促进共同富裕，弥补市场失灵。

第三，我国的实践证明，社会主义和市场经济能够成功结合。从波澜壮阔的改革实践来看，社会主义和市场经济都不是僵化不变的，而是能动的、不断向前发展的。市场经济为社会主义注入蓬勃生机和发展活力，社会主义为市场经济开辟崭新境界和广阔前景，社会主义和市场经济能够深度结合。① 我国实行的是社会主义市场经济体制，我们仍然要坚持发挥我国社会主义制度的优越性、发挥党和政府的积极作用。社会主义市场经济体制的巨大优越性和强大生命力就在于，它不仅能够将社会主义和市场经济两者的优势结合在一起，而且留有很大空间，可以随着实践和认识的发展，通过深化改革不断优化这种结合。

第四，提出使市场在资源配置中起决定性作用，是经济发展的实践要求。随着社会主义市场经济体制不断完善，我国市场配置资源的功能和条件逐步形成，但是仍然存在市场体系不完善、市场规则不统一、市场秩序不规范、市场竞争不充分，政府权力过大、审批过杂、干预过多和监管不到位的问题，影响了经济发展活力和资源配置效率。习近平同志强调，作出"使市场在资源配置中起决定性作用"的定位，有利于在全党全社会树立关于政府和市场关系的正确观念，有利于转变经济发展方式，有利于转变政府职能，有利于抑制消极腐败现象。可见，提出"使市场在资源配置中起决定性作用"是实践不断发展的要求。

---

① 张占斌：《大国经济的治理》，国家行政学院出版社 2014 年版，第 169 页。

三、发挥市场决定性作用的现实针对性

当前,我国社会主义市场经济体制正处于完善发展阶段,存在诸如市场规则不统一、竞争公平性不够、要素市场发育不充分、政府监管不到位等问题。"使市场在资源配置中起决定性作用"的理论创新,就是为了解决存在的问题,具有很强的现实针对性。

第一,使市场在资源配置中起决定性作用的基础不牢固。我国实行社会主义市场经济体制以来,市场体系建设取得了很大成就,但与建立统一开放、竞争有序的市场体系预期目标还有相当大的差距。不同市场主体往往难以获得同等的市场准入条件,特别是电信、电力、石油、铁路、金融保险等领域,民间资本进入面临诸多限制。地方保护主义和市场分割现象比较突出,有些地方在立法环节制定有利于本地企业的各种标准,或滥用行政权力限制外地企业和产品进入。农村土地制度改革不到位,以及土地价格扭曲和配置低效。资本市场仍有明显的行政管制色彩,技术市场发展仍然相对滞后。这些问题影响和削弱了市场配置资源的效率,说明发挥市场配置资源的决定性作用的基础还不牢固。

第二,市场规则缺乏公开透明,市场竞争公平性不够。发展社会主义市场经济,必须搭建让市场机制充分发挥作用的平台,要让企业自主经营、公平竞争,让消费者自由选择、自主消费,让商品和要素自由流动、平等交换。当前,我们的市场准入负面清单尚未建立,各类市场主体可依法平等进入的领域没有确定。各类违法实行优惠政策行为屡禁不止,阻碍公平竞争的各种市场壁垒层出不穷。公权力侵害私有产权和民营企业资产等现象时有发生,一定程度上损害了人民大众、企业家的财产安全感,消磨了企业家投资兴业的积极性,对经济社会发展造成负面效应。[①] 流通领域体制机制性障碍明显,法治化营销环境未完全建立。优胜劣汰的市场化退出机制也不健全,一些产能过剩的行业不能实施有序退出。市场规则不健全、不透明,严重制约了市场的高效运行和市场主体竞争力的提升。

第三,价格机制没有充分发挥作用,要素市场发育滞后。价格机制是价值规律的核心,当前,我国一些重点领域的价格形成机制尚存诸多问题,尤其是水、石油、天然气、电力、交通、电信等领域价格改革需要持续深入推进。不仅如此,我国重要要素市场的改革还不到位,城乡统一的建设用地市场没有真正建立起来,技术创新市场导向机制有待完善,信息市场、劳动力市场等发育不充分。金融体系还不稳健,资本市场不发达,金融业开放不够,地方债务风险不断积累,人民币汇率形成机制和利率市场化改革需要持续深入推进。这些问题的存在,说明完善社会主义市场经济体制的任务还比较繁重。

第四,社会信用体系不健全,市场秩序不规范。市场经济是信用经济,社会信用体系是市场经济的重要制度安排。当前,由于信用体系建设的滞后,财务失真、偷税漏税、合同违约、商业欺诈、恶意拖欠和逃废银行债务、制假售假等现象屡禁不止,严重扰乱了正常的市场秩序。完善社会主义市场经济体制,需要在改革市场监管体系的同时,补上信用建设这一短板,尽快建立"褒扬诚信,惩戒失信"的激励约束机制,营造诚实守信的社会氛围。

第五,政府干预过多和监管不到位问题突出。一方面,政府对市场

---

① 吴敬琏:《完善产权保护制度的行动纲领》,《人民日报》2016 年 11 月 29 日。

的过度干预,造成了资源配置低效甚至浪费,束缚了市场主体创业、创新活力。尤其是,阻碍民间投资的"玻璃门""弹簧门"和"旋转门"的存在,竞争性经济领域的投资审批等,不仅造成民营资本的"挤出"效应,而且导致权力寻租、滋生腐败。① 另一方面,政府监管不到位问题突出,导致了市场秩序紊乱。诸如,食品药品安全缺乏"防火墙"、环境保护缺乏"隔离带",重特大安全生产事故疏于防范,非法集资活动猖獗,低劣产品充斥市场等。这些现象产生的原因,归根结底是没有使市场在资源配置中起决定性作用和更好发挥政府作用,政府越位、缺位和错位现象突出。

四、发挥市场决定性作用的路径选择

要使市场在资源配置中起决定性作用,进而提高资源配置效率,必须紧紧围绕发挥市场在资源配置中的决定性作用来深化改革,核心是要厘清政府与市场的关系。重点在于进一步夯实市场基础,注重运用市场经济的普遍规律,强化社会主义市场经济的一般特征,加快完善现代市场体系,建立公开透明的市场规则等。

第一,进一步处理好政府和市场关系。深化市场取向的改革,关键是要处理好政府和市场的关系,即"看得见的手"和"看不见的手"这"两只手"之间的关系。② 党的十八届三中全会又指出,进一步处理好政府和市场关系,就是要处理好在资源配置中市场起决定性作用还是

---

① 王红茹:《从"玻璃门"、"弹簧门"、"旋转门"到"没门"民间投资比例 10 年罕见下滑》,《中国经济周刊》2016 年第 20 期。

② 张旭:《"看得见的手"和"看不见的手"都要用好》,《经济日报》2017 年 6 月 9 日。

政府起决定性作用这个问题。《中共中央关于全面深化改革若干重大问题的决定》也提出"资源配置依据市场规则、市场价格、市场竞争","政府的职责和作用主要是保持宏观经济稳定,加强和优化公共服务,保障公平竞争,加强市场监管,维护市场秩序,推动可持续发展,促进共同富裕,弥补市场失灵"。可见,改革推进到当前阶段,正如习近平同志所说,"两只手"应该是这样的关系:比如,在经济社会协调上,市场这只手更多地调节经济,政府这只手则强化社会管理和公共服务的职能;在经济运行上,市场这只手调节微观领域的经济活动,政府这只手用来制定游戏规则、进行宏观调控;在公平与效率上,市场这只手激活效率,政府这只手则更多地关注公平;在城乡发展上,城市的发展更多地依靠市场这只手的作用,农村的发展则由政府这只手承担更多职能。

　　第二,加快完善现代市场体系。"完善现代市场体系是国家治理现代化的基础,这是由经济基础决定上层建筑决定的,也是市场制度在国家制度、国家治理体系中的地位决定的。"[1]改革开放以来,我国现代市场体系建设取得显著进展:商品市场体系基本建成,要素市场初具规模,供求关系确定的价格形成机制已经确立,市场开放程度不断提高,多元化市场主体空前活跃,与市场相关的法律法规体系和社会信用体系不断完善和得到重视,市场在资源配置中的基础性作用得以发挥,这些都为市场在资源配置中起决定性作用创造了条件。下一步,要着力清除市场壁垒,提高资源配置效率和公平性,完善主要由市场决定价格的机制,建立城乡统一的建设用地市场,完善金融体系,深化科技体制改革等。具体就是:推进水、电等领域价格改革,完善农产品价格形成机制;允许农村集体经营性建设用地出让、租赁、入股,实行与国有土地

---

① 　慕海平:《国家治理现代化与完善现代市场体系》,《行政管理改革》2014 年第 9 期。

同等入市、同权同价,完善土地租赁、转让、抵押二级市场;扩大金融业对内对外开放;健全技术创新导向市场机制等。

第三,建立公平公开透明的市场规则。市场体系是依照特定规则运行的,市场规则不同,市场体系运行的方式和效率也不尽相同。近年来出现的地方保护、市场分割,以及各类违法优惠政策等,扭曲了资源配置,从长期看对全局发展不利,亟须清理整顿,下一步要在制定负面清单的基础上,建立和实行统一的市场准入制度。以往,存在对企业资质认定项目过多、工商注册效率低等问题,现在正大刀阔斧地进行改革,提高行政权力运作的透明度。针对市场经济不规范,经济活动中存在各类违法违规现象,下一步在严格监管的同时,要加强社会信用体系建设,健全激励约束机制,在整合信用记录、培育信用市场、创新信用产品、规范信用服务等方面下功夫。此外,还要完善企业破产程序,进一步健全优胜劣汰的市场化退出机制;推进国内贸易流通体制改革,建设法治化营商环境等。

第四,完善社会主义市场经济法律制度。社会主义市场经济本质上是法治经济、契约经济、信用经济。搞社会主义市场经济,还是法治靠得住。没有法治保障的市场经济,是不靠谱的市场经济,就可能出现诸多严重问题。"目前我国法治建设滞后,经济呈现很明显的'半市场化'特征,这已经成为制约我国市场经济进一步发展的瓶颈。"[1]完善社会主义市场经济法律制度,是社会主义市场经济运行规律的客观要求,也是保障经济持续健康运行的现实需要。在市场经济条件下,企业自主经营、公平竞争,消费者自由选择、自主消费,商品和要素自由流动、平等交换。市场经济活动中各个主体、各种行为都必须以法律的形式

---

① 周汉华、魏加宁:《建设法治的市场经济》,《新金融评论》2013年第4期。

得到规范、保护和制约。当前,我国市场经济法律制度方面还存在一些
不足,特别是未能实现对不同所有制经济产权的平等保护。因此,要坚
持公有制经济财产权不可侵犯,非公有制财产权同样不可侵犯。要统
筹研究、废止按照所有制不同类型制定的市场主体法律法规和行政法
规,加大对非公有产权的刑法保护力度。要坚持有错必纠,对涉及重大
财产处置的产权纠纷申诉案件、民营企业人和投资人违法申诉案件依
法甄别,确属冤假错案的,要依法纠正并赔偿当事人。① 要按照不溯及
既往的原则,以发展的眼光客观看待和妥善处理改革开放以来各类企
业特别是民营企业经营过程中存在的不规范问题。

---

① 吴敬琏:《完善产权保护制度的行动纲领》,《人民日报》2016 年 11 月 29 日。

第六章　转变职能:提升政府治理
和服务能力

当前,政府职能转变的核心仍然是处理好政府和市场的关系,使市场在资源配置中起决定性作用和更好发挥政府作用,这对于实现国家治理体系和治理能力现代化具有十分重要的现实意义。习近平同志强调:"更好发挥政府作用,就要切实转变政府职能,深化行政体制改革,创新行政管理方式,健全宏观调控体系,加强市场活动监管,加强和优化公共服务,促进社会公平正义和社会稳定,促进共同富裕。"[①]

一、简政放权释放市场和社会活力

简政放权是实现市场起决定性作用,更好发挥政府作用,推动中国经济实现新常态的重要途径和保障。[②] "简政放权,继续简政放权,是当下中国最强的时代改革之声。"[③]2016 年 11 月 21 日,李克强同志在

---

① 《习近平谈治国理政》,外文出版社 2014 年版,第 118 页。
② 张占斌:《经济新常态下简政放权改革新突破》,《行政管理改革》2015 年第 1 期。
③ 戚浩飞:《简政放权路线图》,《人民论坛》2014 年第 5 期。

| 82 |

上海主持召开深化简政放权放管结合优化服务改革座谈会时说，"放管服"改革是全面深化改革特别是供给侧结构性改革的重要内容，是转变政府职能的重要抓手，是促进双创的重要举措，也是推进经济体制改革、处理好政府和市场关系的关键所在。我们必须进一步转变理念，持之以恒地进行政府自我革命，以壮士断腕精神把"放管服"改革向纵深推进，用政府自身一时的痛换来人民长远的利。

第一，用更大的放进一步激发市场活力。简政放权推进以来，国务院累计分 9 批取消和下放行政审批事项 618 项，占原有审批事项的 36%，超额完成减少行政审批事项三分之一的承诺。多数省份行政审批事项减少 50% 左右，有的达到 70%。各类"奇葩证明"和没有法律依据的准入类职业资格基本被取消。政府在权力下放上取得了实实在在的成效，市场活力也被持续激活。① 但简政放权与人民群众的期待和经济社会发展要求相比，还有差距。我们必须用更大的放、用政府权力的"减法"，进一步换取市场活力的"乘法"。

一是规范行政审批管理体制和运行机制。要实现行政审批与市场监管职能的严格分离，在此基础上大力推动所有审批事项和审批人员真正意义上的归口管理，实现所有审批事项统一入驻、审批人员统一管理、审批标准统一尺度，进一步优化、重组审批业务链，提高办事效率。以省会城市中第一个成立并投入运行的银川市行政审批服务局为例，企业办理"四证一章"的法定审批时限是 20 个工作日，而实际办结时间不到一个小时。加强地区间的统筹协调，确保同一事项在不同地区具有相对一致的审批要求和审批流程。要规范审批的自由裁量权，努力向社会提供无差别的行政审批服务。

---

① 杜庆昊、丁茂战：《"用政府一时的痛换来人民长远的利"》，《紫光阁》2016 年第 12 期。

二是加大对重点领域和关键环节的放权。要系统梳理经济建设和养老、教育、医疗等社会民生领域审批事项，提出整体改革意见，确保关联、相近类别审批事项"全链条"取消或下放，最大限度精简优化，协同配套，放宽市场准入，方便社会资本进入。围绕企业注册成立这一关键环节，继续推进工商注册便利化，推动全国市场实现统一公开透明和公平竞争。继续创新优化登记方式，尽快实现"一址多照"和"一照多址"政策落地。要取消没有法律法规依据、不必要的后置办证事项，不给企业增添额外负担。

三是取消和规范各种审批要件、资质资格和中介服务。逐行业梳理各类评估事项，能取消的取消，能下放的下放，能合并的合并，能转为备案的转为备案。对确实需要保留的评估事项，要减少评估过程中的行政干预，缩短审批时限。要规范各种资质资格评价和发证行为，对市场竞争充分、市场主体成熟的行业，能取消资质资格认证的尽量取消。弱化资质资格认证的限制性作用，对不涉及国家安全、生态环保、人身安全和需求规模较小的经营行为，尽量取消对资质证书的准入要求。要自上而下清理与行政审批相关的中介服务事项，取消无法律法规依据的中介服务项目。

第二，用更好的管进一步转变政府职能。实施"放管服"改革以来，"管"的能力持续得到加强。各级政府加快"三个清单"制定和实施力度，政府行政权力得到削减和规范。着力推行"双随机一公开"，监管成效不断显现。各级政府结合实际，积极探索综合监管和信息化监管方式，创新举措持续涌现。但总的来看，政府还是管得过多过细，监管方式还跟不上新技术的发展，监管本领恐慌日益凸显。下一步，必须用更好的管，推动政府职能转变，进一步营造有利于市场发展的监管环境。

一是加强政府职能转变和社会主体培育。要切实转变政府职能,推动政府从关注事前审批,向着重做好事中事后监管转变。规范垂直管理机构和地方政府机构的关系,建立责权清晰、敢于负责、便于问责的工作机制。进一步积极探索大部制改革,最大限度地避免政府职能交叉、政出多门、多头管理,提高行政效率。要重点关注政府行政审批权力下放或取消后可能出现的问题,着力解决监管制度滞后、监管手段单一、监管能力不足的问题。坚持职权法定原则,加快建立"三个清单",科学划定政府与市场、企业、社会的权责边界。

二是建立规范有效的监管机制。加强社会诚信体系建设,加强征信记录、风险预警、违法失信行为等信息资源的分析、披露和共享,实现企业信用信息互联共享,逐步建立面向全国的审批黑名单。着力建设全国统一的社会信用体系平台,为各类主体提供具有唯一性的信用评价。要大力推动"双随机一公开"监管方式全覆盖,加大随机抽查力度,在此基础上进一步限制和规范监管部门的行政裁量权,规范行政检查活动,着力避免重复检查。

三是创新监管方式和手段。支持各类行业协会或社会组织的发展,通过建立"合作规制"关系,制定行业标准,推动同业监督要适应以互联网为核心的信息技术发展趋势,探索实行"互联网+监管"模式,加快部门之间、上下之间信息资源的开放共享、互联互通,进一步创新监管方式,推动传统的层级式、间接式监管向互联网时代扁平化、直接化监管方式转变,进一步缩短监管链条,提高协同性,打破层级性,提高监管效率。要充分利用大数据、云计算、互联网等信息技术,加强对大数据的收集、整理和分析,挖掘出数据背后反映的待监管信息,对可能出现的风险和问题,提前作出预判和部署。

第三,用更优的服进一步释放发展潜能。"服"的水平持续得到提

升,发展新动能和群众满意度不断积蓄。仅 2016 年,全国新登记企业
553 户,比上年增长 24.5%,平均每天新登记企业 1.5 万户,比改革前
的 2013 年每天 0.69 万户,增长 1 倍多。① 人民群众办事更方便、更快
捷,政府办事机构"门难进、脸难看、事难办"的负面形象得到根本性好
转。但目前依然存在社会主体获取政府信息困难、网上办事大厅中看
不中用、服务大厅好看不实用的问题。

一是加强政务信息公开共享。推动政务服务和行政审批信息公
开,将服务和审批事项、审批流程、审批过程等关键信息全程网上公开,
方便当事人查看,便于社会监督。积极推动各行业、各地区政务信息共
享,提高政府机构服务市场主体的能力和水平。政府要牵头制定路线
图、时间表和任务书,主动将自己直接或间接掌握的公共数据,进行必
要的脱敏处理后,及时开放给社会公众,让企业和个人能够利用政府公
开数据进行再创新。要引导公益机构和企事业单位逐步放开公共性
数据。

二是加强网上审批服务平台建设。要加快打造全国性的网上审批
平台,与各部门业务审批网并网,实现审批数据在各部门间共享互认。
要加快建成互通共享的网上服务平台,凡与企业生产经营、居民日常生
活密切相关的服务事项,尽可能实行网上办理。要发展指纹、掌纹、虹
膜、语音、人像和体形识别等安全认证技术,利用大数据等信息技术,完
成"人证相符"等关键环节的网上认证,推动公安、银行等部门间安全
认证信息在一定范围内共享,切实解决让群众少跑路的技术难题。

三是加大对创业创新和人民群众的服务力度。加强政策支持,在
降税清费减负基础上,多出台扶持创业创新特别是小微企业的政策措

---

① 《简政放权 4 年间,那些多重审批和乱收费现象治理得怎么样了》,新华网,2016
年 11 月 21 日。

施,着力做好政策的实施落地,多措并举帮助创业者解决资金困难问题。结合企业实际需求,努力在政策宣介、法律咨询、场地和融资、用工与社保等领域提供更好更优更及时的服务,为培育发展新动能提供优质服务。创新服务方式,最大限度地便民利民。全面清理并取消涉及群众办事的各种奇葩证明,能免的就免、能合的就合,确实需要的,尽可能通过部门之间信息共享和业务协同来核查解决。各级政府及其工作人员都要树立"宁可自己多辛苦,也要让群众少跑路"的服务理念。

二、加强宏观调控保障经济行稳致远

党的十八大以来,以习近平同志为核心的党中央,极为重视"稳中求进"。稳是主基调,稳是大局,在稳的前提下要在关键领域有所进取,在把握好度的前提下奋发有为。[①] "稳"的重点要放在稳住经济运行上。在当前经济下行压力较大的背景下,政府的宏观调控对经济运行在合理区间非常重要,对稳增长、促改革、调结构、防风险、惠民生具有特殊意义。

第一,完善宏观调控思路。党的十八届三中全会通过的《中共中央关于全面深化改革若干重大问题的决定》指出:"宏观调控的主要任务是保持经济总量平衡,促进重大经济结构协调和生产力布局优化,减缓经济周期波动影响,防范区域性、系统性风险,稳定市场预期,实现经济持续健康发展。"[②]传统宏观调控思路更多强调速度和规模的指标,更为关注 GDP、物价、货币供应、信贷投放、财政收支等数据,这当然是

---

① 胡鞍钢、张新:《正确认识和把握"稳中求进"》,《先锋队》2017 年第 5 期。
② 《十八大以来重要文献选编》(上),中央文献出版社 2014 年版,第 520 页。

必要的,但显然不够全面。宏观调控既是科学也是艺术,需要高超的驾驭能力和技巧,把握好时机、方式和力度,使各项目标、各种手段有机协同、互补平衡。经济新常态下,宏观调控的重点是关注经济发展质量、效益以及民生、生态等指标,综合考虑经济社会发展的各个部分,统筹做好稳增长、促改革、调结构、惠民生各项工作。要加强国家发展战略和规划的宏观引导、统筹协调功能,充分发挥国家发展规划对政府公共预算安排、金融资本运用、国土空间开发、资源合理配置等政策措施的综合协调作用。①

第二,创新宏观调控方式。《中共中央关于全面深化改革若干重大问题的决定》指出:"健全以国家发展战略和规划为导向、以财政政策和货币政策为主要手段的宏观调控体系,推进宏观调控目标制定和政策手段运用机制化,加强财政政策、货币政策与产业、价格等政策手段协调配合,提高相机抉择水平,增强宏观调控前瞻性、针对性、协同性。"②财政政策具有促进经济增长、优化结构和调节收入分配的重要功能,要完善财政政策的有效实施方式。货币政策在保持币值稳定和总量平衡方面具有重要作用,要优化货币政策目标体系和工具组合。要探索区间调控和定向调控相结合的新的宏观调控方式,既调控经济总量,也调控经济结构,既强调结果的有效性,也注重调控过程的精准性,从理论和实践两个方面创新宏观管理的实现形式。

第三,深化投资体制改革。投资管理是资源配置的重要手段,健全宏观调控体系要最大限度地缩小审批、核准、备案范围,切实落实企业和个人投资自主权,减少政府对企业投资活动的干预。除关系国家安全和生态安全、涉及全国重大生产力布局、战略性资源开发和重大公共

---

① 徐绍史:《健全宏观调控体系》,《人民日报》2013 年 12 月 18 日。
② 《十八大以来重要文献选编》(上),中央文献出版社 2014 年版,第 520 页。

利益等项目外,一律由企业依法依规自主决策,政府不再审批。在加大简政放权力度、充分发挥市场机制作用的同时,要把该管的管住管好,通过加强对投资活动的土地使用、能源消耗、污染排放等管理,发挥法律法规和发展规划、产业政策的约束和引导作用,避免重复建设和无序竞争,防止出现区域性、系统性问题。要强化节能节地节水、环境、技术、安全等市场准入标准,建立健全防范和化解产能过剩长效机制。这就意味着要改变以往靠严格审批控制增量的做法,注重建立和完善长效机制,充分发挥市场机制优胜劣汰的作用,更好地发挥地方和企业的主动性、积极性。

三、建设法治政府创新行政管理方式

行政管理方式是政府为实现行政目标所采取的各种管理措施、手段、办法、技巧等的总和。建设法治政府,创新行政管理方式,是提高政府治理服务能力的重要途径,是政府职能转变的重要内容。

第一,以法治思维和法治方式推进行政执法改革。党的十八届四中全会对行政执法体制改革作出了全面部署。《中共中央关于全面推进依法治国若干重大问题的决定》强调,要深化行政执法体制改革,推进综合执法,完善市县两级政府行政执法管理,严格实行行政执法人员持证上岗和资格管理制度,健全行政执法和刑事司法衔接机制[1]。同时,要坚持严格规范公正文明执法,建立健全行政裁量权基准制度,全面落实行政执法责任制。在行政执法领域创新行政管理方式,强化法

---

[1] 《十八大以来重要文献选编》(上),中央文献出版社2014年版,第530页。

治思维和法治方式意识,做到有法可依,有法必依,改变行政执法随意性强、规范性弱等问题,提高行政执法公信力。提高各级领导干部运用法治思维和法治方式做好工作的能力,形成办事依法、遇事找法、解决问题用法、化解矛盾靠法的良好法治环境。

第二,用法治手段有效规范与约束政府行为。法治的规范性与权威性,可以防止公权力被滥用,使全社会养成遵纪守法的良好社会风气,维护市场秩序与社会秩序。法治保护权利与自由的基本价值,与市场经济自由交换的内在要求高度契合,两者相互促进。法治不但可以弥补市场失灵的缺陷,也可以为市场经济的发展起到规范、保障、引领、推动等不同作用。更为重要的是,由于体系化、制度化的法治具有自我推动、自我修复、自我实施等特点,不同于单纯依靠外力推动的政治权威,因此可以持续地为市场经济服务。

第三,依靠社会信用体系建设加强市场监管。激发企业和市场活力,必须加强市场监管,创造公平竞争和运转有序的市场环境。2014年6月,国务院出台了《关于促进市场公平竞争,维护市场正常秩序的若干意见》,有关部门也在抓紧制订有关社会信用体系建设的制度措施。通过建立企业信息公开制度、建设社会信用体系等方式,创新和完善行政管理方式,推动建设统一开放、竞争有序、诚信守法、监管有力的市场监管体系。

第四,积极开展政策措施落实情况第三方评估工作。评估是绩效管理的关键环节,第三方评估是政府绩效管理的重要形式,通常包括独立第三方评估和委托第三方评估。第三方评估作为一种必要而有效的外部制衡机制,弥补了传统的政府自我评估的缺陷,在促进服务型政府建设方面发挥了不可替代的促进作用。2014、2015、2016、2017 年,国务院办公厅连续四年委托国家行政学院等单位进行的第三方评估,取得了良好的社会影响。① 这种评估形式不同于传统的政府机关的自我考评,在现实中能够有效克服政府部门既当"运动员"又当"裁判员"引发的考评不公,对促进政府部门的作风转变,促进地方经济社会发展发挥了不可替代的重要作用。

四、推进基本公共服务均等化

习近平同志提出:"政府要加强发展战略、规划、政策、标准等制定和实施,加强市场活动监管,加强各类公共服务提供。"②当前,我国经济社会发展面临的一个重要问题是公共需求快速增长与公共服务供应不足之间的矛盾十分突出。加强公共服务建设,特别是推进基本公共服务均等化是解决这一问题的重要措施,也是政府职能转变的重要目标。

第一,强化公共服务职能,提高公共服务总体水平。加强政府在社会保障、教育、卫生、文化等方面的职能配置,形成完善的公共服务体系,做到政府公共服务职责不"缺位"。要努力将政府公共服务职责法治化,明确政府公共服务的权责体系,消除政府怠于提供公共服务的随意性。同时,要积极推动公共服务的社会化,实现治理主体的多元化。在我国,随着市场经济的发展,社会资源的占有和支配呈现出多元化的特点,政府不可能、也没必要对社会性公共服务和社会事务实行全方位的直接管理,相当部分社会性和公益性的公共服务应当从政府的职能中分离出来,形成多元主体参与的公共服务供给格局和有效的公共服

① 参见《国务院督查引入第三方评估的启示:政府管理方式的重大创新》,新华网,2014 年 8 月 31 日。
② 《十八大以来重要文献选编》(上),中央文献出版社 2014 年版,第 521 页。

务责任机制。

第二,加大公共投资,增加公共产品有效供给。公共投资促进经济增长的机制主要表现为以下方面:一是公共投资需求作为社会总需求的重要构成部分,其扩张本身就引致社会总需求的扩张。由于总供给大于总需求已成为我国宏观经济运行常态,在政策层面上,注重利用公共投资扩张手段,对实现经济持续稳定增长具有积极的意义。二是公共投资的主要领域往往具有典型的正外部效应,比如基础产业与基础设施,它的发展直接为相关产业部门的扩张提供了支持。[①] 国际经验表明,高速增长期结束并不意味着中高速增长期会自然到来。在由高速增长向中高速增长转换的过程中,政府应当把握底线思维,稳定经济增长,防止经济出现断崖式下滑而引发的系统性风险。因此,我们要重点增加公共基础设施和教育、医疗、社会保障等民生投资,提高公共产品的总量与质量,使公共服务与经济增长协调发展。

第三,创新公共服务供给方式,完善公共服务供给体系。我国创新公共服务供给方式的核心是将政府职能转到为市场、社会主体创造平等竞争环境和提供服务上来。对市场和社会能够生产和提供的公共产品,政府要创新公共服务途径,放开公共服务市场,允许和鼓励市场主体和社会组织参与其中,利用市场和社会机制完善资源配置,提高公共服务数量和质量,形成政府购买、市场和社会提供的多元化公共产品供给机制。比如,现在推行的 PPP 项目,就有很大的创新空间。就要不断完善公共投资项目立项制度、公示制度、专家评议制度和公众参与制度,公共投资项目实施主要由独立的市场中介运营,政府只对关键环节进行监管。

---

① 杨飞虎、周全林:《我国公共投资经济效率分析及政策建议》,《当代财经》2013 年第 11 期。

第七章　风险防控:努力化解各种经济风险

新常态下,"在战术上要高度重视和防范各种风险,早作谋划,未雨绸缪,及时采取应对措施,尽可能减少其负面影响"①,在经济增速放缓的背景下,财政收入和企业利润增幅回落,产能过剩行业、地方融资平台、房地产和金融领域的潜在风险就会"水落石出",各种矛盾和风险挑战将明显增多。我们要适应经济新常态、主动有为,就要对新常态阶段各种潜在的经济社会风险保持清醒的认识,更好地发挥底线思维的科学预见作用,增强忧患意识和风险意识,未雨绸缪、积极应对经济社会可能出现的各种风险挑战。

一、坚持稳中求进工作总基调

"稳中求进",是一种很好的状态:不急不躁、冷静理智,不停不顿、步步为营;默默积攒优势,牢牢掌握主动,稳稳赢得成功。在推进现代化建设、实现"两个一百年"奋斗目标的进程中,稳中求进,行稳致远,

---

① 《习近平在河南考察:确保经济持续健康发展和社会和谐稳定》,《人民日报》2014年5月10日。

是工作总基调、科学方法论,也是一种国家面貌与国民气质。①

"稳中求进",在不同时期不同社会经济环境下,这一概念的内容和含义也有着不同的变化。比如1996年中央经济工作会议就曾提出,"明年总的宏观经济政策应当保持连续性、稳定性和必要的灵活性,做到稳中求进"。1997年中央经济工作会议也使用过这个概念,"在明年的经济工作中,要继续贯彻稳中求进的方针"。不管过去多么重视"稳中求进",甚至提到了"方针"的高度,但的确没有把"稳中求进"放在总基调的位置上。把"稳中求进"作为总基调是从2011年中央经济工作会议开始的,"推动明年经济社会发展,要突出把握好稳中求进的工作总基调"。从2011年开始一直到2017年,"稳中求进"作为经济工作的总基调保持下来,已经连续提了7年。很显然,未来一个时期,也仍将遵循这个定位。

应该说,我国经济社会实现持续稳步发展,就是得益于坚持稳中求进的工作总基调。当前,经济下行压力较大,结构调整遇到阵痛,企业经营困难增多,部分领域风险显露。攻坚克难,爬坡过坎,就要坚持以经济建设为中心不动摇,坚持加快推进改革开放不动摇,稳中求进,顺势而为,主动适应新常态,保持经济稳步发展势头。中国经济总量虽然已居世界第二,但是仍然是一个发展中国家,仍然处于社会主义初级阶段,实现社会主义现代化的任务十分繁重。以经济建设为中心是兴国之要,发展是党执政兴国的第一要务,是解决我国一切问题的基础和关键。要一心一意谋发展,凝神聚力抓改革,释放发展新活力,创造发展新成果。

稳中求进,稳字当头。"稳"的重点是稳住经济运行。速度稳住

---

① 米博华:《稳中求进看中国》,《西安日报》2016年12月20日。

了，才能稳定市场预期，提振发展信心，为新常态下的结构调整和改革开放赢得空间。这就需要保持宏观政策连续性和稳定性，继续实施积极的财政政策和稳健的货币政策，发挥好消费的基础作用、投资的关键作用和出口的支撑作用，让"三驾马车"更均衡地拉动增长。我们不能以 GDP 论英雄，但要防止增速过快回落导致"栽跟头"。

稳中求进，贵在有进。"进"的重点是调整经济结构和深化改革开放。新常态下，需求、供给、市场竞争特点、资源环境约束等因素发生趋势性变化，靠拼投入、高消耗、过度依赖外需的发展方式难以为继，破除体制机制弊端刻不容缓。我国经济已进入必须依靠深化改革、调整结构才能实现持续健康发展的关键期。要加快推进经济体制改革和结构调整，积极培育新增长点，确保转变经济发展方式和创新驱动发展取得新成效。

坚持稳中求进，关键是把握好"稳"和"进"的平衡。稳是进的基础，进是稳的动能，"稳"和"进"可以互相促进。[①] 面对新常态，不稳难言进，有进才更稳。处理好稳增长与促改革、调结构的关系并不容易，要求我们在保持定力中有效作为，始终不渝推改革，脚踏实地调结构，做到调速不减势、量增质更优。既把速度稳住，保持中高速增长，又大力推动转型升级，跃向中高端水平。

经过多年的探索，总结历次中央经济工作会议精神，坚持稳中求进工作总基调，可以说已经形成了一套政策思路：一是宏观政策要稳，就是要营造稳定的宏观经济环境。要实行积极的财政政策和稳健的货币政策。二是产业政策要准，就是要准确定位经济体制改革方向。坚持创新驱动，推动绿色发展，努力发展实体经济。三是微观政策要活，就

[①] 《坚持稳中求进工作总基调》，《人民日报》2014 年 12 月 14 日。

是要完善市场环境、激发企业活力和消费者潜力。依法保护产权和合法利益,稳定市场和企业家预期,提高供给的质量和效率。四是改革政策要实,就是要加大力度推动改革落地,使改革不断见到实效,使群众有更多获得感。五是社会政策要托底,就是要守住民生底线,为民解忧,更好发挥社会保障的社会稳定器作用。

二、努力跨过"中等收入陷阱"

新世纪第一个十年,中国人均国民总收入从不足 1000 美元增加到超过 4000 美元,按照世界银行的标准,中国在 2010 年开始由下中等进入上中等收入国家行列。此后经济增速虽有所下降,但到 2016 年,中国人均国民总收入超过 8000 美元,在 2010 年的基础上又接近翻番,为全面建成小康社会奠定了新的历史台阶。从国际经验看,从中低收入经济体迈向高收入经济体,这是一个经济体最重要的转型期,不仅表现为国民收入由中等收入水平迈向高收入水平,也表现为经济发展方式由粗放型向集约型转变、产业结构由中低端向中高端提升、社会结构由"哑铃型"向"橄榄型"提升。① 这个阶段转型成功,就能跨过"中等收入陷阱";转型失败,则会落入"中等收入陷阱"。

第二次世界大战以来,日本、韩国、新加坡是少数几个成功跨过"中等收入陷阱"的国家,大多数国家,如拉美、苏联、东欧等国家则陷入了"中等收入陷阱"。《人民论坛》杂志在征求了 50 位国内专家、学者的意见后,认为陷入"中等收入陷阱"的国家普遍具有经济增长回落

---

① 王永昌:《我国进入"转型发展"的 13 个基本特征》,《中国党政干部论坛》2016 年第 4 期。

或停滞、民主乱象、贫富分化、腐败多发、过度城市化、社会公共服务短缺、就业困难、社会动荡、信仰缺失、金融体系脆弱等十个特征。

"对中国而言,'中等收入陷阱'过是肯定要过去的",2014年11月10日,习近平同志在北京出席亚太经合组织领导人同工商咨询理事会代表对话会时表示。如何跨过这一陷阱,习近平同志在多个场合提出过一系列措施。在博鳌亚洲论坛2013年年会上,他表示,要转变经济发展方式、调整经济结构,提高经济发展质量和效益,在此基础上不断提高人民生活水平。在2014年主持召开经济形势专家座谈会时,他提出加快全面深化改革步伐,推动使市场在资源配置中起决定性作用,更好发挥政府作用。同样是在接受《华尔街日报》采访时,他强调当下中国更加注重创新驱动,更加倚重消费拉动。习近平同志的这些论断为中国跨过"中等收入陷阱"指明了方向和路径。

第一,中国跨过"中等收入陷阱"具有独特的优势和条件,我们有信心。一是厚实的发展基础和广阔的发展空间。新中国成立特别是改革开放三十多年来,中国经济社会发展取得了丰硕成果,目前,经济总量稳居世界第二,经济竞争力、科技创新力和文化影响力也有了新的历史性提升。这些发展成就为继续推进转型发展打下了坚实的物质基础。同时,中国地域辽阔,各地发展差距大、互补性强,区域发展空间广阔,市场需求潜力巨大,发展韧性和回旋余地大。这为中国跨过"中等收入陷阱"提供了广阔的发展空间和强劲的发展动力。二是独特的社会制度优势。中国特色社会主义制度结合新的国情和世界发展的时代特征,通过广泛深刻的改革探索,形成了独特的制度优势,能够较好地协调社会利益、解决社会矛盾,保持经济社会高效运行和有序发展。三是悠久的传统文化。中华民族具有源远流长、深邃厚实的优秀传统文化,这是凝聚各族人民的共同精神家园,是中华儿女齐心协力追求美好梦想的强劲动力,是中国跨过"中等收入陷阱"的重要条件。

第二,中国跨过"中等收入陷阱"具有创新、协调、绿色、开放、共享的新发展理念,我们有思路。党的十八大以来,以习近平同志为核心的党中央形成了一系列治国理政新理念新思想新战略。创新、协调、绿色、开放、共享的新发展理念,正是针对我国经济发展进入新常态面临的突出矛盾和问题提出来的,是跨过"中等收入陷阱"的中国路径。创新是引领转型发展的第一动力,是牵动经济社会发展全局的"牛鼻子";协调发展是经济社会持续发展的内在要求,事关发展的局部与全局、发展节奏的快与慢、发展布局的重与轻等重大关系;绿色是永续发展的必要条件和人民对美好生活追求的重要体现,是当今时代科技革命和产业变革的基本方向;开放是国家繁荣发展的必由之路,解决的是发展的国际国内两个市场、两种资源的联动问题;共享发展注重的是解决社会公平正义问题,是中国特色社会主义基本制度优势的集中体现。新发展理念引领科学发展航向,标志着我国对经济社会发展规律的认识将达到新高度,是当代中国共产党人对我国经济发展进入新常态所面对的新课题的科学回答,开启了实现中国梦的新征程,开辟了人类现代化的新道路。在新发展理念指引下,我国必将成功实现转型发展,跨过"中等收入陷阱"。

第三,中国跨过"中等收入陷阱"具有中国共产党的坚强领导,我们有能力。社会转型期通常是各种社会资源分流、各种社会力量分散、各种社会思潮分歧、各种社会组织分化、各种社会矛盾多发时期,客观上需要强有力的执政党。跨过"中等收入陷阱",关键在于靠发挥优势、释放潜能,唯一出路在于深化改革,客观上也需要中国共产党的强有力领导。中国共产党具有自觉把握中国特色社会主义发展规律的科学理论、无私无畏造福民族和人民的崇高品格、强大的组织动员和统筹协调能力、勇于改革创新的坚强意志和丰富的执政经验,为我国全面深化改革和跨过"中等收入陷阱"提供了强有力的理论、思想、组织保证。

三、常怀忧患意识进行科学预判

"为之于未有,治之于未乱。"习近平同志强调:"历史使命越光荣,奋斗目标越宏伟,执政环境越复杂,我们就越要增强忧患意识。"[1]对于我国现阶段经济社会发展中遇到的各种艰难险阻,我们要科学预判、未雨绸缪、提早应对。

第一,保就业依然是我国经济工作的重中之重。目前我国劳动力市场正在经历深刻变化,人口老龄化趋势业已成为影响中国经济中长期发展的一个重要因素,从 2012 年开始我国 16 周岁至 60 周岁之间的劳动力人口已经开始下降[2],根据国家统计局发布数据,截至 2016 年年底,60 岁周岁及以上人口占总人口的比重已达 16.7%,劳动力供给相对宽裕的局面不复存在,已经由"全面过剩"转向"结构性短缺",劳动力成本刚性上升。目前城镇化快速发展,"三个一亿人"中有 2 亿属于人口由农村向城镇转移,另外 1 亿所处的城中村、棚户区中也有大量失业人口、甚至"零就业家庭"[3],此外我国每年还有超过七百万的高校毕业生,这些都需要巨量的工作岗位的支撑;另外我国劳动者职业技能整体水平有待提高,人口红利的相对削减与巨量的就业需求并存、摩擦

---

[1] 《习近平在党的群众路线教育实践活动总结大会上的讲话》,《人民日报》2014 年 10 月 8 日。

[2] 《中国劳动年龄人口连续三年减少》,财新网,2015 年 1 月 20 日。

[3] 《李克强:更注重数字背后的民生、增长背后的就业》,新华网,2014 年 3 月 13 日。

性失业和结构性失业并存,我国整体就业形势依然严峻,我们对于就业这一"民生之本"仍要常抓不懈。

第二,资源生态环境逐渐成为硬约束。目前,雾霾问题已经成为影响经济发展、居民生活的一个"大事件",它既是资源生态环境约束的一个突出体现,也是公众要求优化生态、改善环境呼声的集中反映。不断爆发的江河、地下水污染问题,土地荒漠化、盐碱化、酸化、重金属污染等问题不仅影响经济可持续发展,更严重威胁居民的生命安全。此外我国还加入了《联合国气候变化框架公约》《京都议定书》等国际公约,并作出了到 2020 年单位 GDP 排放比 2005 年下降 40%—45% 的庄严承诺,中国的生态、资源和环境问题已经成为国内外普遍关注的焦点问题,妥善处理好资源生态环境问题关系国际形象、经济发展,更关乎民生根本。

第三,保障国家粮食安全。国家粮食安全具有全局性和普遍性,粮食主产区、产销平衡区、主销区的生产、加工、流通、储备等粮食产业发展状况构成了国家粮食安全的重要基础。我们是拥有 13 亿人口的大国,以往历史有过痛苦的挨饿经历,在粮食安全问题上必须有自己的主导权,任何时候饭碗都要端在自己手里。要坚持和完善"米袋子"省长负责制,从严保护耕地和基本农田、稳定发展粮食生产,切实落实地方粮食储备任务。粮食主产区要重点加强粮食核心产区和后备产区建设,不断提高综合生产能力;产销平衡区和主销区要着力加强产粮大县建设,确保区域内粮田面积不减少、粮食自给水平不下降。中央和省级政府还要强化扶持粮食生产的政策措施,加大对粮食加工、流通、储运等产业发展扶持力度,充分调动农民种粮、地方抓粮的积极性,形成粮食增产、农民增收、财力增强相协调的良好发展局面。

四、善于运用底线思维牢牢把握主动权

党的十八大以来,习近平同志多次强调,要坚持底线思维,不回避矛盾,不掩盖问题,凡事从坏处准备,努力争取最好的结果,做到有备无患、遇事不慌,牢牢把握主动权。坚持底线思维,是我们应对错综复杂形势的科学方法,更是推动新一轮改革的治理智慧。① 运用好底线思维应当坚持"有所守"和"有所为"有机统一。底线是事物长期发展的结果,也是事物进一步发展的开端。坚持底线思维,是我们应对当前错综复杂形势的科学方法,更是适应经济新常态的治理理念。在一定阶段上坚守底线,为向更高的阶段迈进奠定坚实的基础,有其客观的依据和必然的要求。②

第一,底线思维要求"有所守",即对于各类风险挑战从最坏处做准备,守住底线。中华民族伟大复兴中国梦离我们越近,我们的事业越前进、越发展,遇到的新情况、新问题就会越多,面临的风险和挑战就会越大,在这种情况下就需要我们清醒认识目前所处的国内外、经济社会整体环境,运用底线思维这一科学方法认真评估决策处事的风险,估算可能出现的最坏情况,从而处变不惊、守住最后防线。习近平同志提出底线思维以来,基本内涵和方法论意义受到广泛重视,一些省市把底线思维写入年度工作部署中,将其视为工作的基本指导。这里的底线内

---

① 李彤:《底线思维应对复杂形势的科学方法》,《人民日报·海外版》2017 年 2 月 13 日。

② 曲跃厚、付利庆:《底线思维:全面深化改革的方法论》,《南京政治学院学报》2015 年第 1 期。

涵丰富,既包括稳增长、促就业"下限"和防通胀"上限"的经济发展底线,也包括保基本、兜底线、促公平的民生保障底线,还包括土地红线、生态红线、城市开发边界等资源环境底线。当然底线不仅仅限于经济社会方面,也适用于政治方面,如廉洁从政、从严治党等。这些底线是我们想问题、办事情、做决策、谋发展必须遵循的重要准则,违背、破坏这些原则必将对我们的经济社会造成灾难性伤害,因而必须坚决守住、毫不动摇。

第二,底线思维要求"有所为",即在守住底线的基础上,立足当前谋求长远,努力争取最好的结果。严格来讲,"新常态"应该是一个相对稳定的状态,而目前中国经济显然还未真正步入稳定、可持续发展的轨道,实际上处于走进新常态过程中,现在讲的"新常态"还处于相对脆弱的初级阶段,需要我们多方谋划、科学应对;另外我们要全面建成小康社会、实现中华民族伟大复兴中国梦,靠"守"是守不来的,还需要我们牢牢把握战略机遇期,增强信心,主动作为,从底线出发,不断逼近顶线,让改革"蹄疾而步稳",让发展更上一层楼①。底线思维是积极的改革方法论。近两年,中央设定了增长率下限、物价涨幅上限等经济领域改革的底线。一些重要底线尤其受到重视,如宏观调控立足当前、着眼长远,使经济运行处于合理区间,经济增长率、就业水平等不滑出下限,物价涨幅不超出上限②。底线思维是勇于面对事实并预测可能出现的最差情况,主动出击。底线思维意在最大可能地释放改革的红利。改革由问题倒逼而产生,又在不断解决问题中深化。底线思维的方法,重在有强烈的问题意识,抓住关键问题研究思考,力推改革向纵深

① 习近平:《改革要做到"蹄疾而步稳"》,新华网,2014年1月22日。
② 李克强:《经济增长率不滑出"下限",物价涨幅不超出"上限"》,新华网,2013年7月10日。

发展。

第三,坚持底线思维要求学习正确判断。一些事如果没办好,会不会前功尽弃,会不会不可逆转,会不会全局被动? 比如:经济发展速度,快了可以调控下来,慢了可以加快发展,但是,一旦经济秩序乱了就会造成全局被动的后果。那么,维护经济秩序的稳定就是底线思维。又比如:发展中的安全问题决定全局,人民没有受益,发展又有什么用?那么,坚持"人民为中心"的发展目标就是底线思维。以底线思维划定边界,"坏处"才能全力避免,"好处"才能尽力赢得。

在改革中坚持底线思维,也要防止另外一种倾向,那就是:由于担心捅娄子、出问题,于是墨守成规,谨小慎微,遇到问题绕着走,面对矛盾心发慌,该改的不敢大刀阔斧地改,该闯的不敢义无反顾地闯,该试的不敢放开手脚去试。有向好的愿望,不知底线和风险在哪儿,那是莽撞冒进;有守住底线的决心,没有努力向好的行动,则是消极保守。底线思维,应是"有守"和"有为"的有机统一。一方面,我们要充分估计困难和阻力,设定调整阵痛与成长烦恼的可承受底线,继而坚守底线,严防出现颠覆性的失误;另一方面更要有舍我其谁的责任担当、"不到长城非好汉"的进取精神,充分挖掘潜力、激发动力、释放活力,为发展赢得新的生机。

五、注意防控系统性和局部经济风险

习近平同志着力强调:"从经济风险积累和化解看,伴随着经济增速下调,各类隐性风险逐步显性化,风险总体可控,但化解以高杠杆和泡沫化为主要特征的各类风险将持续一段时间,必须标本兼治、对症下药,建立健全化解各类风险的体制机制。"①改革开放以来,中国经济进行着急剧而深刻的经济社会转型。在制度红利逐渐释放中,经济风险也在不断积累。经济风险在宏观层面突出表现为经济崛起中的风险、经济发展中的风险和经济制度改革中的风险。三种风险交织在一起。以经济建设为中心是我们取得经济建设新成就的基本经验之一,发展是我们解决所有问题的关键,只有经济始终保持健康平稳发展,社会才能长治久安,才有精力、有能力去解决发展中遇到的各类问题,因此重视和防范各类风险,就要将防控各类经济风险摆在突出重要的位置,既防系统性风险又防局部风险。

第一,保持经济大局基本稳定,防控系统性风险。在国内外经济发展条件发生明显变化、我国经济增速显著放缓的情况下,要保持经济大局基本稳定,一方面要科学区分结构性因素和周期性因素及其对经济增速的不同影响,对于周期性因素我们采取一些短期的、临时性措施即可应对,而结构性因素则需要我们进一步推动经济结构转型升级,才能带来经济的健康持久发展;另一方面要坚持"底线管理、区间调控"②,既不盲目草率实施强刺激的经济计划,也不消极保守坐视经济发展失衡衰败,而是根据经济发展潜力和当前实际,科学确定经济运行的合理区间,既守住稳增长、促就业的"下限",也把握好防通胀的"上限",从而始终使经济运行处于合理区间、宏观经济政策保持基本稳定,为转变发展方式、调整经济结构、打造中国经济升级版提供良好的经济环境。

第二,关注重点行业关键领域,预防局部风险的爆发。中国经济有

---

① 《中央经济工作会议在京举行,习近平李克强作重要讲话》,新华网,2014 年 12 月 11 日。

② 刘元春:《人民日报经济时评:保持定力,适应调控新常态》,《人民日报》2014 年 6 月 12 日。

巨大韧性、潜力和回旋余地,我国的体制机制也有办大事的能力,有能力防范经济出现大的起伏,因此我国经济爆发系统性风险、出现"硬着陆"的可能性极小。但我国各行业、各领域发展阶段、发展情况不一,对风险的防范意识、抵御能力不一,在某些特殊情况下个别行业、个别领域出现局部风险的可能性依然存在,对此我们必须保持高度的警惕。既要防范特定行业领域的局部风险,更要注意防范特定行业领域的局部风险通过传导机制演变为系统性风险,殃及经济发展大局。我国经济运行过程中的局部风险主要集中在四个方面,即流动性风险、房地产泡沫、地方政府债务和产能过剩问题①,这四个方面不是四个孤立的领域,而是通过影子银行、土地、地方融资平台、国有企业等媒介相互传导、相互影响,对我国短期调控政策工具选择、中长期的结构调整乃至全面深化改革全局的影响不容小觑,需要我们高度重视、妥善处理。

第三,科学应对经济转型中的社会风险,避免潜在风险滋生。任何国家在一定发展阶段中,都会面临众多的社会风险,从世界范围来看,这是一个普遍规律,但由于各国历史文化传统不同、所处的经济社会发展阶段各异,面临的社会风险的类型、特征等也不尽相同,要科学应对社会风险,就要对我国现阶段面临的社会风险有一个较为清晰全面的认识。

一方面,我国目前正处于社会风险高发期。从国际经验看,我国正处于中高等收入阶段,这一阶段从世界各国的发展历程看也是各类社会矛盾、社会风险集中爆发的阶段,"中等收入陷阱"本身就含有社会风险高发的意味;从我国实际情况看,许多被经济高速增长长期掩盖的问题由于经济增速放缓而逐渐暴露出来,结构调整意味着利益格局的

---

① 刘世锦:《以深化改革开启经济增长新常态——近中期中国经济形势展望》,财新网,2014 年 3 月 20 日。

深度调整,各种利益相关者之间的博弈、角力愈演愈烈,特别是在信息化、自媒体正在对社会产生深刻影响的大背景下,即便一些个别的矛盾冲突甚至不满情绪都极易被无限放大,成为社会关注的焦点问题,甚至被夸大成社会的普遍矛盾,这些矛盾风险蕴藏着难以预料的破坏力,如果不能得到及时、稳妥的处理,可能会给正常的经济秩序乃至社会和谐稳定带来严重冲击,因此有学者认为中国正步入"风险社会",各类社会风险值得我们认真关注。

另一方面,我国的社会风险主要源于各种利益诉求引发的社会矛盾。与西方发达国家面临的环境生态、种族问题等长期存在、难以解决的社会风险不同,我国社会风险最突出的表现是突发事件,我国目前正在经历空前的巨大变革,这种巨大变革在给我国经济社会发展进步带来巨大活力的同时,也必然导致各种矛盾和冲突不断累积聚集,并最终以突发事件的形式集中爆发出来。突发事件种类繁多、性质复杂、持续时间长、影响范围大,对经济发展、公共秩序乃至公民生命、财产安全都容易造成深度伤害。近年来突发事件爆发频仍,归根到底是因为在经济转型、社会转型过程中,各种不平衡、不协调、不可持续的问题长期未得到妥善有效解决,以致矛盾积累并最终爆发出来。我们要利用好战略机遇期、适应经济新常态,就要对人民群众的发展呼声和保障需要进行积极的回应,切实做到发展为了人民、发展成果由人民共享。

第八章 主要抓手:推进经济结构 战略性调整

党的十八大以来,习近平同志围绕经济结构战略性调整提出了许多新思想、新观点、新举措。党中央、国务院的一系列关于经济工作的重大决策部署,强调稳增长、调结构、促改革,把着力点指向了经济结构战略性调整这个重大课题。推动经济结构战略性调整,是中国经济提质增效的重要支撑,是抢占国际经济制高点的重大战略。

一、推进经济结构战略性调整

推进经济结构战略性调整,既利当前又利长远。2012 年 12 月,习近平同志在广东考察时指出:"加快推进经济结构战略性调整是大势所趋,刻不容缓。国际竞争历来就是时间和速度的竞争,谁动作快,谁就能抢占先机,掌控制高点和主动权;谁动作慢,谁就会丢失机会,被别人甩在后边。"[①]这一重要论述充分表明,推进经济结构战略性调整意

---

① 《习近平在广东考察时强调:增强改革的系统性整体性协同性,做到改革不停顿开放不止步》,新华网,2012 年 12 月 11 日。

义重大、迫在眉睫。

第一，经济结构战略性调整是经济发展过程的必然要求。世界经济发展史告诉我们，不管是发达国家还是发展中国家，经济发展成功还是受挫，很大程度上都与能否及时、顺利实现经济结构调整密切相关。第二次世界大战后，西方国家大力发挥政府的引导作用，采用最新科学技术，大幅提高劳动生产率，逐步完成了对传统工业的调整升级。20世纪70年代以后，西方国家为了克服高通胀、低增长的"滞胀"困境，先后调整了发展战略，推进科技和制度创新，追求可持续发展，逐步形成信息经济、低碳经济等新的经济形式，推动了经济快速增长。之后，随着经济全球化和自身发展阶段的变化，有的国家及时转向实施出口导向战略，发挥比较优势和后发优势，鼓励科技创新和市场竞争，成功实现了经济结构的调整。但更多的国家由于各种因素制约，没有及时调整转型，或者做得不到位，造成经济发展缓慢，甚至长期停滞，掉到所谓的"中等收入陷阱"。跨越"中等收入陷阱"、实现现代化，对中国这样一个世界人口最多的大国来讲，是史无前例的探索，更是对我们党和政府的严峻考验。习近平同志把转方式、调结构作为跨越"中等收入陷阱"的突破点，他强调："我们正在转变发展方式、调整经济结构，加快推进新型工业化、信息化、城镇化和农业现代化。支撑中国经济发展的内生因素很充分。我们对中国经济保持持续健康发展抱有信心。中国不会落入所谓中等收入国家陷阱。"①

第二，经济结构战略性调整是应对国际经济环境新变化的迫切要求。当前，国际金融危机的影响仍在持续，世界经济正在经历深刻调整。从各国应对危机的情况看，多把经济结构调整当成重振经济的重

---

① 《习近平会见出席21世纪理事会北京会议外方代表的讲话》，新华网，2013年11月2日。

要抓手。而受全球总需求不振的影响,我国的外需形势在短期内很难根本好转。同时,随着资源环境约束趋紧、劳动力价格提高、传统的开放红利逐步消退,我们由低要素成本形成的出口优势正在减弱。在这种双重压力下,我们偏重依赖外需的发展模式难以为继。作为全球经济的重要引擎,美国、欧盟、日本等发达经济体结构调整的步伐逐渐加快,对新兴市场国家出口将产生新的挤压。如果我国不能及时调整经济结构,那么全球经济结构的重塑,不但会让产能过剩更加恶化,还意味着中国依靠出口拉动经济增长的空间进一步减小。历史给中国开启了一扇难得的时间窗口:国际竞争倒逼我们必须扩大内需、提高创新能力。加快推进经济结构战略性调整的步伐,才能抓住机遇,在新一轮国际竞争中赢得主动。

第三,经济结构战略性调整是破解我国经济发展矛盾和难题的内在要求。当前,我国经济形势错综复杂。对长期以来形成的偏重依赖外需、依赖投资、依赖政府推动的传统发展方式,我们虽然也有认识,也在不断调整,但至今没有根本的改变,发展不平衡、不协调、不可持续的问题依然突出。一是经济增长下行压力加大。经过三十多年的高速增长,我国经济已经进入了中高速增长阶段,维持过去那种高速增长已不现实,但我国必须保持一定的经济增长速度,稳增长主要是为了保就业、惠民生。二是结构调整任务紧迫。习近平同志指出:"转方式、调结构是我们发展历程必须迈过的坎,要转要调就要把速度控制在合理范围内,否则资源、资金、市场等各种关系都绷得很紧,就转不过来、调不过来。"①一方面,我国经济在需求结构方面,内需和外需不平衡,投资和消费不协调,消费对经济增长的贡献率偏低。内需外需、投资消费关

① 《习近平在湖南考察》,新华网,2013年11月5日。

系的调整,党中央、国务院提出了很多年,也调整了很多年,但效果还不是很明显,扩大内需特别是消费需求,还有很长的路要走。另一方面,在经济的供给结构方面,传统制造业产能过剩,战略性新兴产业竞争力不强,服务业发展滞后。这些结构性矛盾如果得不到解决,就难以拓展发展新空间、培育竞争新优势,也难以形成经济持续较快发展的内生动力。

习近平同志指出:"中国经济已经进入新的发展阶段,正在进行深刻的方式转变和结构调整。这就要不断爬坡过坎、攻坚克难。这必然伴随着调整的阵痛、成长的烦恼。"①推进经济结构战略性调整,过程很复杂,任务很艰巨,是一个涉及宏观调控、体制机制的系统工程。加快推进经济结构战略性调整必须运用系统思维,多管齐下。

第一,以稳中求进的宏观调控为总基调。推进经济结构战略性调整,就不能片面强调经济量上的增长。习近平同志指出:"在宏观经济政策选择上,我们坚定不移推进经济结构调整,推进经济转型升级,宁可主动将增长速度降下来一些,也要从根本上解决经济长远发展问题。"②经济发展是我国解决一切问题的基础和关键,稳增长主要是为了保就业,稳增长也是调结构、转方式的基础和前提,稳增长能为调结构创造空间和条件。稳中求进的"稳"字可解释为守住稳增长、保就业的"下限",把握好防通胀的"上限";稳中有进的"进"字可解释为经济发展方式转变和经济结构调整步伐的加快。这些重要论述表明,我们要坚持稳中求进的工作总基调,只要经济增长在一个合理区间内,我们就要着力调结构、促改革,推动经济转型升级。

第二,以全面深化改革为强大动力。改革,是过去三十多年中国经

① 《习近平在亚太经合组织工商领导人峰会上的演讲》,新华网,2013 年 10 月 8 日。
② 《习近平接受土库曼斯坦、俄罗斯、哈萨克斯坦、乌兹别克斯坦、吉尔吉斯斯坦五国媒体联合采访》,新华网,2013 年 9 月 3 日。

济成就的最强音,也是今后为中国推进经济结构战略性调整的利器。正如习近平同志所说:"通过改革开放促进经济发展方式转变和经济结构调整,这些思想被越来越多地区和企业接受,用市场机制倒逼经济结构调整紧迫感明显增强。"①加快推进经济结构战略性调整,要重点在行政审批制度和要素市场化领域深化改革。深化行政审批制度改革要切实转变政府职能,发挥好市场决定性作用。进一步简政放权,为企业松绑,用政府权力的"减法",换取市场活力的"加法",搞活微观经济基础,增强市场主体在经济结构战略性调整中的动力和活力。推动要素市场化改革要更好发挥价格机制的作用。创造好的市场竞争环境,引导要素资源优化配置和集约利用。

第三,以激发企业和人才的能动性为主攻方向。人力资本被证明是现代经济的驱动器之一。习近平同志指出:"加快转变经济发展方式,重点在于优化产业结构、消化过剩产能,最终要落实到一家家企业上。新一轮科技革命和产业革命正在孕育兴起,企业要抓住机遇,不断推进科技创新、管理创新、产品创新、市场创新、品牌创新。"他强调:"要大力培育人才,发挥人才在产业结构升级中的积极作用,要大力培育支撑中国制造、中国创造的高技能人才队伍。""建立全员培训制度,引导劳动力适应和促进企业转型升级。"②要使经济结构战略性调整不断取得新成效,就必须依靠企业和人才在经济活动中的大胆探索。

第四,以创新财税金融体制为着力点。习近平同志在 2013 年二十国集团领导人第八次峰会上,向世界表示中国将推进财税、金融、投资等领域体制改革创新。财税政策是很管用的一个杠杆,对经济结构战略性调整,往往能起到"四两拨千斤"的作用。让这个撬动作用发挥得

---

① 《习近平在中南海召开党外人士座谈会上的讲话》,新华网,2013 年 7 月 30 日。
② 《习近平在湖南考察》,新华网,2013 年 11 月 5 日。

更好,必须改革创新财税体制。要建立透明规范的预算制度、地方税体系,理顺中央和地方的事权关系。深化金融体制改革创新,发展金融市场主体,特别是中小民间金融机构,优化金融资源配置,用好增量、盘活存量,更有力地支持经济转型升级,更好地服务实体经济发展,更有针对性地促进扩大内需。

第五,以创新对外开放机制为重要举措。我们的事业是得到世界各国人民支持的事业,是向世界开放学习的事业,是同世界各国合作共赢的事业。我们要坚持以开放促经济结构战略性调整,坚持利用两种资源和两个市场。要把握经济全球化和区域一体化走势,提高参与国际经贸合作和制定规则的话语权。要加强与发展中国家合作,拓展海外市场,加强国际产能合作,消化国内产能,提升国际影响力。要探索建立一批试验区,进一步提高开放水平。

第六,以完善社会保障体系为重要保障。推进经济结构战略性调整,要求社会保障发挥好"稳定器"的作用。要"补齐短板",加强义务教育、基本医疗、基本养老保障等民生方面的制度建设,逐步统一城乡居民基本养老、医疗保险制度。要"抓住重点",结合户籍制度改革,把常年在城镇居住的农民工有序纳入城市基本公共服务体系。最关键的还是要"兜住底线",建立健全最低生活保障、就业困难群体就业援助、重特大疾病保障和救助等制度,完善保障性住房建设和管理制度,切实解决困难人口的住房问题。

二、解决制约经济发展的重大结构性问题

2016年12月召开的中央经济工作会议,在对我国经济发展现状

把脉的基础上,继 2015 年提出"供给侧结构性改革"以来,首次提出"重大结构性失衡"的判断。会议认为,我国经济运行面临的突出矛盾和问题,虽然有周期性、总量性因素,但根源是重大结构性失衡,导致经济循环不畅,必须从供给侧结构性改革上想办法,努力实现供求关系新的动态均衡。

第一,重大结构性失衡是中国经济突出矛盾的根源。从近几年 GDP 的季度增长率来看,这种趋势很明显。2011—2016 年 GDP 增长率分别是 9.5%、7.7%、7.7%、7.4%、6.9%、6.7%。虽然经济新常态的重要特征之一就是经济中高速增长,但增速的趋势性下降,而且呈 L 型的探底运行,带来了一系列经济问题的"并发症"。为什么说突出矛盾的根源是重大结构性失衡?从表面上看,经济增长速度放缓是需求结构的失衡。在需求结构的失衡方面,消费过轻、投资过重。前几年,依靠投资拉动经济增长,消费占 GDP 的比例不断地下降,投资占 GDP 的比例不断地上升。而投资是要形成生产能力的,多年的投资高速增长使各行各业中都充满过剩产能,即投资形成的生产能力大于消费需求。所以说,中国经济的问题,并不是需求不足,而是社会的供给能力超过社会的购买力而形成的产能过剩。在产能过剩的情况下,企业不敢再投资,于是以投资驱动的传统经济增长模式就都走到了尽头,再也持续不下去。更深层的问题在于,对于这种状况,如果再以投资创造需求来应对,如果用增加财政开支应对经济增速的下滑,将会给明天带来更多的过剩产能,使结构失衡更加扭曲。

面对这种结构性问题,传统的宏观刺激政策不会起到人们所设想的作用。因为结构性失衡,它的根源在于社会购买力跟不上供应能力。而社会购买力又反映在收入的增加,居民收入的增加跟不上投资所形成的产能增长。结果表现为居民投资占 GDP 的比重逐年下降。在这个背后，实际上它反映的是居民收入增长的滞后，滞后于 GDP，更滞后于投资。所以，在结构性衰退面前，传统的财政政策和货币政策都要失灵。不仅要失灵，而且会造成新的结构扭曲，进一步引起结构失衡。

第二，经济发展重大结构性失衡的突出表现。中国社科院财经战略研究院发布《中国宏观经济运行报告 2012》时提出"经济结构失衡指数"（Economic structural imbalance index），认为中国长期推行的政府主导型需求管理政策在保持经济快速增长的同时，不断加剧经济结构失衡程度。2016 年中央经济工作会议指出经济运行问题主要有四个方面：产能过剩和需求结构升级矛盾突出，经济增长内生动力不足，金融风险有所积聚，部分地区困难增多等。

产能过剩主要发生在制造业。制造业领域一些行业、一些产业出现产能过剩，尤为突出的是钢铁、水泥、电解铝、平板玻璃、焦炭这些传统的产业。近年来，光伏、风电设备这些新兴的产业也出现了产能过剩。

消费市场上的突出矛盾是有效供给不足，供需出现错位。目前，我国消费市场上不同收入层次的消费者在寻求与之需求相对应的商品时存在困难，甚至不能很好地找到自己消费的平衡点，购买力难以彻底释放。我国消费信贷市场发展水平与居民需求不匹配问题也很突出。在小康型迈向富裕型消费的过程中，先储蓄后消费的个人积累过程已经无法满足需要，金融市场的发展，特别是消费信贷市场的发展已经成为制约潜力释放的重要因素。

随着全球经济持续放缓，贸易增长不确定性增强，要求中国从过度依赖外部需求向依赖内生增长转变，内生增长成为中国经济转型升级的重要方向。创业创新、第三产业、新型城镇化，成为中国内生增长的主要动力。然而，这些动能的激发还不够充分。

第三,着力破除经济发展重大结构性失衡。"处于不同发展阶段的国家,由于禀赋结构不同,相应也会有不同的经济结构","如果没有结构转变,持续的经济增长将不可能持续"①。习近平同志多次提出,为从根本上解决经济的长远发展问题,必须坚定推动结构性改革,着力解决制约经济持续健康发展的重大结构性问题。

一是扩大消费稳定投资,促进内需结构优化。扩大内需是中国经济社会发展的战略基点。在当前世界经济复苏过程艰难而曲折的境遇下,扩大内需对中国更有特殊的现实意义。党的十八大报告指出,加快经济结构战略性调整,要牢牢把握扩大内需这一战略基点。习近平同志指出:"我们优化经济结构,着力扩大内需和促进消费,推动消费、出口、投资并驾齐驱,拉动经济。"②这要求我们必须加快建立扩大消费需求和长效机制,采取措施充分释放居民消费巨大潜力。一要通过增加城乡居民收入特别是中低收入者收入,提高居民的消费能力,通过提高消费质量,推动居民消费和整个经济提质增效升级。二要破除制约消费的体制机制障碍,完善鼓励居民消费政策,积极培育消费热点,努力营造安全放心的消费环境。三要坚持面向消费扩大投资,保持投资合理增长,扩大国内市场规模。四要深化投资体制改革,鼓励和引导民间投资发展,优化投资结构,提高投资效益,促进服务业投资加快增长,支持转型发展的投资项目,优化城镇化投资建设格局。

二是扎实推进产业结构调整,促进转型升级。经济学理论研究表明,现代经济快速发展主要通过产业结构优化升级来实现,而产业结构优化升级则依靠产业结构调整。习近平同志指出:"要充分利用国际金融危机形成的倒逼机制,积极推进产能过剩行业调整,坚决遏制产能

---

① 林毅夫:《新结构经济学》,北京大学出版社2012年版,导言第20页。
② 习近平:《永远做可靠朋友和真诚伙伴》,《人民日报》2013年3月26日。

过剩和重复建设。要把使市场在资源配置中起决定性作用和更好发挥政府作用有机结合起来,坚持通过市场竞争实现优胜劣汰。同时,要推动战略性新兴产业发展,支持服务业新型业态和新型产业发展,加快传统产业优化升级,扎实推进产业结构转型。""对于产业结构调整,政府已经明确知道不该做什么,但往往搞不清该做什么。要转变化解产能过剩的思路,用'负面清单'的思想方法,告诉企业不能做什么。至于能做什么、该做什么,由企业根据市场供求关系变化作出判断。"①这些重要论述指明了加快产业结构调整,推动产业转型升级的方向、方法和重点:巩固第一产业的基础地位,增强第二产业的核心竞争力,让第三产业在国民经济中发挥更大作用。

三是优化区域经济结构,促进协调协同发展。各个区域要根据各自特点发展优势产业,使区域之间形成合理的产业分工体系。一要优化区域经济结构。实施区域发展总体战略,充分发挥各地区比较优势,优先推进西部大开发,全面振兴东北地区等老工业基地,大力促进中西部地区崛起,积极支持东部地区率先发展。采取对口支援等多种形式,加大对革命老区、民族地区、边疆地区、贫困地区扶持力度。二要促进区域经济协同发展。习近平同志十分关心区域经济协同发展问题。2013 年 5 月,他在天津调研时提出:"要谱写新时期社会主义现代化的京津'双城记'。"2013 年 8 月,他在北戴河主持研究河北发展问题时,又提出要推动京津冀协同发展。2014 年 2 月,他在听取京津冀协同发展工作汇报时强调:"努力实现京津冀一体化发展,自觉打破自家'一亩三分地'的思维定式,抱成团朝着顶层设计的目标一起做。"

四是积极稳妥推进城镇化,促进城乡统筹发展。"新型城镇化是

---

① 《十八大以来习近平同志关于经济工作的重要论述》,新华网,2014 年 2 月 22 日。

我国现代化建设进程中的大战略和历史性任务,是扩大内需的长期动力和推动我国经济持续健康发展的'火车头',是我国全面建成小康社会和从经济大国向经济强国迈进的'王牌'引擎。"①城镇化和城乡一体化是解决我国农村剩余劳动力的主要途径和提高农民收入的根本出路。习近平同志高度重视城镇化在国民经济中发挥的重要作用。2013年12月,他在中央城镇化工作会议上强调:"推进城镇化是推动区域协调发展的有力支撑,是扩大内需和促进产业升级的重要抓手。"②习近平同志的这些重要论述,阐述了城镇化的重要意义,表明了我们积极稳妥推动城镇化的决心和信心。

三、加快推进供给侧结构性改革

推进供给侧结构性改革,是以习近平同志为核心的党中央综合研判世界经济形势和我国经济发展新常态作出的重大战略部署,是全面深化改革的一项重要任务。供给侧结构性改革关系全局、意义长远。

第一,深刻认识领会供给侧结构性改革的重大意义。加快推进供给侧结构性改革,既是把握引领经济发展新常态的重大举措、必然要求和主动选择,也是对中国特色社会主义市场经济理论的重大创新、深刻认识和丰富发展。

一是供给侧结构性改革是我国社会主义市场经济理论的重大创新。党的十八大以来,我们党基于对经济发展新阶段趋势性特征的科

---

① 国家行政学院编写组:《打造中国经济升级版》,国家行政学院出版社2014年版,第118页。

② 《十八大以来重要文献选编》(上),中央文献出版社2014年版,第589页。

学认识,提出实施供给侧结构性改革,是针对我国宏观经济供求关系变化作出的战略决策。过去,我国宏观经济供求矛盾主要表现为供给短缺,需要扩大生产规模。现在,随着经济发展进入新常态,我国宏观经济供求矛盾主要表现为部分产能过剩和部分需求得不到有效满足并存,需要供给和需求更好匹配。推进供给侧结构性改革,目的就是提高供给的质量和效率。

二是供给侧结构性改革是稳定经济增长的治本良药。当前,我国供给侧的结构性矛盾主要表现为产能过剩、库存高企、杠杆偏高、成本过高、短板突出等五大问题。这些问题不解决,只刺激需求,经济拉不上去,即使短期拉上一点,也不可持续。这种形势下,加快推进供给侧结构性改革,打好"三去一降一补"的攻坚战,可以有效解决制约我国经济可持续发展的突出问题,真正推进我国经济结构转型升级,弥补中国经济的供给侧和需求侧二者之间的关键不对称性短板。

三是供给侧结构性改革是应对世界经济复杂多变局面的关键一招。从全球看,世界经济复杂多变、复苏乏力。2008 年国际金融危机以来,全球经济复苏迟缓,市场需求持续低迷,主要经济体全要素生产率增速放缓,欧美国家转向推进再工业化战略,一些高端制造业出现回流,人力资源丰富的国家抢占劳动密集型产业的国际市场。在这种形势下,我们必须通过推进供给侧结构性改革,争取国际分工格局的更有利地位,使之成为打造我国国际竞争新优势的关键。

第二,牢牢把握供给侧结构性改革的基本要求。贯彻落实新发展理念、适应把握引领经济发展新常态,以推进供给侧结构性改革为主线,有力、有度、有效落实好"三去一降一补"重点任务,要牢牢把握以下几个基本要求。

一是牢牢把握加快推进供给侧结构性改革的根本目的。供给侧结构性改革的根本目的是提高供给质量满足需要,使供给能力更好满足人民日益增长的物质文化需要。当前我们仍处于社会主义初级阶段,最根本的任务就是解放和发展社会生产力,任何束缚和阻碍社会生产力发展的言行都背离社会主义本质要求,必须坚决反对。从中国特色社会主义政治经济学的角度看,供给侧结构性改革的根本目的是坚持以人民为中心的发展思想,提高供给的针对性和灵活性,更加注重供给的质量和效益,使供给能够更好地满足人民日益增长、不断升级和个性化的物质文化和生态环境需要,从而实现提高社会生产力的目的。

二是牢牢把握加快推进供给侧结构性改革的主攻方向。供给侧结构性改革的主攻方向是减少无效供给,扩大有效供给,提高供给结构对需求结构的适应性。① 供给侧结构性改革的重点是推进"三去一降一补"。这"五大任务"之间相互关联、相互补充、环环相扣,是一个系统工程,需要统筹兼顾,动态优化,协调推进。去产能、去库存,是为了调整供求关系、缓解工业品价格下行压力,也是为了企业去杠杆,既减少实体经济债务和利息负担,又在宏观上防范金融风险。降成本、补短板,则是为了提高企业竞争力、改善企业发展外部条件、增加经济潜在增长能力。

三是牢牢把握加快推进供给侧结构性改革的本质属性。供给侧结构性改革的本质属性是深化改革。要加快转变政府职能,深入推进"放管服"改革,最大限度减少政府对企业经营的干预,最大限度缩减政府审批范围。要推进国有企业改革。打好国有企业提质增效攻坚战,理直气壮地做强做优做大国有企业。要深化价格改革,重点完善农产品价格形成机制,加快推进能源价格市场化,完善环境服务价格政

---

① 评论员文章:《牢牢把握供给侧结构性改革的主攻方向》,《南方日报》2016 年 8 月 3 日。

策,理顺医疗服务价格,健全交通运输价格机制,创新公用事业和公益性服务价格管理。要深入推进财税改革,围绕解决中央地方事权和支出责任划分、完善地方税体系、增强地方发展能力、减轻企业负担等关键性问题,深化财税体制改革,建立健全现代财税制度。

第三,正确处理好供给侧结构性改革的几大关系。一是正确处理好政府与市场的关系。推进供给侧结构性改革,要正确处理新形势下政府与市场的关系。党的十八届三中全会指出,"使市场在资源配置中起决定性作用和更好发挥政府作用"。目前,政府与市场关系矛盾的主要方面是市场在资源配置中的决定性作用还没有很好发挥出来,同时,政府的作用也没有更好地发挥。强调市场在资源配置中的决定性作用,不是要求政府不去管,而是要求政府要转变管理经济的方式,更好地加强事中事后监管,提供优质服务,为发挥市场作用创造良好发展环境。

二是正确处理好供给与需求的关系。供给与需求,是市场经济的一对矛盾统一体,是一枚硬币的两面,两者互为表里,同生并存。[①] 两者都是推动经济增长的手段。在任何一个时期,既要重视需求侧,也要重视供给侧。就一个特定的阶段而言,由于要素禀赋不一样、外部环境条件不一样、施政目标不一样,宏观经济管理往往需要选择着重在供给侧发力,还是着重在需求侧发力。

三是正确处理好增长与改革的关系。推进供给侧结构性改革,还要正确处理好增长与改革的关系。最近一个时期,国际上不断有人唱衰中国,其中之一就是认为中国搞结构性改革,将会影响经济增长。比如,国际评级机构穆迪就表示,中国要寻求的改革、增长和稳定的三个

---

① 冯俏彬:《供给侧结构性改革:发展呼唤与现实要务》,《中共贵州省委党校学报》2016年第2期。

目标，是不可能同时达到的，存在所谓的"不可能三角"定理。对此，中国政府已给予了有力的回应。李克强同志多次指出，在中国，改革与增长之间是相互促进、相互转化的关系。三十多年来，中国经济取得了巨大成就，究其原因，就是改革起了决定性作用，改革是经济增长的真正动力。改革有利于发展，改革有利于增长，而发展和增长能为深化改革创造条件，两者是内在一致的。

四是正确处理顶层设计与地方创新的关系。推进供给侧结构性改革，要正确处理顶层设计与地方创新之间的关系。顶层设计重在方向、重在体制机制、重在各个系统之间的协调联动。在这方面，我们已做了很多工作，比如，关于国企改革，已经出了"1+13"个文件，形成了一个完整的体系，能有效应对改革中可能触及的各种问题。在中央顶层设计的基础上，还需要充分发挥地方创新的自主性与积极性。尊重群众首创精神，鼓励地方大胆探索，重视基层鲜活实践，是确保顶层设计符合实际的重要条件，更是推动改革不断深化的智慧之根、活力之源。

四、推进"三去一降一补"有实质性进展

2016 年中央经济工作会议明确提出，坚持稳中求进的总基调，深化供给侧结构性改革，推进"三去一降一补"任务有实质性进展，进而破解当前供求关系中产能过剩、库存过大、杠杆偏高、成本高企、短板约束等重大结构性失衡问题，为经济持续发展扫清障碍、蓄积动能。

第一，去产能，优化供给结构。根据中央经济工作会议指示精神，应该把握四个工作重点：一是要抓住处置"僵尸企业"这个牛鼻子。应增强"四个意识"，提高认识，坚决贯彻党中央、国务院去产能决策部

署,秉承新发展理念,重点突破"政银企"之间错综复杂的利益关系,以"去肢求生"的气魄,切断输血管道,断水断电,撤销牌照,彻底割裂"僵而不死"生存条件。① 突破"僵尸企业"债务重组、人员安置和资产处置三个瓶颈,在尊重市场化、法治化的前提下,有序推进去产能企业破产清算和破产重整。二是严格执行环保、能耗、质量、安全等相关法律法规和标准,切实依法行政,强调利用政府和社会平台进行有效监督,严格执法,提高企业违法违规的成本,把去产能要求的各种标准切实内化于企业管理,建立长效治理机制。三是要防止已经化解的过剩产能死灰复燃。去产能企业复产增产现象可形成严重的负向激励,应适时监管和重视验收,利用现代信息技术工具构建落后产能、非法产能和不安全产能的溯源平台,尤其是在钢铁煤炭行业建立工业产能及利用率调查制度,形成完备的工业产出和产能利用监测体系。对企业既要抓正面典型树标杆,也要抓负面案例严惩罚。四是应该以钢铁煤炭去产能工作为主线,同时用市场、法治的手段做好其他产能严重过剩行业去产能工作。要以企业为主导,政府推动,使水泥、玻璃等落后产能按照市场出清的原则,优胜劣汰、平衡供需,使产能治理既要遵循法治思维,也要重视市场和商业逻辑。

第二,去库存,清除供给冗余。要坚持分类调控,因城因地施策的原则。切实落实"房子是用来住的,不是用来炒的"基本定位,重点解决三四线城市房地产库存过多问题,坚决抑制房地产泡沫,使房地产行业发展回归理性。② 具体实施层面:一是要把去库存和促进人口城镇化结合起来,把去库存同促进一亿农业人口市民化、棚户区改造、保障

---

① 孙飞:《推动"三去一降一补"任务的重点与举措》,《中国经济时报》2017 年 2 月 27 日。

② 王小广:《房地产库存问题与去库存对策》,《理论探索》2017 年第 2 期。

性住房建设和建立住房租赁市场等更好地结合起来。二是提高三四线城市和特大城市间基础设施的互联互通，提高三四线城市教育、医疗等公共服务均等化水平，增强对农业转移人口的吸引力，同时也应该加快提振三四线城市的实体经济，加快城市间和地区间的产业转移和产业融合，创造更多的就业岗位，通过各层次人才的集聚和劳动力要素的转移来支撑和扩大购房需求。三是地方政府应积极强化市场房价的预期管理，要加强信息引导和对违规违法行为的惩治力度，合理引导预期。从税收、金融和土地等政策层面坚决抑制住房投机性需求，支持正常的居住性需求。四是立足于经济社会发展大局和房地产供求关系结构性失衡的突出矛盾，搞好房地产业发展的顶层设计，加快研究建立符合国情、适应市场规律的基础性制度和长效治理机制。

第三，去杠杆，确保供给安全。既要在控制总杠杆率的前提下，把降低企业杠杆率作为重中之重，又要不断规范政府举债行为，支持企业市场化、法治化债转股。一是在企业去杠杆层面，应该按照中央已发布《关于积极稳妥降低企业杠杆率的意见》的实施"路线图"，加速企业进行市场化债转股改造，持续优化债务结构，统筹协调企业短期与长期债务、不同品种债务之间保持合理比例。鼓励企业尝试债务融资工具的创新，通过改变融资结构来降低杠杆率和融资成本，也要确保整体财务负担、债务规模与企业规模相匹配。二是把去杠杆和防范金融风险有机结合起来，把防范金融风险放在当期首要的任务和更加重要的位置。在防范化解金融风险和地方政府债务风险方面，应做好地方政府存量债务置换工作，完善全口径政府债务管理，改进地方政府债券发行办法。要规范各类融资行为，抓紧开展金融风险专项整治，坚决遏制非法集资蔓延势头，加强风险监测预警，妥善处理风险案件，坚决守住不发生系统性和区域性风险的底线。

第四,降成本,提升供给能力。要在减税、降费、降低要素成本上加大工作力度。要降低各类交易成本特别是制度性交易成本,减少审批环节,降低各类中介评估费用,降低企业用能成本,降低物流成本,提高劳动力市场灵活性,推动企业眼睛向内降本增效。实施层面:一是优化税制改革,切实推进减税清费。进一步搞好税收顶层设计,简化优化税制,深入推进减税清费改革,确保在营改增中所有企业税收负担有所减少。二是剥离冗余的监管环节,降低制度性交易成本。应积极有序开展专业化、社会化的职业水平评价,依据法律法规,进一步取消职业资格许可和认定事项,剥离各种检验、认证、校准、评审等不必要环节,减少企业的制度性交易费用。三是以供给侧结构性改革为抓手,增加特许经营行业的供给主体,进而减少企业付出的垄断成本;进一步深化生产要素的市场化改革,降低企业的用地、用工、房屋租赁和电力能源等生产要素成本;强化对企业创新中的知识产权保护,即降低其创新成本。

第五,补短板,扩大有效供给。要从严重制约经济社会发展的重要领域和关键环节、从人民群众迫切需要解决的突出问题着手,既补硬短板也补软短板,既补发展短板也补制度短板。要更有力、更扎实地推进脱贫攻坚各项工作,集中力量攻克薄弱环节,把功夫用到帮助贫困群众解决实际问题上,推动精准扶贫、精准脱贫各项政策措施落地生根。在实施层面:一是要努力弥补民生"短板"。以"看病贵""上学难"和"房价高"等关键领域的核心问题为抓手,全面深化改革和加大投资力度,进一步推动民众反映比较强烈的教育、医疗和住房等公共服务均等化水平,尤其要在脱贫攻坚方面通过产业扶贫、政策扶贫、重点帮扶等方面切实增加农民收入,让人民群众有更多的获得感。二是通过深化改革弥补制度的软"短板"。要持续优化制度供给,深化"放管服"改革,破除政府体制机制弊端,全面激活和释放改革活力和红利。还需进一步厘清政府与市场的关系,让市场在资源配置中发挥决定性作用,也要发挥政府的有效作用,创造宽松高效的体制机制环境,助推创新创业的大发展。三是努力补好基础设施的短板。应集中力量加大在信息、网络、数据等领域的基础设施投入,搭建好新技术、新产业和新业态等新动能发展的基础设施平台,也要加大农业农村、水利、生态环保等领域的基础设施投入,弥补社会发展的短板。

五、着力振兴实体经济

2016 年中央经济工作会议将"着力振兴实体经济"列为深化供给侧结构性改革的重点工作之一,并用质量、创新、品牌和"工匠精神"这四个关键词明确了振兴实体经济的主攻方向,给出了实体经济振兴的着力点。

第一,实体经济发展面临国际国内双重挤压。从国际看,一方面,欧美发达国家推行"再工业化"战略,谋求在技术、产业方面继续领先优势,美国、德国、英国、法国、日本都宣布了新的计划,大力推动制造业复兴,抢占制造业高端,也就是抢占制高点。另一方面,印度、越南、印尼等发展中国家则以更低的劳动力成本承接劳动密集型产业转移,抢占制造业的中低端,我国制造业面临来自欧美发达国家和东南亚、非洲等发展中国家的"前后挤压"的双重挑战。在这种进退维谷的状态下,日子显然不好过。

从国内看,一方面,在经历几十年的高速增长后,我国制造业在劳动力、土地、能源、税费等各方面的成本优势都在降低,使主要依靠低成本获利的"中国制造"逐渐失去竞争力。也就是说,比较优势越来越不明显了。另一方面,我国制造业所处的阶段尚未有明显的改变,经济下行压力下,市场对产品质量、品牌等要求不断提高,而产品附加值尚不足以消解上升的成本,不少企业面临巨大的生存压力,有一些已经破产倒闭,有的关掉了工厂,到东南亚、非洲发展,我国实体经济转型升级面临"青黄不接"的挑战。

第二,振兴实体经济意在解决重大结构性失衡。2016年中央经济工作会议把着力振兴实体经济作为深化供给侧结构性改革的重点任务之一,这是党中央在深入分析当前我国经济运行面临的突出矛盾和问题的基础上,为解决中国经济"重大结构性失衡"而作出的重大战略性部署。"振兴"这两个字寄托了无限希望。这种"重大结构性失衡"主要表现在两个方面。

一是资本"脱实向虚"问题。一方面,实体经济投资意愿低迷,民间投资增速出现断崖式下滑。2016年,民间投资仅增长3.2%,表现持续低迷;同期国有控股投资增长达18.7%,两者相差巨大。① 另一方面,大量资本"脱实向虚",涌入金融、房地产领域。数据显示,2016年上半年新增人民币贷款7.5万亿元,其中2.3万亿元投向了购房贷款,占新增人民币贷款的31%,加上1.1万亿元投向房地产开发企业的贷款,约占新增贷款的15%,上半年的新增贷款,约有46%投向了房地产市场。② 资本"脱实向虚"不但容易引发"资产泡沫",还会进一步推高实体经济的成本,加大经济运行的风险。

二是供需错配问题。近年来,从马桶盖到化妆品到电饭煲,境外购物一度火爆。商务部的数据显示,我国游客每年在境外消费超过万亿元,消费外流已经成为不可忽视的现象。这说明什么?说明老百姓对

① 《2016年国民经济实现"十三五"良好开局》,国家统计局网站,2017年1月20日。
② 艾琳:《资金"脱实向虚"必须引起高度重视》,新华网,2016年9月20日。

美好的生活有向往,对好的产品和服务有追求。而国内在供给上出了问题。也就是说,老百姓需要的东西,我们有的没有,国内买不到;有的有,甚至很多,能买到,但质量不好,老百姓不情愿买。因此,不断减少无效和低端供给,扩大有效和中高端供给,增强供给结构对需求变化的适应性和灵活性应成为供给侧结构性改革的着力点。此次中央提出"着力振兴实体经济",正是抓住了供给侧结构性改革的"牛鼻子",是促进资本流入实体经济、供需结构动态平衡的对症下药之举。

第三,明确振兴实体经济的主攻方向。质量、创新、品牌和"工匠精神"这四个关键词明确了振兴实体经济的主攻方向,给出了实体经济振兴的着力点。近年来,中央多次强调注重经济增长的质量和效益。质量是振兴实体经济的生命线,是支撑我国经济转型升级的基石;创新是实体经济振兴的灵魂,是促进我国经济转型升级的不竭动力;品牌是树立我国实体经济良好形象的标签,是形成具有自主知识产权名牌产品的核心要素;"工匠精神"是振兴实体经济的精神动力,是培育更多"百年老店",增强产品竞争力的基本遵循。

加强全面质量管理、坚持创新驱动、发扬"工匠精神"、加强品牌建设都需要进行一系列系统设计,建立质量、创新、品牌和"工匠精神"协同发力的制度体系。比如,要扩大高质量产品和服务供给,既需要企业不断完善质量管理体系,坚持严字当头,也需要全社会努力构建质量共治机制,完善国家标准体系,加快相关法规建设;要激励创新和品牌建设,培育百年老店就需要强化知识产权保护,严厉打击假冒伪劣,防止出现"劣币驱逐良币"的逆淘汰,使优质高端产品得到应有的高额回报;要发扬"工匠精神",就要强化有效的激励机制,使工匠群体真正感受到"才有所值,能有所得",还要改革我国职业教育制度,培养更多技能型人才。

第四,振兴实体经济需要处理的四个方面关系。

一是政府与市场的关系。党的十八届三中全会确定的使市场在资源配置中起决定性作用和更好地发挥政府的作用,对振兴实体经济仍十分关键,让市场在资源配置中起决定性作用并更好地发挥政府的作用,才能有效治理产能过剩难题。要在减税、降费、降低要素成本上加大工作力度;要降低各类交易成本特别是制度性交易成本,减少审批环节,降低各类中介评估费用,降低企业用能成本,降低物流成本,提高劳动力市场灵活性,推动企业眼睛向内降本增效。

二是新兴产业和传统产业的关系。实施创新驱动发展战略,既要推动战略性新兴产业蓬勃发展,也要注重用新技术新业态全面改造提升传统产业。振兴实体经济必须坚持新兴产业和传统产业并重,新兴产业与传统产业不是简单的替代关系,在新产业革命的推动下,二者可以互为补充、相辅相成,传统产业可以通过注入新兴技术激发新的活力,提高成长性;而战略性新兴产业的快速增长也需要传统产业诸如环境、资本、人才等生产要素的支撑。因此,培育经济发展新动能,也需要重视对传统产业的改造升级。

三是"引进来"和"走出去"的关系。振兴实体经济,必须坚持扩大开放,一方面要建设法治化的市场营商环境,加强引进外资工作,更好发挥外资企业对促进实体经济发展的重要作用。另一方面也要鼓励国内企业"走出去",推动国际产能合作,将过剩但不落后的产能转移出去,给新经济的发展留出空间,有利于实体经济的转型升级。

四是大企业和中小微企业的关系。振兴实体经济,优化产业组织,需要提高大企业的素质,需要大企业发挥更大的作用,但同时也要重视中小微企业发展,发挥好中小微企业机制灵活、反应迅速的长处,要在市场准入、要素配置等方面更多支持中小微企业参与市场公平竞争。

第九章 战略支撑:实施创新驱动发展战略

"与科学相关的技术的发展和广泛运用,是现代经济增长中效率改进的一个基本源泉。"①党的十八大以来,以习近平同志为核心的党中央提出坚持走中国特色自主创新道路,敢于走别人没有走过的路,不断在攻坚克难中追求卓越,加快向创新驱动发展转变。② 习近平同志还先后赴中国科学院、武汉东湖国家自主创新示范区、大连高新技术产业园区等地调研,考察创新驱动发展战略实施情况,发表一系列重要讲话。2013 年 9 月 30 日,中共中央政治局在北京中关村以实施创新驱动发展战略为题举行第九次集体学习,会议指出要把创新驱动发展作为面向未来的一项重大战略实施好。

一、传统经济驱动方式面临瓶颈

改革开放三十多年来,我国经济增长主要是依靠劳动力、资本、

---

① 吴敬琏:《中国增长模式抉择》(第 4 版),上海远东出版社 2013 年版,第 170 页。
② 《坚持走中国特色自主创新道路 不断在攻坚克难中追求卓越》,《人民日报》2014 年 1 月 7 日。

资源三大传统要素投入,与许多发展中国家走过的道路一样,是一种典型的要素驱动型。从当前的情况看,有许多新情况新变化,以往的三大要素均面临着诸多瓶颈约束,已难以支持我国经济的长期可持续增长。

从劳动力角度看,改革开放以来,我国农村人口大规模地向城市转移,加之人口结构相对年轻,劳动人口(16—60 岁)在总人口中所占的比重较大,劳动力总体上处于供给持续增加状态。最近几年来,我国劳动人口比重有所下降,劳动力供给短缺的现象时有发生,长三角、珠三角等地都出现过不同程度的"民工荒",经济学意义上的刘易斯拐点正在或者说已经到来。与此同时,我国劳动力成本持续上升。据国家统计局数据,2005 年以前,农民工月平均工资不足 1000 元;此后农民工工资开始缓步攀升,2016 年外出农民工人均月收入(不包括包吃包住)3275 元,呈现较大幅度增长。不仅如此,全社会的整体工资水平都有所上升,"巴拉萨—萨缪尔森效应"①正在显现。

从资本角度看,资本曾经是一国经济增长的决定性力量。通过多年的对外开放以及国内经济发展所形成的积累,我国资本总量已经十分充足。中国人民银行的最新统计数据表明,截止到 2016 年 8 月底,我国个人存款余额已达 58 万亿元。但是,我国储蓄向投资的转化还存在许多障碍,投资的结构性问题比较突出。主要表现在政府投资比重过高、领域过宽,在一定程度上挤占了企业的投资空间,而企业投资、社会投资还面临着诸多障碍与约束。近年来,随着几轮积极财政政策的刺激,政府投资已面临着边际回报率递减、可投资的领域减少、地方债务风险显性化和加大的风险,以政府投资来继续拉动经济增长的空间

---

① 巴拉萨—萨缪尔森效应:又称"巴萨效应",是国际经济学中的一个概念,具体是指在经济增长率越高的国家,工资实际增长率越高,实际汇率的上升也越快的现象。

已经越来越小。

从资源角度看,我国人口众多,各类资源的人均保有量均低于世界平均水平。改革开放以来,我国经济快速增长,与此同时,淡水、土地、森林、矿产、动植物等各类资源的消耗量急速上升,资源产出率大大低于世界先进水平。以2010年为例,我国资源产出率(约为3770元/吨)仅是日本的1/8,英国的1/5,德国的1/3,韩国的1/2。资源的过度消耗不仅削弱了经济增长与社会发展和的长期基础,而且带来了严重的环境污染和生态退化问题,与人民群众生活密切相关的水、土、气都不同程度出现了问题。以城市空气质量为例,由于生产生活方式原因,近年来全国多个城市遭遇严重雾霾,威胁人民群众生命健康。

事实上,随着支撑过去快速发展的传统人口红利和资源红利的逐渐减弱,我国以要素驱动为主的发展道路已难以为继,急需改变。新常态下,能否通过有效扩大内需,抑制发展速度下降;能否通过结构调整和技术进步,提高质量效益;能否通过深化改革,进一步释放制度红利;能否通过促进包容性增长,促进普遍就业和收入提高,有效解决发展面临的不平衡、不协调和不可持续问题,将决定我国经济发展前途。

二、科技创新就像撬动地球的杠杆

党的十八届三中全会提出必须把实施创新驱动发展战略摆在国家发展全局的重要位置,对"深化科技体制改革"做了具体的战略部署,这对于我国加快建设创新型国家、开启迈向科技强国新征程具有十分重大的意义。习近平同志提出:"科技创新,就像撬动地球的杠杆,总能创造令人意想不到的奇迹。"①

第一,现代化的历程本质上是科技进步和创新的历史,实施创新驱动发展战略决定着中华民族前途命运。习近平同志指出,科技兴则民族兴,科技强则国家强。从世界范围看,近现代社会经济政治发展始终与科技革命、科技创新相伴而行,每一次革命性的科技突破都会造就新的世界强国,谁抓住了科技创新的机遇,谁就掌握了向强国迈进的主动权。英国抓住了以蒸汽机为标志的工业革命,率先实现工业化;美国、德国等国抓住了以电动机和内燃机为标志的电气革命,迅速崛起。历史上,我国的经济发展水平曾长期居于世界首位,但18世纪后科技发展水平被西方国家赶超并逐步拉开,错过了代表当时先进生产力发展方向的工业革命,最终沦落到落后挨打的地步。新中国成立尤其是改革开放以来,党和政府尤为重视科技事业发展,集中优势力量开拓进取,取得了一批基础性、战略性、原创性重大科技成果,确保了国家安全,有力支撑了经济社会发展,我国的国际地位稳步提升。历史雄辩而生动地告诉我们,科学是最高意义上的革命力量,各国综合国力竞争说到底就是科技实力的竞争,具有强大的科技创新力量是成为世界经济强国的前提条件和客观基础。

第二,创新是破解经济发展深层次矛盾和问题,增强经济发展内生动力和活力的根本措施。从国内看,创新驱动是形势所迫。当前,我国经济总量已稳居世界第二位,但万元 GDP 能耗是世界平均水平的两倍多,产能过剩问题较为严重,环境污染持续加重,经济发展中不平衡、不协调、不可持续问题依然突出。同时,科技创新对经济的拉动作用仍然较小,很多核心技术受制于人,一些重点领域还处于跟踪模仿为主的阶

---

① 《习近平谈治国理政》,外文出版社 2014 年版,第 120 页。

段，"中国创造"大幅落后于"中国制造"，"中国智造"还没有成为中国工业的代名词，经济发展在很大程度上受制于科技发展水平。经济发展已经到了"无创新，则无出路"的关键节点。在新的经济发展阶段，需要推动产业向价值链中高端跃进，提升经济的整体质量；需要打造新的经济增长点，拓展市场空间，满足社会需求；需要培育未来发展的支柱性、先导性产业，形成全球领域的竞争新优势。这些方面的实现需要激发经济发展的内生动力和活力，根本出路就在于创新，关键要靠科技力量，依靠科技创新引领、支撑经济发展和社会进步。

第三，即将出现的新一轮科技革命和产业变革，为我们实施创新驱动发展战略提供了难得的重大机遇。当今世界正掀起新一轮技术革命，一些重要的科学问题和关键核心技术已经呈现出革命性突破的先兆，我们如果不能紧跟技术创新潮流，在未来的全球经济版图中就可能失去话语权。科技革命的发生源于知识与技术体系创新和突破的革命性驱动，取决于现代化进程中形成的强大需求拉动。历史经验表明，每一次全球性经济危机都是上一轮科技革命逐渐式微、新的重大科技即将登台的标志。1857 年和 1929 年两次大的世界经济危机之后，分别爆发了电气革命和电子革命两次技术革命高潮。新的重大科技更能适应生产力发展需求，依靠科技创新创造新的经济增长点和创新发展模式，是摆脱危机的根本出路。2008 年国际金融危机后，科技创新与进步的步伐也在加快，新一轮科技革命的浪潮正在兴起，在诸多领域开始发力，大数据、云计算、3D 打印、新能源、新材料等前沿新技术方向都面临着重大突破，将对社会生产方式和生活方式带来革命性变化。同时，从世界科技发展的态势看，奠定现代科技基础的重大科学发现基本发生在 20 世纪上半叶，"科学的沉寂"至今已达 60 余年，科技知识体系积累的内在矛盾已经凸显，变革突破的能量正在不断积累，一场新科技革命和产业革命即将到来。这启示我们：必须增强忧患意识，紧紧抓住和用好新一轮科技革命和产业变革的机遇，并将其与加快转变经济发展方式结合起来，及早着手，抢占先机。

三、最根本的是要增强自主创新能力

"实施创新驱动发展战略，最根本的是要增强自主创新能力，最紧迫的是要破除体制机制障碍，最大限度解放和激发科技作为第一生产力所蕴藏的巨大潜能。"①习近平同志强调的这三个"最"揭示了实施创新驱动发展战略的关键难题和期盼。

第一，着力推动科技创新与经济社会发展紧密结合。当前，我国科技体制中存在一些迫切需要解决的问题，如科技与经济社会发展脱节、应用开发项目与需求脱节、科技评价导向问题导致产学研结合不紧密等，使得科技创新的潜力没有得到充分释放。要解决这些问题，关键是要处理好政府和市场的关系，通过深化改革，进一步打通科技和经济社会发展之间的通道，让市场真正成为配置创新资源的力量，让企业真正成为技术创新的主体。一要进一步突出企业的技术创新主体地位，充分发挥企业在技术创新决策、研发投入、科研组织和成果转化中的主体作用，变"要我创新"为"我要创新"。二要健全技术创新市场导向机制，加大应用研究由市场牵引和导向的力度，支持科研人员、教师带着科技成果与优质社会创新要素结合创业，加快科技成果转化和产业化，促进技术、人才等创新要素向需求主体流动，与市场需求有机衔接，推

---

① 《习近平谈治国理政》，外文出版社2014年版，第121页。

动科技创新从资源驱动向需求驱动、创新驱动转变。三要大力减少和纠正政府用行政手段包揽、直接介入或干预科技创新活动的做法,把主要精力放在完善创新激励政策、营造公平公正的竞争环境上来,发挥好"推手"作用,为科技创新之树"施肥增养"。①

第二,着力增强自主创新能力与掌握关键核心技术。实施创新驱动发展战略,促进科技实力提升是基本前提,而促进自主创新能力大幅提升是关键环节。只有把核心技术掌握在自己手中,才能真正掌握竞争和发展的主动权,才能从根本上保障国家经济安全、国防安全和其他安全。要大幅提高自主创新能力,关键要掌握关键核心技术。在载人航天、探月工程、载人深潜、超级计算机、高级杂交水稻、高速铁路、核电技术等领域实现重大突破,这是我国自主创新能力显著提高的突出表现。一要抓住关系国家全局和长远发展的关键领域和重大科技问题,加强产学研紧密合作,开展协同创新和联合攻关,破除制约科技成果转移扩散的障碍,提升国家创新体系整体效能。二要健全激励机制,引导、鼓励、支持企业和个人从事重大原创成果和关键核心技术研究,大幅提升原始创新、集成创新和引进消化吸收再创新能力,抢占科技竞争和未来发展制高点。三要支持和加强基础学科、基础理论研究,夯实自主创新的基础。四要优化科技资源配置,改革中央财政科技计划管理方式,建立公开统一的国家科技管理平台。政府重点支持基础研究、前沿技术和重大关键共性技术研究,鼓励原始创新,加快实施国家科技重大项目,向社会全面开放重大科研基础设施和大型科研仪器。

第三,着力完善人才发展机制与人才培养保障制度。诺贝尔经济学奖获得者西奥多·舒尔茨曾提出"人力资本理论",其核心思想是呼

---

① 国家行政学院编写组:《打造中国经济升级版》,国家行政学院出版社 2014 年版,第 51—55 页。

呼各个国家要重视人力资本的积累。实施创新驱动发展战略，人才是关键。没有强大的人才队伍作后盾，自主创新就是无源之水、无本之木。完善人才发展机制，要围绕有利于发挥人的创造力这一核心命题，制定政策措施，创新体制机制。在实施创新驱动发展战略的征程中，着力完善人才发展机制与人才培养保障制度，其根本目的就是要促进创新人力资本的积累。一要用好用活人才，建立更为灵活的人才管理机制，破除阻碍人才发挥作用的体制机制障碍，不拘一格选拔、使用人才，打通人才流动、使用、发挥作用中的体制机制障碍，最大限度支持和帮助科技人员创新创业。二要深化教育改革，推进素质教育，创新教育方法，提高人才培养质量，努力形成有利于创新人才成长的育人环境。要逐渐把更多资源投到"人"身上而不是"物"上面，改革人才评价体系，让潜心研究的人心无旁骛、厚积薄发，让创新创业的人有施展空间、无后顾之忧。三要不断优化完善人才培养引进政策措施，积极引进海外优秀人才，制订更加积极的国际人才引进计划，吸引更多海外创新人才到我国工作。四要改革院士遴选和管理体制，优化学科布局，提高中青年人才比例，为年轻的科技创新人才脱颖而出创造条件和机会。

第四，着力扩大科技开放合作与充分利用全球创新资源。近些年，伴随着中国经济发展和全球化进程，我国一些企业依托海外研发机构从全球范围获取创新资源，积极参与国际竞争。例如华为、联想、海尔等公司，通过研发国际化带动企业国际化，逐渐发展成具有较强国际竞争力的跨国企业，成为中国企业参与国际竞争的重要力量。要深化国际交流合作，充分利用全球创新资源，在更高起点上推进自主创新，并同国际科技界携手努力为应对全球共同挑战作出应有贡献。人力资源丰富是我国最大的禀赋优势，要把提升人力素质放在优先位置，大力培养创新型人才。开展国际科技合作可以共享创新资源、分担风险、少走弯路。我国科技创新正在加快"走出去""引进来"的步伐,围绕全球关注的重大科技问题开展国际科技合作,深化创新对话机制。下一步,还有很多事情要办:一是要把握全球科技资源流动和配置规律,积极参与国际规则制定,合理运用国际规则,加大对国际创新资源的引进力度,提高我国科技创新的国际影响力。二是要做好科技交流与科技合作工作,深入研究当前及未来一段时期内世界科技发展态势、全球范围内国际科技合作的大趋势,关注发达国家和重要发展中国家在重点领域的科研优势,积极参与前沿领域的合作研究,实施面向周边的科技开放合作战略。三是要支持企业和高水平科研机构在海外建立研发机构,加强引进海外优秀智力资源,吸引全球更多的优秀科学家到中国创新创业。

四、抢占全球科技创新主动权和制高点

习近平同志强调:"如果把科技创新比作我国发展的新引擎,那么改革就是点燃这个新引擎必不可少的点火系。我们要采取更加有效的措施完善点火系,把创新驱动的新引擎全速发动起来。"①面对世界科技革命和产业变革历史性交汇、抢占未来制高点的竞争日趋激烈的形势,对科技进步和创新提出了更加全面、更加紧迫的需求。我们要积极谋划,努力抢占全球科技创新主动权和制高点。

第一,深化改革,释放科技体制创新红利。实施创新驱动发展战略涉及面广,牵涉链条长,面对的矛盾和问题很多。唯有改革,才能破除

---

① 《习近平谈治国理政》,外文出版社2014年版,第125页。

阻碍创新的思想藩篱;唯有改革,才能冲破制约创新的体制机制。党的十八届三中全会明确指出:要"建立健全鼓励原始创新、集成创新、引进消化吸收再创新的体制机制,健全技术创新市场导向机制,发挥市场对技术研发方向、路线选择、要素价格、各类创新要素配置的导向作用"。以体制创新推动科技创新,通过深化科技体制改革,逐步释放创新红利。在此过程中,我们必须直面问题、承认差距,深入剖析我国科技发展与经济社会发展不相适应的突出矛盾,找准束缚创新的体制机制弊端,明确改革路线图,破除制约科技成果转移扩散的障碍,消除科技创新中的"孤岛现象",以改革促创新,使社会各类创新要素有序流动、有机结合,确保创新驱动发展战略真正落到实处。

第二,系统谋划,完善国家创新体系建设。推动实施创新驱动发展战略,应当充分发挥制度优势,形成推进创新的强大合力。一是要做好创新驱动发展战略的顶层设计,明晰新时期科技发展的总体目标和战略任务,制定具体的政策措施,确保创新驱动发展战略稳步、有序推进。二是要着力构建以企业为主体、市场为导向、产学研相结合的技术创新体系,加快建立企业主导产业技术研发创新的体制机制,完善市场导向的创新格局。三是要发挥制度优势,集合科技界、产业界等社会各方面力量共同参与创新合作,打造共享创新资源的合作研发与产业应用平台,形成产学研紧密结合、上中下游有机衔接、大中小企业协同发展的创新格局。四是要敏锐把握世界科技创新发展趋势,并在此基础上,结合我国发展需求,强化科技创新与新兴产业发展的前瞻性布局,推动创新活动融入新科技革命和全球产业变革的进程。

第三,依托优势,发挥科研机构骨干引领作用。形成带动产业发展的核心技术,对于实现创新驱动发展战略具有重要引领作用,这需要努力实现优势领域和关键技术的重大突破。在这个过程中,要发挥国家科研机构骨干引领作用,努力实现"四个率先"。习近平同志在中国科学院调研时强调,要紧紧围绕实施创新驱动发展战略,不断出创新成果、出创新人才、出创新思想,率先实现科学技术跨越,率先建成国家创新人才高地,率先建成国家高水平科技智库,率先建设国际一流科研机构。科研机构要立足长远,制定分阶段的战略任务和发展路线图,加快提升科技创新能力,加快重大成果产出。各地高新技术区要发挥科技和人才密集的综合优势,加大实施创新驱动发展战略力度,加快向具有全球影响力的科技创新中心进军,为在全国实施创新驱动发展战略更好发挥示范引领作用。

第四,加大投入,营造良好宏观政策环境。实施创新驱动发展战略离不开政府支持和良好的政策环境。要加大政府科技投入力度,引导企业和社会增加研发投入,加强知识产权保护工作,完善推动企业技术创新的税收政策,加大资本市场对科技型企业的支持力度。对政府而言:一要投入,加大财政支持力度,利用财政资金支持、奖励创新研究,而且要"好钢用在刀刃上",做到该花的钱一分不少,不该花的钱一分不能多;二要引导,政府在关系国计民生和产业命脉的领域要积极作为,加强支持和协调,总体确定技术方向和路线,用好国家科技重大专项和重大工程等抓手,引导社会投入,集中力量抢占制高点;三要减负,重点是减轻创新型企业税收负担,支持企业技术创新,让企业有更大能力和更多财力从事创新研究和技术改造升级;四要保护,用完善的立法、严格的执法、公正的司法保护知识产权,为创新营造健康的法治环境,使竞争机制在创新中发挥作用;五要衔接,在社会资本与社会创新之间搭建畅通的桥梁,引导社会资本向创新领域增加投入,激发全社会的创新活力、释放全社会创新潜力,从而为我国加快实现创新型国家和科技强国提供战略支撑。

第十章 科学布局:促进区域协调与陆海统筹发展

党的十八大以来,以习近平同志为核心的党中央坚持实施区域发展总体战略,努力促进区域协调发展,不断推进陆海统筹。我国幅员辽阔,各地发展条件差异显著,这种国情决定了区域发展必须实施分类指导。只有分类指导,才能提高区域政策的针对性和有效性。分类指导在空间指向上必须要突出重点,从各区域板块的实际出发相对独立地制定区域政策和区域规划。但这些区域规划和政策文件的制定又不是彼此孤立和相对隔绝的,而是国家整体意志在局部体现和落实。[①]

一、继续深入实施区域发展总体战略

中国共产党历来高度重视区域协调发展问题。20 世纪 50 年代,毛泽东同志就在《论十大关系》中提出要处理好沿海工业和内地工业的关系。80 年代,邓小平同志提出了"两个大局"的战略构想:一个大

---

① 范恒山:《我国促进区域协调发展的基本经验》,《人民日报》2014 年 4 月 1 日。

局是沿海地区加快对外开放,较快地先发展起来,内地要顾全这个大局;另一个大局是沿海地区发展到一定时期,要拿出更多的力量帮助内地发展,沿海地区也要顾全这个大局。[①] 世纪之交,在我国即将开始实施现代化建设第三步战略部署的时候,党中央与时俱进,及时作出了实施西部大开发战略的重大决策,使西部大地焕发出勃勃生机,为全国发展开辟了更为广阔的空间。党的十六大以来,党中央进一步明确了促进区域协调发展必须长期坚持的指导原则和奋斗目标,提出振兴东北地区等老工业基地和促进中部地区崛起,要求深入实施区域发展总体战略和主体功能区战略,我国的区域协调发展呈现出前所未有的崭新格局。党的十八大以来,以习近平同志为核心的党中央继续把推动区域协调发展作为我国经济社会发展的重大任务,摆上了更加突出的战略位置。

我们当前所强调的"区域发展总体战略",不是简单地重复已有的西部大开发、东北振兴、中部崛起和东部率先发展的战略,而是对以往思想的延续和深化,是要通过深入实施区域发展总体战略,打造中国区域经济的升级版;是要不断完善、创新区域政策和区域规划,缩小政策单元,重视跨区域、次区域规划,提高区域政策精准性,按照市场经济一般规律制定政策。

继续实施区域发展总体战略,是基于基本国情作出的重大决策。我国地域辽阔、人口众多,各地区自然条件、社会人文、资源禀赋、经济基础差异很大,区域经济社会发展不平衡是基本国情。经过长期的不懈努力,我国区域发展的协调性有了明显增强。但由于自然、社会、历史等原因,区域发展不平衡的现象仍然存在,促进区域协调发展任重而

---

① 《邓小平文选》第三卷,人民出版社1993年版,第277—278页。

道远。从我国基本国情出发,在新的发展阶段,要继续坚持全国发展
"一盘棋",加大区域发展总体战略的实施力度,充分发挥各地区比较
优势,充分调动各地区发展积极性。

优先推进西部大开发。坚持把深入实施西部大开发战略放在区域
发展总体战略的优先位置,进一步加大投入、强化支持,以增强自我发
展能力为主线,以改善民生为核心,以科技进步和人才开发为支撑,更
加注重基础设施建设,更加注重生态环境保护,更加注重经济结构调整
和自主创新,更加注重社会事业发展,更加注重优化区域布局,更加注
重体制机制创新,努力建设经济繁荣、社会进步、生活安定、民族团结、
山川秀美的西部地区。

全面振兴东北地区等老工业基地。采取切实有效的政策措施,大
力推进东北等老工业基地调整改造,特别是大力调整经济结构和转变
发展方式,加快建立和完善现代产业体系,强化资源节约和生态环境保
护,促进资源型城市可持续发展,进一步推进老工业基地改革开放和自
主创新,切实促进社会发展和解决民生问题,努力实现经济社会生态环
境全面协调可持续发展,使老工业基地焕发出新的生机和活力。

大力促进中部地区崛起。发挥中部地区承东启西的区位优势、综
合资源优势以及工业基础、科技实力的比较优势,更加注重转型发展、
创新发展、协调发展、可持续发展与和谐发展,稳步提升中部地区作为
全国粮食生产基地、能源原材料基地、现代装备制造及高技术产业基地
和综合交通运输枢纽的地位,不断增强发展的整体实力和竞争力,努力
实现中部地区全面崛起,在支撑全国发展大局中发挥更大的作用。

积极支持东部地区率先发展。发挥东部地区对全国经济发展的重
要引领和支撑作用,在更高层次参与国际合作和竞争,在改革开放中先
行先试,在转变经济发展方式、调整经济结构和自主创新中走在全国前

列。着力提高科技创新能力，培育产业竞争新优势，推进体制机制创新，提升开放型经济水平，加快城乡发展一体化步伐，加强生态文明建设，在率先发展中探索路子、积累经验，为其他地区提供示范和借鉴。

加大对革命老区、民族地区、边疆地区、贫困地区扶持力度。进一步加大财政转移支付和政策扶持力度，认真落实扶持革命老区发展的政策措施，继续实施兴边富民行动规划，加强对人口较少民族的扶持，深入实施集中连片特殊困难地区扶贫开发攻坚工程，加快脱贫致富步伐，基本消除绝对贫困现象，提高教育、卫生、文化、社会保障等公共服务水平，加快改善老少边穷地区生产生活条件。

从近些年区域经济发展情况来看，继续深入实施区域发展总体战略，统筹实施"四大板块"和"三个支撑带"战略组合，特别是"一带一路"、京津冀协同发展、长江经济带建设提速，我国区域经济发展出现可喜现象。中西部地区经济发展全面提速，区域发展差距扩大的趋势得到有效遏制。一些中西部省份的经济增速上来了，超过了东部地区，甚至出现了投资和出口的大幅增长。在当前经济下行压力较大的情况下，中西部地区的快速发展，为我国经济稳增长作出了贡献。

二、建设雄安新区引领京津冀协同发展

2017年4月1日，新华通讯社授权发布：中共中央、国务院决定设立河北雄安新区。消息一出，犹如平地春雷，响彻大江南北。涉及河北省雄县、容城、安新3县及周边部分区域的雄安新区，迅速成为海内外高度关注的焦点。设立雄安新区是以习近平同志为核心的党中央作出的一项重大的历史性战略选择。这是继深圳经济特区和上海浦东新区

之后又一具有全国意义的新区,是千年大计、国家大事。规划建设雄安新区是疏解北京非首都功能、引领京津冀协同发展的历史性工程。

以习近平同志为核心的党中央一直关心和重视京津冀协同发展问题。2013年5月,习近平同志在天津调研时提出,要谱写新时期社会主义现代化的京津"双城记"。2013年8月,在北戴河主持研究河北发展问题时,他又提出要推动京津冀协同发展。① 2014年2月,他在听取京津冀协同发展工作专题汇报时强调,实现京津冀协同发展,是一个重大国家战略,要坚持优势互补、互利共赢、扎实推进,加快走出一条科学持续的协同发展路子来。2015年3月,李克强同志作政府工作报告明确提出,要推进京津冀协同发展,在交通一体化、生态环保、产业升级转移等方面率先取得实质性突破。2015年4月,《京津冀协同发展规划纲要》获中央政治局审议通过,京津冀三地都作了认真的传达贯彻。②

第一,京津冀区域协同发展为何上升为国家战略?党中央给出了明确的回答。一是面向未来打造首都圈的需要。随着北京"大城市病"日益突出,要求坚持和加强北京首都核心功能,调整疏解非首都核心功能,面向未来打造首都圈。疏解北京非首都功能、推进京津冀协同发展,是一个巨大的系统工程。目标要明确,通过疏解北京非首都功能,调整经济结构和空间结构,走出一条内涵集约发展的新路子,探索出一种人口经济密集地区优化开发的模式,促进区域协调发展,形成新增长极。③ 目前,北京市正紧锣密鼓实施疏解北京非首都功能的各项工作。

---

① 《打破"一亩三分地",习近平就京津冀协同发展提七点要求》,新华网,2014年2月27日。

② 《中央政治局审议通过京津冀协同发展规划纲要》,新华网,2015年4月30日。

③ 习近平:《疏解北京非首都功能,推进京津冀协同发展》,人民网,2015年2月10日。

二是优化城镇布局和形态的需要。我国城镇化进入新的阶段，以城市圈为主体形态，京津冀城市群是国家规划建设的三大世界级城市群之一。打造高效、包容、可持续的城市布局和形态，是提升城市群国际竞争力、打造世界级城市群的关键问题。从京津冀城市群发展来看，功能错位发展是关键，只有功能各异，才可能避免趋同竞争，达到协同效应。根据比较优势原则，确立城市群内部各城市功能，才有可能错位互补发展。

三是探索生态文明之路的需要。改革开放三十多年来，我国经济和社会取得了巨大进步。然而，由于片面追求 GDP，我们的生态严重破坏、环境污染严重，雾霾等环境问题日益突出。为应对这种形势，党的十八大把生态文明建设上升到社会主义事业"五位一体"总体布局的高度。京津冀地区是全国生态环境问题尤其是雾霾和水资源短缺最严重的区域，这些问题的解决，需要京津冀之间协同推进。

京津冀发展上升为国家战略，从传统上的区域一体化转向了区域协同发展，可以说重视程度前所未有，魄力决心前所未有，支持力度前所未有。其经济意义在于激活京津冀，启动环渤海，在更大范围内通过区域协同实现资源的优化配置，打造一个全新的世界级大型城市群，真正使这一区域成为中国名副其实的第三增长极。①

第二，京津冀如何协同发展？党中央明确指出，推进京津冀协同发展，要立足各自比较优势、立足现代产业分工要求、立足区域优势互补原则、立足合作共赢理念，以京津冀城市群建设为载体、以优化区域分工和产业布局为重点、以资源要素空间统筹规划利用为主线、以构建长

① 王军：《全方位寻找区域发展新动力》，《人民论坛》2014 年第 15 期。

效体制机制为抓手，从广度和深度上加快发展。推进京津双城联动发展，要加快破解双城联动发展存在的体制机制障碍，按照优势互补、互利共赢、区域一体原则，以区域基础设施一体化和大气污染联防联控作为优先领域，以产业结构优化升级和实现创新驱动发展作为合作重点，把合作发展的功夫主要下在联动上，努力实现优势互补、良性互动、共赢发展。[①]

习近平就推进京津冀协同发展提出七点要求。一是要着力加强顶层设计，抓紧编制首都经济圈一体化发展的相关规划，明确三地功能定位、产业分工、城市布局、设施配套、综合交通体系等重大问题，并从财政政策、投资政策、项目安排等方面形成具体措施。二是要着力加大对协同发展的推动，自觉打破自家"一亩三分地"的思维定式，抱成团朝着顶层设计的目标一起做，充分发挥环渤海地区经济合作发展协调机制的作用。三是要着力加快推进产业对接协作，理顺三地产业发展链条，形成区域间产业合理分布和上下游联动机制，对接产业规划，不搞同构性、同质化发展。四是要着力调整优化城市布局和空间结构，促进城市分工协作，提高城市群一体化水平，提高其综合承载能力和内涵发展水平。五是要着力扩大环境容量生态空间，加强生态环境保护合作，在已经启动大气污染防治协作机制的基础上，完善防护林建设、水资源保护、水环境治理、清洁能源使用等领域的合作机制。六是要着力构建现代化交通网络系统，把交通一体化作为先行领域，加快构建快速、便捷、高效、安全、大容量、低成本的互联互通综合交通网络。七是要着力加快推进市场一体化进程，下决心破除限制资本、技术、产权、人才、劳动力等生产要素自由流动和优化配置的各种体制机制障碍，推动各种

---

① 《优势互补 互利共赢 扎实推进京津冀协同发展》，《人民日报》2014 年 2 月28 日。

要素按照市场规律在区域内自由流动和优化配置。① 这些重要论述,寓意深刻,内涵巨大,为京津冀协同发展,指明了清晰的前进方向和实现路径。

第三,为何设立、如何建设雄安新区?"雄安"是一个全新的地理概念,它位于北京、天津、保定三地的中心位置,这一选址十分微妙。首先是雄安和北京之间的距离——它离北京足够近,100 公里距离在北京的可辐射范围内;它离北京又足够远,远到不会成为一个超级城市快速蔓延的副产品,而有可能形成一个新的增长极。其次是雄安在京津冀的位置,它几乎在北京、天津、保定三地的地理中心,而并不过于靠近其中任何一个,这在一方面可以冲破坚硬的行政壁垒,另一方面也可能避免像以往新区一样被土地财政绑架。而放到更大范围来看,雄安被期待成为中国北方地区的增长极。在中国几大区域经济中心中,位于南方的长三角和珠三角一直站在了经济发展的前列,相比之下,京津冀地区长期陷入互相掣肘的境地,协同发展没有大的发展。再加上东北地区的衰退,中国北方地区急需一剂强心剂。

按照中央部署,未来的雄安新区既要着力打造绿色生态宜居新城区、创新驱动引领区、协调发展示范区、开放发展先行区,还将与北京中心城区、北京城市副中心错位发展,形成北京新的两翼。在推进京津冀协同发展的实践中,雄安新区应紧扣自身定位,突出抓好各方面的重点任务。在城市建设方面,要建设绿色智慧新城,建成国际一流、绿色、现代、智慧城市。在城市生态方面,要打造优美生态环境,构建蓝绿交织、清新明亮、水城共融的生态城市。在产业发展方面,要积极

---

① 《打破"一亩三分地",习近平就京津冀协同发展提七点要求》,新华网,2014 年 2 月 27 日。

吸纳和集聚创新要素资源,发展高端高新产业,培育新动能。在城市管理方面,要提供优质公共服务,建设优质公共设施,创建城市管理新样板。在基础设施方面,要构建快捷高效交通网,打造绿色交通体系。在体制机制改革方面,要充分发挥市场在资源配置中的决定性作用和更好发挥政府作用,激发市场活力。与此同时,还要扩大全方位对外开放,打造扩大开放新高地和对外合作新平台。相信未来的雄安新区将不负厚望,继深圳和上海浦东之后,成为具有全国意义新的经济增长极。

三、大力推动长江经济带发展

发挥黄金水道独特优势,建设长江经济带,是党中央、国务院准确把握时代变革大趋势,积极适应经济发展新常态,作出的重大战略决策,是新时期我国区域协调发展和对内对外开放相结合、推动发展向中高端水平迈进的重大战略举措。2013 年以来,中央决策层关于建设国家重点战略区域长江经济带的设想逐渐清晰起来。2013 年 7 月,习近平同志在湖北考察时指出,"长江流域要加强合作,发挥内河航运作用,把全流域打造成黄金水道"[1]。2014 年 4 月,习近平主持召开中央政治局会议时强调"推动京津冀协同发展和长江经济带发展"[2]。同年 4 月 28 日,李克强同志在重庆主持召开座谈会,研究依托黄金水道建设长江经济带,为中国经济持续发展提供重要支撑。2016 年 9 月,《长江经济带发展规划纲要》正式印发,确立了长江经济带"一轴、两翼、三

---

[1] 《习近平冒雨考察武汉新港》,新华网,2013 年 7 月 21 日。
[2] 《习近平主持政治局会议:研究经济形势和经济工作》,新华网,2014 年 4 月 25 日。

极、多点"的发展新格局。长江经济带是继沿海经济带之后最有活力的经济带，横跨东中西三大区域，有望成为"中国经济的脊梁"。

长江经济带在全国的地位非常重要，早在"七五"计划中国家就把长江经济带列为与沿海并列的两条国家一级开发轴线之一。然而，近30年，尽管长江流域的经济社会发展速度也比较快，但与沿海地区特别是珠三角、长三角和环渤海地区的飞速相比，两者的差距拉大了，在全国的经济地位下降了。建设长江经济带表明我国在提升东部沿海发展质量的同时，重视做好内陆开发开放。其战略意义重大而深远，建设长江经济带标志着国家区域战略选择进入了一个新阶段，即开始重视不同地区间的联动效应及整体性特征。建设长江经济带，就是要构建沿海与中西部相互支撑、良性互动的新棋局。①

建设长江经济带，与"一带一路"国家倡议形成了战略联动。长江经济带连接东海出海口和西部云南口岸，把对东部的开放和对西部、西南部（中印半岛和印缅）开放，以及通过渝新欧大通道与对中亚西亚乃至东欧地区的开放连接起来，从而使得中国打造丝绸之路经济带和打造海上丝绸之路的设想有了更为坚实的基础。建设长江经济带，"既可以促进经济发展由东向西梯度推进，形成直接带动超过五分之一国土涉及近6亿人的发展新动力，推动贫困地区脱贫致富，缩小东中西差距；又能优化经济结构，形成与丝绸之路经济带的战略互动，打造新的经济支撑带和具有全球影响力的开放合作新平台"②。

长江经济带联动长三角、大武汉（长江中游）和成渝三大城市群，是我国新型城镇化的主战场。由此撑起三大发展区域的骨架，形成具

① 李克强：《建设长江经济带　确保一江清水绵延后世》，新华网，2014年4月28日。
② 李克强：《实施定向调控　建设综合立体交通走廊打造长江经济带》，新华网，2014年6月11日。

有世界意义的长江沿岸城市带。长江经济带的空间范围的界定,从最初长江水道经过的 7 省 2 市,拓展到包括浙江和贵州的 9 省 2 市,一方面更完整地涵盖地理学意义上的长江流域,同时也更加突出了以三大都市群为主要架构支撑长江经济带的内容重心。[①] 长江经济带战略实施要以上海带动全流域、以武汉带动中游、以重庆带动上游地区发展。而且,沿江城市群发展已具备经济支撑带基础条件,一个个依托中心城市辐射带动和港口、铁路站点等基础设施建设而聚居的卫星城市、中心集镇正如"雨后春笋"般兴起,正和城市群、区域性中心城市一道,形成多层次新型城镇化发展格局,成为中国新型城镇化战略落地的主战场。

建设长江经济带,要科学谋划、创新机制、加强统筹,扎实有序做好推动长江经济带发展工作。要加强规划引导,做好推动长江经济带发展的顶层设计。要继续挖掘和利用长江黄金水道优势,加快建设综合立体交通走廊,提升干支流航运能力,增强对长江经济带发展的战略支撑。要实施创新驱动发展战略,优化沿江产业布局,合理引导产业转移,促进长江经济带发展提质增效升级。要坚持走新型城镇化道路,优化城市群布局和形态,保护山水特色和历史文脉,搞好新型城镇化综合试点。要统筹沿海沿江沿边和内陆开放,加强与"一带一路"战略之间的衔接互动,提升长江经济带开放型经济水平。要加强生态环境保护,建设绿色生态廊道,确保长江经济带水清地绿天蓝。要建立健全地方政府之间协调合作机制,共同研究解决区域合作中的重大事项。要科学论证重点项目和工程,成熟一批推出一批,加快在重点领域取得实质性突破。

---

① 陈建军:《长江经济带的国家战略意图》,《人民论坛》2014 年第 14 期。

四、全面振兴东北老工业基地

东北地区是新中国工业的摇篮和重要的农业基地,是全国经济的重要增长极。自2003年党中央、国务院作出实施东北地区等老工业基地振兴战略的重大决策以来,东北振兴取得了阶段性成果。经济发展、民生改善、生态环保以及各方面改革都取得积极进展。截至2015年年底,东北三省经济总量达到5.8万亿元,人均地区生产总值从2003年的不足2000美元增至8000多美元。伴随着"十三五"的到来,老工业基地转型面临新的机遇与挑战,东北振兴站在新的历史起点上。

第一,充分认识推进东北老工业基地全面振兴的重要性和紧迫性。近年来,随着中国经济进入新常态,在国际国内多重复杂因素作用下,东北地区经济下行压力持续加大。2014至2015年东北地区经济增速分别比全国低1.33和1.84个百分点,排名全国倒数,个别地区甚至出现负增长。长期积累的一些体制性、机制性、结构性的深层次矛盾仍然制约着经济的发展,东北特有的资源、产业和区位优势不能充分释放,老工业基地振兴进入爬坡过坎、滚石上山的关键阶段。推进东北经济脱困向好,实现新一轮振兴,关系到我国区域协调发展总体战略布局,关系到我国经济转型升级和现代化建设大局,关系到广大群众福祉,关系到我国周边和东北亚地区的安全稳定。在这种背景下,中央关于东北振兴的文件密集出台,尤其是2016年以来,从《中共中央国务院关于全面振兴东北地区等老工业基地的若干意见》(中发〔2016〕7号),到《国务院关于深入推进实施新一轮东北振兴战略 加快推动东北地区经济企稳向好若干重要举措的意见》(国发〔2016〕62号),再到《东北振兴"十三五"规划》（国函〔2016〕177号）的出台，凸显了中央振兴东北老工业基地的重要性和紧迫性。

第二，深刻理解中央谋划新一轮老工业基地全面振兴的主要思路。新一轮东北振兴不同于以往，是在经济发展新常态下，为解决东北老工业基地面临的新问题所采取的新理念、新思路和新举措。只有深刻理解才能有效落实。

一是以新定位明确新使命。《中共中央国务院关于全面振兴东北地区等老工业基地的若干意见》（中发〔2016〕7号）明确提出了推进新一轮东北振兴的目标：到2020年，东北地区与全国同步实现全面建成小康社会；到2030年，东北地区实现全面振兴，走在全国现代化建设前列，成为全国重要的经济支撑带，具有国际竞争力的先进装备制造业基地和重大技术装备战略基地，国家新型原材料基地，现代农业生产基地和重要技术创新与研发基地。"五基地一支撑带"的定位既体现了中央对东北过去十年振兴成果的充分肯定，也表明了为适应新趋势东北必须担当的新使命，更是衡量和评价东北全面振兴的重要标准。

二是以新理念引领新振兴。党的十八大以来，以习近平同志为核心的党中央立足于国际国内两个大局，科学分析和准确研判我国经济发展面临的新阶段、新形势、新任务，形成了从"三期叠加""经济发展新常态"到"供给侧结构性改革"的系统的经济治理思想，提出了创新、协调、绿色、开放、共享的发展理念，明确了五大政策支柱、五大重点领域改革和"三去一降一补"五大重点任务。这是引领新一轮东北振兴的新理念、新思路和新举措。要按照"四个全面"战略布局和"供给侧结构性改革"的总体部署，牢固树立并贯彻新发展理念，切实增强老工业基地的发展活力、内生动力和整体竞争力，努力探索出一条结构更优、质量更高和效益更好的振兴新路。

第三，准确把握中央新一轮振兴东北老工业基地的核心要求。新一轮振兴政策重点围绕"四个着力"谋篇布局，基本确定了未来五至十年东北振兴的重点任务与核心要求。

一是着力破除体制机制障碍。东北的困难和问题，归根结底仍然是体制机制问题。突出体现在市场化程度不够，市场主体活力不足，市场机制的决定性作用不能充分发挥。解决这些困难和问题，治本之策要靠深化改革。要加大简政放权的力度，加快在财税、金融、国企以及事业单位等重点领域和关键环节改革步伐，进一步优化投资营商环境，形成有效市场和有为政府有机结合、充满内在活力的体制机制，把老工业基地蕴藏的活力激发出来，释放出来。通过改革创新推进结构优化和转型升级。

二是着力推进结构优化调整。东北地区长期以来产品多为"原"字号、"初"字号，附加值低；产业体系工业"一柱擎天"，结构单一；增长动力则以投资拉动尤其是政府投资主导。① 在经济新常态下，转变发展方式，调整优化结构，需要多措并举，做好"加减乘除"四则运算。当前要以供给侧结构性改革为主攻方向，适度扩大需求，坚持稳增长与调结构有机结合，拉长产品价值链条，全面推进经济结构优化升级。逐步形成国有企业与民营企业、产业资本与金融资本、政府投资与民间投资、城乡区域多元协调推进的发展动力新格局；加快构建战略性新兴产业和传统制造业并驾齐驱、现代服务业和传统服务业相互促进、信息化和工业化深度融合的产业发展新格局。

三是着力积极鼓励创新创业。创新是引领发展的第一动力，谋创新就是谋发展。要以创新驱动为抓手，推动大众创业、万众创新，培育

---

① 杨荫凯、刘羽：《东北地区全面振兴的新特点与推进策略》，《区域经济评论》2016年第5期。

发展新动能。用高新技术改造提升传统产业,盘活存量;在新技术、新产业、新产品、新业态和管理新模式上多做文章,做大增量。不断完善区域创新体系,积极营造有利于创新创业和人才激励的政策环境和制度环境,激发全社会的创新热情。

四是着力保障和改善民生。习近平同志指出:人民对美好生活的向往,就是我们的奋斗目标。① 要把保障和改善民生,不断提高人民生活水平作为东北振兴的出发点和落脚点,作为评判振兴成果的重要标准。要抓住人民最关心最直接最现实的教育、就业、收入分配、住房、养老、环境等核心问题,不断提高基本公共服务均等化的能力和水平,实现五年内精准脱贫的目标,切实把人民利益实现好、维护好、发展好。要创造和维护公平的社会环境,建立与市场经济发展相适应的民生保障机制,使民生工作走上良性可持续发展的轨道,真正使振兴发展成果惠及全体人民,让人民群众有更多获得感。

五、陆海统筹推动海洋强国建设

经济全球化时代,海洋是国际交往和国际合作不可或缺的新的重要平台,海洋充分发挥了"蓝色大动脉"的作用,海运是促进全球贸易发展的重要支撑力量,海运航道已成为具有全球战略意义的资源。世界各沿海国家都把蓝色海洋国土的开发作为重大发展战略,下大力气予以实施。习近平同志强调:"我们要着眼于中国特色社会主义事业发展全局,统筹国内国际两个大局,坚持陆海统筹,坚持走依海富国、以

---

① 《习近平在十八届中共中央政治局常委同中外记者见面时强调:人民对美好生活的向往就是我们的奋斗目标》,《人民日报》2012 年 11 月 16 日。

海强国、人海和谐、合作共赢的发展道路,通过和平、发展、合作、共赢方式,扎实推进海洋强国建设。"①

2012年11月,党的十八大提出"建设海洋强国"战略,我国在宏观战略上开始摒弃"重陆轻海"的传统思维与做法,转而采取"重陆兴海、兴海强国、陆海统筹"的发展思路,这是在国家发展思维上的重大战略性转变。我国是一个海洋大国,海洋国家利益的得失直接决定或影响着国家政治、经济、安全、文明进步的走向,决定和影响着国家的前途命运。维护海洋国土主权和安全,解决祖国统一问题、南海问题、钓鱼岛问题,保证海外合法利益不受侵犯,保证海外航线安全等问题,都需要重视海洋的军事意义,加强海上作战力量建设。只有加快建设海洋强国步伐,加强与海洋相关的综合力量建设,才能有效地维护海洋国土不受外来侵犯,以过硬的实力维护国家海洋国土主权安全,保证我国海洋利益不受侵犯。

陆海统筹是建设海洋强国,构建大陆文明与海洋文明相容并济的可持续发展格局的重要战略举措。从全球发展趋势上看,进入21世纪,随着陆地资源因长期的开发利用而日趋减少,人类要维持自身的生存与发展,必须充分开发利用和保护地球上宝贵的海洋资源。中国曾是最早开发利用海洋的国家之一,但在历史发展的长河中,黄土文明将海洋文明淹没了。文化上,海洋意识淡薄;经济上,重农抑商;安全上,海权意识模糊,"海防"让位于"塞防",有海无防。"海禁""片帆不得下海"的做法在相当长的时期内大行其道。在陆海统筹发展的战略举措下,实施海洋开发战略,促进海洋经济发展,是贯彻落实建设海洋强国战略的重点;将有助于拓展国土开发的新空间,培育中国经济新常态

---

① 《习近平在中共中央政治局第八次集体学习时强调:进一步关心海洋认识海洋经略海洋,推动海洋强国建设不断取得新成就》,《人民日报》2013年8月1日。

的新增长点。

坚持陆海统筹，一是要提高海洋资源开发能力，着力推动海洋经济向质量效益型转变。发达的海洋经济是建设海洋强国的重要支撑。要提高海洋开发能力，扩大海洋开发领域，让海洋经济成为新的增长点。要加强海洋产业规划和指导，优化海洋产业结构，提高海洋经济增长质量，培育壮大海洋战略性新兴产业，提高海洋产业对经济增长的贡献率，努力使海洋产业成为国民经济的支柱产业。

二是要保护海洋生态环境，着力推动海洋开发方式向循环利用型转变。要下决心采取措施，全力遏制海洋生态环境不断恶化趋势，让我国海洋生态环境有一个明显改观，让人民群众吃上绿色、安全、放心的海产品，享受到碧海蓝天、洁净沙滩。

三是要发展海洋科学技术，着力推动海洋科技向创新引领型转变。建设海洋强国必须大力发展海洋高新技术。要依靠科技进步和创新，努力突破制约海洋经济发展和海洋生态保护的科技瓶颈。要搞好海洋科技创新总体规划，坚持有所为有所不为，重点在深水、绿色、安全的海洋高技术领域取得突破。尤其要推进海洋经济转型过程中急需的核心技术和关键共性技术的研究开发。

四是要维护国家海洋权益，着力推动海洋维权向统筹兼顾型转变。我们爱好和平，坚持走和平发展道路，但决不能放弃正当权益，更不能牺牲国家核心利益。要统筹维稳和维权两个大局，坚持维护国家主权、安全、发展利益相统一，维护海洋权益和提升综合国力相匹配。要坚持用和平方式、谈判方式解决争端，努力维护和平稳定。要做好应对各种复杂局面的准备，提高海洋维权能力，坚决维护我国海洋权益。

第十一章 统筹城乡:积极稳妥推进新型城镇化

我国正处于经济转型升级、全面建成小康社会的决定性阶段,也处于城镇化深入发展、从经济大国向经济强国迈进的关键时期。习近平同志非常关注城镇化发展,发表了一系列重要讲话,强调要深刻认识城镇化对经济社会发展的重大意义,牢牢把握城镇化蕴含的巨大机遇,准确研判城镇化发展的新趋势新特点,妥善应对城镇化面临的风险挑战,走以人为本、五化同步、优化布局、生态文明、文化传承的中国特色新型城镇化道路。①

一、城镇化是现代化的必由之路

城镇化是伴随工业化发展,非农产业在城镇集聚、农村人口向城镇集中的自然历史过程,是人类社会发展的客观趋势,是国家现代化的重要标志。2013 年年底,中央城镇化工作会议召开;2015 年年底,时隔

---

① 《国家新型城镇化规划(2014—2020 年)》,人民出版社 2014 年版,第 16 页。

37 年中央城市工作会议再次召开,凸显了新型城镇化在我国经济发展中的特殊重要地位。习近平同志强调,"城镇化是现代化的必由之路"①"走出一条中国特色城市发展道路"。这些论断在新的经济社会发展背景下,赋予了城镇化新的战略地位。

第一,工业革命以来的经济社会发展史表明,一国要成功实现现代化,在工业化发展的同时,必须注重城镇化发展。当今中国,城镇化与工业化、信息化、农业现代化和绿色化同步发展,是现代化建设的核心内容,彼此相辅相成。工业化处于主导地位,是发展的动力;农业现代化是重要基础,是发展的根基;信息化具有后发优势,为发展注入新的活力;绿色化是新生产生活方式,是经济社会发展新的增长点;城镇化是载体和平台,承载工业化和信息化发展空间,带动农业现代化加快发展,发挥着不可替代的融合作用。城镇化是保持经济持续健康发展的强大引擎,是加快产业结构转型升级的重要抓手,是解决农业农村农民问题的重要途径,是推动区域协调发展的有力支撑,是促进社会全面进步的必然要求。积极稳妥扎实有序推进城镇化,是推动我国从经济大国向经济强国迈进的重要动力,对全面建成小康社会、加快社会主义现代化建设进程、实现中华民族伟大复兴的中国梦,具有重大现实意义和深远历史意义。

第二,城镇化发展是顺应世界各国实现现代化的普遍规律和潮流,提高我国国际竞争力的理性选择。

一是城镇化是伴随现代化发展的一个重要过程。世界发达国家成为强国的过程就是其逐步提高城镇化率的过程。据统计,19 世纪初全球只有 3%的人口是城市人口,到 20 世纪初,世界城镇化率提高到了

① 《十八大以来重要文献选编》(上),中央文献出版社 2014 年版,第 589 页。

13%—14%。20世纪是全球城镇化发展的快速时期，到20世纪末城镇化率达到48%。进入21世纪，目前全球城市居民已达36亿人左右，发达国家70%—80%的人口生活在城市。

二是城镇化是提升国家综合实力的重要体现。大国经济发展始终是有赖于自身城镇化进程所引发的大量国内需求。西方发达国家经济能够率先高速发展并一直拥有较强的竞争力，在很大程度上是源于其城镇化起步早、发展快，城镇化的巨大能量得到了释放和传播。据统计，发达国家城市化率一般达到80%，人均收入与我国相近的一些发展中国家城市化率也在60%以上。发达国家城镇化的过程，也是这些国家综合实力提升的过程。当前，我国城镇人口占总人口的比重达到57.35%[①]，已经进入了城镇化发展的加速时期。我们必须抓住世界城镇化的历史性机遇，充分发挥比较优势和后发优势，从提升国家综合实力、实现大国崛起的角度来看，稳步提高城镇化水平。

三是城镇化是提升人类发展水平的有效途径。城镇化是人口持续向城镇集聚的过程，有助于普及和改善公共服务，提高了人民教育水平和健康水平。许多国家在城镇化初期都存在收入和福利差距拉大的现象，但随着城镇化进程的演进，城乡之间的收入、消费和福利的差距逐步趋于减缓。在全球化的背景下，全球城市体系把世界更加紧密地联结在一起，为人类更好的互助合作交流建立了有效的载体。我们要充分推展城市合作的新形式，切实提高国民的生活水平和幸福感。

第三，新型城镇化不仅对我国意义重大，对世界发展也将起到积极的推动作用。在我们这样一个拥有13亿多人口的发展中大国实现城镇化，在人类发展史上没有先例。习近平同志指出，我国是世界上最大

---

① 《2016年国民经济实现"十三五"良好开局》，国家统计局网站，2017年1月20日。

的发展中国家,产业、城乡、地区发展具有不平衡性,新型工业化、城镇化、区域发展留给我们的战略回旋余地还很大,这样有利于我们把发展的主动权牢牢掌握在自己手里。① "城镇化目标正确、方向对头,走出一条新路,将有利于释放内需巨大潜力,有利于提高劳动生产率,有利于破解城乡二元结构,有利于促进社会公平和共同富裕,而且世界经济和生态环境也将从中受益。"② 因此,我们思考城镇化问题,也不能仅仅自身考虑问题,不能局限于"一亩三分地",要立足全球发展的角度去观察去探索,有国际视野和国际胸怀,造福于整个人类社会。

二、积极引导新型城镇化健康发展

改革开放以来,伴随着工业化进程加速,我国城镇化的快速推进,吸纳了大量农村劳动力转移就业,提高了城乡生产要素配置效率,推动了国民经济持续快速发展,带来了社会结构深刻变革,促进了城乡居民生活水平全面提升,取得的成就举世瞩目。在城镇化快速发展过程中也存在一些突出矛盾和问题,大量农业转移人口难以融入城市社会,"土地城镇化"快于人口城镇化,"半城镇化"问题依然突出;征地拆迁、"被上楼"导致的各类纠纷、群体事件频频发生;建设用地利用粗放低效,城镇空间分布和规模结构不合理,"空城""鬼城"现象屡见不鲜;城镇化与资源环境承载能力不匹配,城市管理服务水平不高,空气雾霾、道路拥堵、城市看海等"城市病"问题日益突出;自然历史文化遗产保护不力,城乡建设与当地地理人文不相融合、缺乏特色,模欧仿美的广场道路、赶欧超美的

---

① 《习近平主持召开政治局会议:向深化改革要动力》,新华网,2014 年 2 月 24 日。
② 《十八大以来重要文献选编》(上),中央文献出版社 2014 年版,第 590 页。

奇异建筑比比皆是,个别地区大拆大建现象突出,成了我国传统建筑文明之殇和西方建筑师的试验场。旧型城镇化产生的异化①,会带来产业升级缓慢、资源环境恶化、社会矛盾增多等诸多风险,可能落入"中等收入陷阱",因而健康、可持续的新型城镇化刻不容缓。

要有历史耐心,不要急于求成。② 虽然现阶段世界经济深度调整、复苏动力不足、地缘政治影响加重,我国经济下行压力加大、发展中深层次矛盾凸显,全社会对新型城镇化充满期待。要围绕提高城镇化质量,因势利导、趋利避害,积极引导城镇化健康发展。③ 要把握正确的指导思想,认识到城镇化发展是一个自然历史过程,我们必须从我国社会主义初级阶段基本国情出发,坚持遵循规律、因势利导,而不能揠苗助长、急于求成,使城镇化成为一个顺势而为、水到渠成的发展过程。推进城镇化"既要积极、又要稳妥、更要扎实,方向要明,步子要稳,措施要实"④"如果城镇化路子走偏了,存在的问题得不到及时化解,则可能积重难返,带来巨大风险"⑤。

第一,推进以人为核心的城镇化。截至 2016 年年底,我国户籍人口城镇化率仅有 41.2%,数以亿计的农民工随经济形势起伏而往返于城市和乡村,农业转移人口市民化问题成为城镇化发展过程中的突出问题。"新型城镇化必须以人为本,推进以人为核心的城镇化,提高城镇人口素质和居民生活质量,把促进有能力在城镇稳定就业和生活的常住人口有序实现市民化作为首要任务。"⑥李克强同志强调,新型城

---

① 吴敬琏:《推进新型城镇化需解决体制缺陷》,《中国经济周刊》2013 年第 47 期。
② 《中央经济工作会议在京举行》,新华网,2014 年 12 月 11 日。
③ 《中央经济工作会议举行,习近平温家宝李克强作重要讲话》,新华网,2012 年 12 月 16 日。
④ 《十八大以来重要文献选编》(上),中央文献出版社 2014 年版,第 591 页。
⑤ 《十八大以来重要文献选编》(上),中央文献出版社 2014 年版,第 590 页。
⑥ 《十八大以来重要文献选编》(上),中央文献出版社 2014 年版,第 592 页。

镇化贵在突出"新"字、核心在写好"人"字。① 要解决好已经转移到城镇就业的农业转移人口落户问题,就要全面放开建制镇和小城市落户限制,有序开放中等城市落户限制,合理确定大城市落户条件,严格控制特大城市人口规模。要发展各具特色的城市产业体系,强化城市间专业化分工协作,增强中小城市产业承接能力;要优化布局,根据资源环境承载能力构建科学合理的城镇化宏观布局,把城市群作为主体形态,促进大中小城市和小城镇合理分工、功能互补、协同发展。在城镇化发展过程中,不仅要让转移人口能够留在城市,还要让城市居民过上有尊严的生活。要建立促进房地产市场平稳健康发展长效机制,要充分考虑到房地产市场特点,紧紧把握"房子是用来住的、不是用来炒的"定位,深入研究短期和长期相结合的长效机制和基础性制度安排。② 要深入实施城镇棚户区改造,特别是在中西部发展仍然比较滞后、棚户区比较集中的情况下,要更加注重中西部地区城镇化,要实行差别化的落户政策,加强中西部地区重大基础设施建设和引导产业转移。

第二,努力提高城镇建设用地利用效率。在城镇化建设过程中,如何提高城镇建设用地的利用效率,实现土地利用集约化就成为城镇化健康发展的关键一环。要切实提高城镇建设用地集约化程度,就要在居住、工业、农业、生态的用地需求之间进行权衡,在眼前需要和长远发展之间进行统筹。具体而言,就要适当控制工业用地,优先安排和增加住宅用地,合理安排生态用地,保护城郊菜地和水田,统筹安排基础设

---

① 《李克强强调:扎实推进以人为核心的新型城镇化》,中国政府网,2014 年 9 月 16 日。

② 马涛:《建立促进房地产市场平稳健康发展长效机制》,《学习时报》2017 年 3 月 20 日。

施和公共服务设施用地;完善各类建设用地标准体系,严格执行土地使用标准,适当提高工业项目容积率、土地产出率门槛;盘活利用现有城镇存量建设用地,建立存量建设用地退出激励机制,推进老城区、旧厂房、城中村的改造和保护性开发,发挥政府土地储备对盘活城镇低效用地的作用;坚持和完善最严格的耕地保护制度,严格土地用途管制,统筹耕地数量管控和质量、生态管护,完善耕地占补平衡制度,建立健全耕地保护激励约束机制。

第三,建立多元可持续的资金保障机制。巧妇难为无米之炊,推进以人为本的新型城镇化,没有稳定可持续的资金来源作保障是万万不行的。党的十八届三中全会强调,我们应该建立透明规范的城市建设投融资机制,允许地方政府通过发债等多种方式拓宽城市建设融资渠道,允许社会资本通过特许经营等方式参与城市基础设施投资和运营,研究建立城市基础设施、住宅政策性金融机构;应完善地方税体系,逐步建立地方主体税种,建立财政转移支付同农业转移人口市民化挂钩机制。① 对于社会普遍关注的地方政府债务风险防范化解问题,习近平同志指出,在经济发展中,要切实注重防范地方债务风险,应该坚持开前门、堵后门、筑围墙等相结合,把短期应对措施和长期制度建设结合起来,做好化解地方政府性债务风险各项工作;加强源头规范,把地方政府性债务分门别类纳入全口径预算管理,严格政府举债程序;明确责任落实,省区市政府要对本地区地方政府性债务负责任;强化教育和考核,从思想上纠正不正确的政绩导向。

第四,优化城镇化布局和形态。优化城镇化空间布局和城镇规模结构,要以区域的土地、水资源、大气环流特征和生态环境承载能力为

---

① 《十八大以来重要文献选编》(上),中央文献出版社 2014 年版,第 525 页。

主要参考依据。《全国主体功能区规划》对城镇化总体布局做了安排，提出了构建以陆桥通道、沿长江通道为两条横轴，以沿海、京哈京广、包昆通道为三条纵轴，以轴线上城市群和节点城市为依托、其他城镇化地区为重要组成部分，大中小城市和小城镇协调发展的"两横三纵"城镇化战略格局。没有规矩不成方圆，习近平同志指出，"要一张蓝图干到底，不要翻烧饼"。① 推进城镇化，既要优化宏观布局，也要搞好城市微观空间治理。对于已经形成的京津冀、长三角、珠三角等东部地区城市群，要注重优化提升；同时要培育发展中西部地区城市群，使之成为带动中西部和东北地区发展的重要增长极，推动国土空间均衡开发；城市群内部要建立发展协调机制，统筹制定实施城市群规划，明确城市群发展目标、空间结构和开发方向，明确各城市的功能定位和分工，统筹交通基础设施和信息网络布局，加快推进城市群一体化进程；要促进各类城市协调发展：优化城镇规模结构，增强中心城市辐射带动功能，加快发展中小城市，有重点地发展小城镇，促进大中小城市和小城镇协调发展；要强化综合交通运输网络支撑，强化城市群之间交通联系，加快城市群交通一体化规划建设，发挥综合交通运输网络对城镇化格局的支撑和引导作用。

第五，提高城镇建设和管理水平。城市规划在城市发展中起着重要引领作用，考察一个城市首先看规划，规划科学是最大的效益，规划失误是最大的浪费，规划折腾是最大的忌讳②。加强政府对城镇化建设的统筹管理，就要制定实施好国家新型城镇化规划，加强重大政策统筹协调，各地区要研究提出符合实际的推进城镇化发展意见。培养一批专家型的城市管理干部，用科学态度、先进理念、专业知识建

---

① 《十八大以来重要文献选编》(上)，中央文献出版社 2014 年版，第 600 页。
② 《习近平在北京考察，就建设首善之区提五点要求》，新华网，2014 年 2 月 26 日。

设和管理城市。建立空间规划体系，推进规划体制改革，加快规划立法工作。城市规划要由扩张性规划逐步转向限定城市边界、优化空间结构的规划。提高城镇建设和管理水平，城市领导者是关键。各级领导干部要更新发展理念，增强城市规划建设管理的科学性、前瞻性和战略性。要提高抓城市工作的能力和素质，做新形势下城市规划建设发展的"行家里手"。要创新思路、举措和体制机制，全面提升城市规划建设发展水平。要坚持原则、敢抓敢管，做到高起点规划、高标准建设、严要求管理，特别要严格执行城市规划，坚决维护城市规划的严肃性、权威性。

第六，将生态文明融入城镇化全过程。习近平同志非常重视生态文明建设与城镇化相融的问题。他在天津考察时对中新天津生态城建设提出明确要求，"生态城要兼顾好先进性、高端化和能复制、可推广两个方面，在体现人与人、人与经济活动、人与环境和谐共存等方面作出有说服力的回答，为建设资源节约型、环境友好型社会提供示范"①。他在致生态文明贵阳国际论坛的贺信中强调，"在走向生态文明新时代，建设美丽中国，是实现中华民族伟大复兴的中国梦的重要内容。"要"形成节约资源、保护环境的空间格局、产业结构、生产方式、生活方式，为子孙后代留下天蓝、地绿、水清的生产生活环境"②。这是中国领导人对全世界的庄严承诺，彰显了我国建设生态文明的坚定决心。将生态文明融入新型城镇化建设全过程，就要着力推进绿色发展、循环发展、低碳发展，尽可能减少对自然的干扰和损害，节约集约利用土地、水、能源等资源。城镇建设，要实事求是确定城市定位，科学规划和务

---

① 《习近平在天津考察》，新华网，2013 年 5 月 15 日。

② 《习近平致生态文明贵阳国际论坛 2013 年年会的贺信》，新华网，2013 年 7 月 20 日。

实行动,避免走弯路;要依托现有山水脉络等独特风光,让城市融入大自然,让居民望得见山、看得见水、记得住乡愁。①

三、新型城镇化健康发展的保障措施

持续进行的新型城镇化,将为数以亿计的中国人从农村走向城市、走向更高水平的生活创造新空间。但这一过程不是新型城镇化发展的"独角戏",如何充分发挥我国社会制度、经济基础和其他各方面对新型城镇化的支撑作用,直接影响着城镇化发展的质量和速度。

第一,实现城镇化与区域发展相协调。促进区域协调发展,必须充分发挥各地区的资源禀赋比较优势,因地制宜,探索各具特色的城镇化发展模式。要继续深入实施区域发展总体战略,完善并创新区域政策,缩小政策单元,重视跨区域、次区域规划,提高区域政策精准性,按照市场经济一般规律制定政策。坚定不移实施主体功能区规划,使自然条件不同区域按照主体功能区定位推动发展。要扎扎实实打好扶贫攻坚战,让贫困地区群众生活不断好起来,贫困地区要把提高扶贫对象生活水平作为衡量政绩的主要考核指标,扶贫工作要科学规划、因地制宜、抓住重点,提高精准性、有效性、持续性。要重点实施好"一带一路"、京津冀协同发展和长江经济带三大战略,特别是在推进京津冀协同发展问题上,党中央、国务院决定设立雄安新区,这是以习近平同志为核心的党中央深入推进京津冀协同发展作出的重大选择。推动区域协调发展,不仅仅需要经济上分工互补,还要求在行政管理体制方面进行相

---

① 《十八大以来重要文献选编》(上),中央文献出版社 2014 年版,第 603 页。

应的变革创新,这就要完善设市标准,严格审批程序,对具备行政区划调整条件的县可有序改市;对吸纳人口多、经济实力强的镇,可赋予同人口和经济规模相适应的管理权;建立和完善跨区域城市发展协调机制。

第二,在城镇化进程中统筹城乡发展。以习近平同志为核心的党中央非常重视三农问题,明确指出,"小康不小康,关键看老乡",中国要强,农业必须强;中国要美,农村必须美;中国要富,农民必须富。①现阶段农业还是发展短腿,农村还是全面建成小康社会的短板,因此我们必须坚持把解决好三农问题作为全党工作重中之重,始终把三农工作牢牢抓住、紧紧抓好。必须健全体制机制,形成以工促农、以城带乡、工农互惠、城乡一体的新型工农城乡关系,让广大农民平等参与现代化进程、共同分享现代化成果。要加快构建新型农业经营体系,赋予农民更多财产权利,不断推进城乡要素平等交换和公共资源均衡配置。

第三,在城镇化过程中要注重历史文化保护。在我国城镇化发展过程中,曾经出现过一味模欧仿美甚至赶欧超美的现象,盲目兴建大广场、宽马路、摩天楼,结果导致城市发展千城一面,习近平告诫我们,对于这种将"新型城镇化"简单理解成"钢筋水泥化"、盲目大拆大建等不良倾向,必须高度警惕、坚决杜绝。为此习近平同志特意到首都博物馆参观北京历史文化展览,以实际行动告诉全社会,历史文化是城市的灵魂,以"城镇化"为名破坏原有城市风格、大肆拆除历史文化建筑,不仅抹杀了城市发展厚重的历史,也抽走了城市未来发展的灵魂,因此我们必须像爱惜自己的生命一样保护好城市历史文化遗产。他在参观时明确指出,搞历史博物展览,为的是见证历史、以史鉴今、启迪后人。要

---

① 《十八大以来重要文献选编》(上),中央文献出版社2014年版,第658页。

在展览的同时高度重视修史修志,让文物说话、把历史智慧告诉人们,激发我们的民族自豪感和自信心,坚定全体人民振兴中华、实现中国梦的信心和决心。在城镇建设中传承文化,就要注重发展有历史记忆、地域特色、民族特点的美丽城镇,要将现代元素的融入和传统优秀文化的保护弘扬结合起来,延续城市历史文脉;要把让群众生活更舒适的理念融入城镇建设全过程,体现在每一个细节中;要加强建筑质量管理制度建设;要注意保留村庄原始风貌,慎砍树、不填湖、少拆房,尽可能在原有村庄形态上改善居民生活条件。

四、需要着力处理好两对关系

新型城镇化战略的本质就是从人民群众的根本利益出发,构建以人为核心、以质量为关键、以改革为动力、以生态为约束的新型城镇化发展道路。推进新型城镇化还要注意处理好市场和政府、中央和地方关系。2015 年年底的中央城市工作会议再次强调要"统筹政府、社会、市民三大主体,提高各方推动城市发展的积极性"。推动新型城镇化发展就是要善于调动各方面的积极性、主动性、创造性,合理划分政府和市场、中央和地方的关系,集聚促进城镇化发展的正能量。

一是政府和市场的关系。推进城镇化,既要坚持使市场在资源配置中起决定性作用,又要更好发挥政府在创造制度环境、编制发展规划、建设基础设施、提供公共服务、加强社会治理等方面的职能,而且不可偏废,要发挥两只手各自的比较优势。城镇化的健康发展需要"有形的手"和"无形的手"相互配合,政府要积极发挥规划引导作用,使城镇化始终不偏离正确的发展方向。2014 年上半年《国家新型城镇化规划（2014—2020年）》已正式颁布。在政府加强战略规划制定的同时，要充分发挥市场机制的决定性作用，提高城镇化过程中的资源配置效率，采取有效措施鼓励民间资本参与城镇化建设项目的投资和运营。要在社会事务性管理服务上引入竞争机制，政府通过购买服务的方式与民间组织实现合理分工，充分发挥企业、中介机构和非营利性组织在城镇化发展中的重要作用。

二是中央和地方的关系。中央和地方的关系是一个动态演进的过程，需要根据经济社会历史条件的变化适时调整，没有一个可以"毕其功于一役"的终极方案。我国地区差异性大，新型城镇化发展必须坚持因地制宜、分类指导的方针。一要在财税分配制度上作出妥善安排，合理确定中央和地方的税收分配比例，加大国家财政转移支付力度，科学构建地方税源体系。二要深化行政体制改革，优化政府权力结构，将立法权、经济管理权、人事任免权等在中央和地方间进行科学划分并在较长时间保持稳定，增强地方发展的自主权，避免因收权放权、领导和被领导等关系导致的中央地方间的竞争博弈，构建协作共赢的中央和地方关系。中央制定大政方针、确定城镇化总体规划和战略布局，地方则从实际出发，贯彻落实好总体规划，制定相应规划，创造性开展建设和管理工作。

第十二章 破解三农：治国安邦的重中之重

近年来，我国农业生产稳定增长，农民收入持续提高，农村面貌发生了巨大变化。但城乡经济发展失衡、公共资源与公共服务不均等、城乡居民收入差距大等矛盾仍很突出。习近平同志指出："城乡发展不平衡不协调，是我国经济社会发展存在的突出矛盾，是全面建成小康社会、加快推进社会主义现代化必须解决的重大问题。改革开放以来，我国农村面貌发生了翻天覆地的变化。但是，城乡二元结构没有根本改变，城乡发展差距不断拉大趋势没有根本扭转。根本解决这些问题，必须推进城乡发展一体化。"①破解三农问题，是治国安邦的重任。"全面建成小康社会，最艰巨最繁重的任务在农村特别是农村贫困地区。"②

一、饭碗任何时候都要牢牢端在自己手上

我国依靠占世界9%的耕地，养活了占世界20%的人口，这是我国

---

① 习近平：《关于〈中共中央关于全面深化改革若干重大问题的决定〉的说明》，《人民日报》2013 年 11 月 16 日。

② 《习近平在中共中央政治局第二十二次集体学习时强调：健全城乡发展一体化体制机制，让广大农民共享改革发展成果》，《人民日报》2015 年 5 月 2 日。

最特殊的国情，也是今后粮食发展面临的最大挑战。2013年12月中央农村工作会议指出，"解决好吃饭问题始终是治国理政的头等大事"。"中国人的饭碗任何时候都要牢牢端在自己手上。我们的饭碗应该主要装中国粮，一个国家只有立足粮食基本自给，才能掌握粮食安全主动权，进而才能掌握经济社会发展这个大局。""我国耕地就那么多，潜力就那么大，在粮食问题上不可能长期出现高枕无忧的局面。"对此，我们必须要有清醒的认识。

第一，粮食要"以我为主、立足国内"。① 中国应该制定和实行怎样的粮食安全战略，国内理论界有不同的意见。有的认为应该加大农业保护，严格限制进口；有的认为农业应该赶快"走出去"，到海外种粮；也有的认为应该在全球化的条件下，更多地通过国际贸易满足国内粮食需求。我国是人口大国，不可能完全依靠国际市场解决粮食问题，以大米为例，2016—2017年度国际大米年均贸易量约为4000万吨，而我国每年大米的消费量近1.5亿吨，国际贸易总量大体占我国实际需求的1/4多一些。再加上现阶段国际粮食供求关系一直偏紧，如果我国大量进口粮食，国际粮价势必飞涨，对整个国际粮食贸易格局造成很大冲击，而且向其他国家"讨饭吃"，则可能处处受制于人、失去经济自主权。因此在充分考虑国情、国际局势和内在发展需要基础上，2013年11月，习近平在山东农科院座谈时提出："历史经验告诉我们，一旦发生大饥荒，有钱也没用。解决13亿人吃饭问题，要坚持立足国内。"② 中国人的饭碗任何时候都要牢牢端在自己手上，里面要装着中国粮，这样才能掌握粮食安全主动权，有利国家全局发展。

第二，饭碗里装中国粮的政策内涵。2016年我国粮食产量达到

① 《十八大以来重要文献选编》（上），中央文献出版社2014年版，第660页。
② 《习近平：手中有粮，心中不慌》，新华网，2013年11月28日。

6.16亿吨,而2014年2月10日发布的《中国食物与营养发展纲要(2014—2020年)》提出,到2020年中国的粮食产量要稳定在5.5亿吨以上。国外一些研究机构解读称,中国将粮食产量目标设定在低于国内消费量的水平,意味着中国粮食自给自足政策内涵发生改变,并认为未来中国粮食进口将增加,5.5亿吨只是底线目标。以我为主、立足国内是保障国家粮食安全的战略立足点,基本含义就是中国人的饭碗任何时候都要牢牢端在自己手上,我们的饭碗应该主要装中国粮。确保谷物基本自给、口粮绝对安全,明确了保障国家粮食安全的优先次序,就是集中力量先把最基本、最重要的保住。按照我国粮食的统计口径,目前谷物产量占国内粮食产量的90%以上。实现了谷物基本自给,中国的粮食安全就有了保障。因此,确保谷物基本自给、口粮绝对安全,绝不意味着中国要放松国内粮食生产,也不意味着政府要减轻保障国家粮食安全的责任。

第三,粮食适度进口也是一个重要原则。粮食不仅包括水稻、玉米、小麦等基本口粮,也包括大豆、花生等油料作物以及畜禽水产等动物性食品,要做到所有粮食全部自给,既无可能也无必要。"立足国内"和"适当进口"不是非此即彼的对立关系,而是彼此搭配、互为补充。习近平在强调立足国内解决粮食问题的同时,也提出要"更加积极地利用国际农产品市场和农业资源,有效调剂和补充国内粮食供给"。这一重要原则也要充分理解。

"如果把粮食仅仅定义为稻谷、小麦、玉米,我国的粮食供求基本是平衡的。但如果把范围扩至大麦、大豆,乃至油菜籽、食糖以及畜禽产品等,可以说,我们还未完全实现粮食的自给自足。"[1]因此,为确保国家粮食安全,必须构建和完善国家粮食安全体系。

---

[1] 宁高宁:《以全球视野审视中国的粮食安全》,《求是》2013年第8期。

一是坚决守住耕地保护红线。面对日益缩减的耕地面积，2013 年12 月中央政治局会议明确要求，"要毫不动摇坚持最严格的耕地保护制度和节约用地制度"。"坚决守住耕地保护红线和粮食安全底线，确保实有耕地数量基本稳定。必须坚定不移推进节约集约用地，优化土地利用结构，提高土地利用效率。"①在随后召开的中央农村工作会议上再次强调，"耕地红线要严防死守，18 亿亩耕地红线仍然必须坚守，同时现有耕地面积必须保持基本稳定"，并明确提出要"划定永久基本农田"。这一战略思路是将耕地数量作为保证粮食安全的首要前提，通过保地为保粮奠定基础，通过保量为保质创造条件，最终实现粮地共存、质量兼顾。这一思路抓住了粮食问题的关键所在，是实现我国粮食安全的根本保证。

二是调动和保护生产粮食的积极性。目前，我国粮食政策体系在支持方式、补贴标准、执行成本等方面存在着一些问题，导致出现"最低收购价格刚性化发展"与"粮食生产区域分工制度危机"两大困局。为了让农民安心种粮、主产区努力抓粮、社会主体愿意储量，2013 年年底的中央农村工作会议提出，"要让农民种粮有利可图、让主产区抓粮有积极性，要探索形成农业补贴同粮食生产挂钩机制，让多生产粮食者多得补贴，把有限资金真正用在刀刃上"②。2016 年年底的中央农村工作会议再次提出："重点建设好粮食生产功能区、重要农产品生产保护区、特色农产品优势区""必须守住粮食生产能力不降低、农民增收势头不逆转、农村稳定不出问题的三条底线"③。这些政策思路相继落

---

① 《中央政治局：出台实施国家新型城镇化规划》，新华网，2013 年 12 月 3 日。
② 《十八大以来重要文献选编》（上），中央文献出版社 2014 年版，第 664 页。
③ 谭浩俊：《推进农业供给侧改革 须守农民增收势头不逆转底线》，《经济参考报》2016 年 12 月 27 日。

实到后续的政策文件中。

三是给农业插上科技的翅膀。科学技术是第一生产力,党中央特别强调农业科技的重要作用。2013年11月,习近平同志在山东农科院考察时明确提出,"农业出路在现代化,农业现代化关键在科技进步。我们必须比以往任何时候都更加重视和依靠农业科技进步,走内涵式发展道路",并形象地比喻为"要给农业插上科技的翅膀"。农业科技要实现突破,一方面要有高水平的技术研发,习近平同志指出,"按照增产增效并重、良种良法配套、农机农艺结合、生产生态协调的原则,促进农业技术集成化、劳动过程机械化、生产经营信息化、安全环保法治化,加快构建适应高产、优质、高效、生态、安全农业发展要求的技术体系"。另一方面针对农业科技研发、推广和应用对农业科技人员、农民提出的更高能力要求,要适时调整农业技术进步路线,加强农业科技人才队伍建设,培养新型职业农民。

四是善于用好两个市场、两种资源。应该"善于用好两个市场、两种资源,适当增加进口和加快农业走出去步伐,把握好进口规模和节奏"①。对于如何利用好"两个市场",2014年12月中央农村工作会议指出,要"抓紧制定重要农产品国际贸易战略,加强进口农产品规划指导,优化进口来源地布局,建立稳定可靠的贸易关系"。"加快实施农业走出去战略,培育具有国际竞争力的粮棉油等大型企业。支持到境外特别是与周边国家开展互利共赢的农业生产和进出口合作。"②这为更好地确保我国粮食安全做了全面、系统的部署。习近平同志在2013年上海合作组织成员国元首理事会第十三次会议上倡导"建立粮食安全合作机制,在农业生产、农产品贸易、食品安全等领域加强合作,确保

---

① 《十八大以来重要文献选编》(上),中央文献出版社2014年版,第666页。
② 《2014年中央一号文件公布(全文)》,新华网,2014年1月19日。

粮食安全"。在 2017 年 5 月召开的"'一带一路'国际合作高峰论坛"上，中国政府还发布了《共同推进"一带一路"建设农业合作的愿景与行动》。由此可以看出，以习近平同志为核心的党中央着力推进农业领域的国际合作、互利共赢，树立大的国际粮食安全观。

二、加快构建新型农业经营体系

构建城乡发展一体化体制机制，首先要创新农业经营体制，提升农业对城乡发展一体化的支撑能力，促进城乡各个产业互动发展，实现农业现代化和新型工业化、信息化、城镇化同步发展。加快构建新型农业经营体系，"主要是坚持家庭经营在农业中的基础性地位，鼓励土地承包经营权在公开市场上向专业大户、家庭农场、农民合作社、农业企业流转，鼓励农村发展合作经济，鼓励和引导工商资本到农村发展适合企业化经营的现代种养业，允许农民以土地承包经营权入股发展农业产业化经营等"①。

2013 年 3 月，在全国两会上，习近平同志到江苏代表参加讨论，在回顾新中国成立六十多年农村先由分到合，再由合到分过程后，他指出，"改革开放从农村破题，大包干是改革开放的先声。当时中央文件指出要建立统分结合的家庭承包责任制，但实践结果是，'分'的积极性充分体现了，'统'适应市场经济、规模经济，始终没有得到很好的解决"。这些重要论述切中了实际，我们在以家庭承包经营为基础，统分结合的双层经营体制时，主要强调了"分"，在"统"上设计不够，与市场

---

① 习近平：《关于〈中共中央关于全面深化改革若干重大问题的决定〉的说明》，《人民日报》2013 年 11 月 16 日。

经济、城镇化发展的要求尚有很大的距离。

"加快构建新型农业经营体系,是党的十八届三中全会根据我国当前农业农村发展新形势和同步推进工业化、信息化、城镇化、农业现代化、绿色化的要求提出的进一步深化农村改革的重大任务,也是加快我国农业现代化进程的必然要求。"[①]当前,国内主要农产品价格普遍高于进口农产品价格,越来越多的农民不愿从事超小规模农业经营,这为扩大农业经营规模提供了条件。据调查,农业规模至少要达到30亩,才能使农业经营主体的实际生活水平不低于主要劳动力在非农部门就业农户。这就需要促使农民转移就业和土地流转,加快构建新型农业经营体系。

2013年的中央一号文件,特别强调了农业生产经营体制创新,这是多年来所未有的。"以家庭承包经营为基础、统分结合的双层经营体制"是中央长期的既定方针,并写入了宪法第八条。要继续完善和创新,只能是以适当方式强化"统"的一面,而"统"的载体和途径,只能是加强合作制。2015、2016、2017年中央一号文件,连续对创新农业经营体系进行部署。坚持和完善农村基本经营制度,坚持农民家庭经营主体地位,引导土地经营权规范有序流转,创新土地流转和规模经营方式,积极发展多种形式适度规模经营,提高农业组织化程度。

在农村土地经营管理上,要坚持农村土地集体所有权,这是构建新型农业经营体系的关键。要坚持稳定土地承包关系并保持长久不变,依法维护农民土地承包经营权,赋予农民对承包地占有、使用、收益、流转及承包经营权抵押、担保权能。要坚持按照依法自愿有偿原则,有序流转土地承包经营权,允许农民以承包地经营权入股发展农业产业化

---

① 陈锡文:《构建新型农业经营体系刻不容缓》,《求是》2013年第22期。

经营,强调承包经营权流转市场化,鼓励承包土地在公开市场上向专业大户、家庭农场、农民合作社、农业企业流转,发展多种形式的规模经营。这些决策,明确了土地产权、承包权和使用权分离的界限,澄清了人们对土地权益的模糊认识,有利于克服土地产权虚化的弊端,有利于保障农民土地承包经营的权利,有利于提高土地适度规模经营的效益。但也要注意,我国目前还有 6 亿多农村常住人口,短时期内要使他们中的大多数人转移到城镇居住显然不现实。农业人口的减少,只能是一个伴随着城市化水平逐步提高的自然进程,农村在相当时期内还难以彻底改变人多地少的格局,这就是我国农业现代化的现实起点。因此,社会转型阶段要切实保障农民生计和社会稳定,就要坚持农民的地由农民种和因地制宜发展多种形式适度规模经营的基本取向。[①] 推进新型农业经营体系发展,要符合农村的实际,尊重农民的意愿。

在农业经营方式上,一是鼓励发展合作经济,扶持规模化、专业化、现代化经营。在加大政策扶持力度的同时,允许财政项目资金直接投向符合条件的合作社,允许财政补助形成的资产转交合作社持有和管护,允许合作社开展信用合作。这就为新型合作经济组织发展提供了更为有利的政策环境。农民合作社作为农村集体经济的新型实体,可以抓住机遇、培育经营活力、增强发展能力、壮大经济实力。二是鼓励工商资本到农村发展适合企业化经营的现代种养业,向农业输入现代生产要素和经营模式。这表明支持工商资本进入现代农业,但同时要求工商资本与农户建立紧密的利益联结机制,积极创建现代农业示范基地,大力培育农产品品牌,促进农业产业集群发展,努力提高现代农业的规模化、专业化、标准化、集约化经营水平。

---

① 陈锡文:《适应经济发展新常态,加快转变农业发展方式》,《求是》2015 年第 5 期。

三、赋予农民更多财产权利

城乡发展一体化,核心是城乡主体权利,构建全体居民共享发展成果的体制机制,形成造福百姓、富裕农民的利益格局。重点是拓展农民增收渠道,增加农民收入来源,提高财产性收入。赋予农民更多财产权利,"主要是依法维护农民土地承包经营权,保障农民集体经济组织成员权利,保障农户宅基地用益物权,慎重稳妥推进农民住房财产权抵押、担保、转让试点"①。

土地,是农村集体和农民的最大资产。但长期以来,农民的财产数量不少,但收入功能很差,农民收入中直接来自财产性收益微乎其微。作为农村集体经济组织的成员,大多数农民没有充分地分享到集体资产的增值收益;相对于城镇居民私有房产产权,我国农民既没有宅基地的用益物权,也没有自己住房的完全产权。农民的房产不能进行财产权抵押,不能在房产市场进行公开转让和交易,没有资产功能。所以农民收入主要由种养殖经营性收入和外出打工的工资性收入构成,基本上没有财产性收入。总体上看,农民人均纯收入增长幅度近年来高于城市居民,但从绝对数看,农村和城市居民人均收入差距拉大。

新常态下农业和农村经济变化,对农民收入影响主要有以下几个方面:一是家庭收入保持平稳。土地流转和新型经营主体的发育将有利于家庭经营收入的增长。但随着经济增速的回落、农产品市场需求走弱,价格对农民收入的拉动作用减弱。受成本"地板"和价格"天花

---

① 习近平:《关于〈中共中央关于全面深化改革若干重大问题的决定〉的说明》,《人民日报》2013 年 11 月 16 日。

板"的双重挤压,农户务农种粮收益有限,比较效益较低的问题仍比较突出。二是工资性收入增幅趋缓。经济新常态下农民务工收入将受到一定影响,工资增长幅度将下调。三是转移性收入增长面临挑战。经济新常态下财政收入增速有所放缓,继续以直接补贴等形式增加农民的转移性收入面临较大压力。四是财产性收入增长潜力较大。近年来,受农村土地征收补偿水平提高、农民土地流转和房屋出租增多、参加入股投资分红人数增加等因素影响,农民财产性收入不断增长,已经成为农民收入特别是局部地区农民收入的重要增长源。从长远来看,随着农村产权市场不断完善,农民财产性收入还有很大的增长空间。①

党的十八届三中全会明确:赋予农民更多财产权利。保障农民集体经济组织成员权利,积极发展农民股份合作,赋予农民对集体资产股份占有、收益、有偿退出及抵押、担保、继承权。保障农户宅基地用益物权,改革完善农村宅基地制度,选择若干试点,慎重稳妥推进农民住房财产权抵押、担保、转让,探索农民增加财产性收入渠道。深化农村产权制度改革,建立农村产权流转交易市场,开展农村集体建设用地使用权、土地承包经营权、集体资产产权、林权、股权等各种产权公开、公正流转交易,促进农业农村资源资本化,让农民增加财产性收入②。这些规定不仅从体制机制上提出了增加农民财产性收入的途径,而且从工作部署上提出了有操作性的具体措施,拓宽了农民增加收入的渠道,有助于农民和城市居民一样共享发展成果。

2014年9月29日习近平同志主持召开中央全面深化改革领导小组第五次会议,审议了《关于引导农村土地承包经营权有序流转发展

---

① 张红宇:《新常态下农民收入问题》,《农民日报》2015年4月3日。
② 《十八大以来重要文献选编》(上),中央文献出版社2014年版,第524页。

农业适度规模经营的意见》和《积极发展农民股份合作赋予集体资产股份权能改革试点方案》。会议指出，"我们要在坚持农村土地集体所有的前提下，促使承包权和经营权分离，形成所有权、承包权、经营权三权分置、经营权流转的格局。要加强引导，不损害农民权益，不改变土地用途，不破坏农业综合生产能力。要尊重农民意愿，坚持依法自愿有偿流转土地经营权，不能搞强迫命令，不能搞行政瞎指挥。要坚持规模适度，重点支持发展粮食规模化生产。要让农民成为土地适度规模经营的积极参与者和真正受益者。要根据各地基础和条件发展，确定合理的耕地经营规模加以引导，不能片面追求快和大，更不能忽视了经营自家承包耕地的普通农户仍占大多数的基本农情。对工商企业租赁农户承包地，要有严格的门槛，建立资格审查、项目审核、风险保障金制度，对准入和监管制度作出明确规定"。会议强调，"积极发展农民股份合作、赋予集体资产股份权能改革试点的目标方向，是要探索赋予农民更多财产权利，明晰产权归属，完善各项权能，激活农村各类生产要素潜能，建立符合市场经济要求的农村集体经济运营新机制。搞好这项改革，一项重要基础工作是保障农民集体经济组织成员权利。要探索集体所有制有效实现形式，发展壮大集体经济。试点过程中，要防止侵吞农民利益，试点各项工作应严格限制在集体经济组织内部。我国农村情况千差万别，集体经济发展很不平衡，要搞好制度设计，有针对性地布局试点"①。今后，农民通过土地承包经营权有序流转发展农业适度规模经营，通过发展农民股份合作赋予集体资产股份权能，从而逐步实现土地资源变资产，资产变资本，资本变资金，资金变效益，有利于进一步释放农村生产力，有利于农民增收、农业增效、农村转型。

---

① 《习近平主持召开中央全面深化改革领导小组第八次会议》，新华网，2014 年 12 月 30 日。

四、城乡要素平等交换和公共资源均衡配置

由于历史欠账较多，我国农村基础设施建设总体滞后，城乡公共服务不均等，农村发展资源短缺、动力不足。这已成为制约城乡统筹发展和农村可持续发展的瓶颈。党的十八届三中全会强调，建立健全统筹城乡基础设施和公共服务建设的体制机制，引导更多的现代生产要素流向农村，促进公共资源配置向农村倾斜，统筹城乡基础设施建设，推进城乡基本公共服务均等化。在推进城乡要素平等交换和公共资源均衡配置方面，习近平同志提出："主要是保障农民工同工同酬，保障农民公平分享土地增值收益；完善农业保险制度；鼓励社会资本投向农村建设，允许企业和社会组织在农村兴办各类事业；统筹城乡义务教育资源均衡配置，整合城乡居民基本养老保险制度、基本医疗保险制度，推进城乡最低生活保障制度统筹发展，稳步推进城镇基本公共服务常住人口全覆盖，把进城落户农民完全纳入城镇住房和社会保障体系。"①"努力在统筹城乡关系上取得重大突破，特别是要在破解城乡二元结构、推进城乡要素平等交换和公共资源均衡配置上取得重大突破，给农村发展注入新的动力，让广大农民平等参与改革发展进程、共同享受改革发展成果。"②

城乡发展一体化，重点是城乡基础设施和公共服务一体化。推进

---

① 《习近平主持召开中央全面深入改革领导小组第五次会议强调　严把改革方案质量关督察关　确保改有所进改有所成　李克强、张高丽出席》，《人民日报》2014年9月30日。

② 《习近平在中共中央政治局第二十二次集体学习时强调：健全城乡发展一体化体制机制，让广大农民共享改革发展成果》，《人民日报》2015年5月2日。

城乡要素平等交换和公共资源均衡配置,主要体现为农村的生产要素,比如土地、劳动力、资金能够在价格机制的作用下,得到合理配置。城乡要素交换不平等由来已久。劳动要素方面,进城务工农民没有实现与城镇职工同工同酬,相同劳动岗位农民工所得收入只相当于城镇职工的一半左右。土地要素方面,农民城乡土地交换中得到的补偿较少。资金要素方面,农村存款资金大量流向非农产业和城市,农民长期面临"贷款难"的困惑,缺少金融资本武装。

中国农业一直走的是外延式的扩展道路。把城市、工业发展起来反哺农业,这在一定的历史阶段是可行的,但在今天的大背景下应该让工业和农业两个轮子一起转,我国农业才能走出困境。一方面靠工业化带动城镇化,并形成二者的良性互动,刘易斯的办法要用好。另一方面舒尔茨的办法也要用。舒尔茨认为,农业必须培育内生性物质基础,自身必须强起来,不能光靠工业反哺。我们今天应该两条腿走路,刘易斯和舒尔茨的办法都要用,结合中国的实际,让城乡要素平等交换,这是解决三农问题的出路。把市场机制和政府作用有机结合起来,既把市场作为资源配置的决定性基础机制,又强调发挥政府因势利导的积极有为作用,以克服城乡要素的不平等性。

城乡发展一体化,需要加快建立土地、资金和人才资源城乡平等交换机制和补偿机制。在土地方面,要改革征地制度,不能继续靠牺牲农民土地财产权利来降低工业化城镇化成本。切实建立和完善城乡统一的建设用地市场,进一步改革征地制度,调整土地出让收益分配关系,提高对农民的征地补偿标准和用于农业基础设施建设的投入比重,保护农民土地权益。在资金方面,既要加大财政投入和政策性金融投入力度,又要发展新型农村金融组织,创新金融产品,同时要引导企业和社会投入农村基础设施和公共事业建设。在劳动力流动方面,要加快形成城乡统一的劳动力市场,推进城乡劳动力同工同酬同保障,逐步实现同城同待遇。此外,要建立以城带乡联动机制,推动城市优质资源向农村延伸,构建统筹城乡的基础设施建设体系。加快农村社会事业发展,健全农村基本公共服务制度框架,逐步提高农村基本公共服务的标准和保障水平,形成城乡基本公共服务一体化。

五、深入推进农业供给侧结构性改革

农业供给侧结构性改革,是我国供给侧结构性改革的重要组成部分。2015年年底召开的中央农村工作会议,首次明确提出:要着力加强农业供给侧结构性改革,提高农业供给体系质量和效率,使农产品供给数量充足、品种和质量契合消费者需要,真正形成结构合理、保障有力的农产品有效供给。2016年3月8日,习近平同志在参加十二届全国人大四次会议湖南代表团审议时所说,"推进农业供给侧结构性改革,提高农业综合效益和竞争力,是当前和今后一个时期我国农业政策改革和完善的主要方向"。2016年中央经济工作会议对深入推进农业供给侧结构性改革做了具体的部署安排。总的来看,从"打头阵"的玉米收储制度改革到支撑性的农村土地制度改革,各项改革深入稳步推进。

第一,化解结构性矛盾,深化农业结构性改革。尽管农业在我国国内生产总值中占比已降为8.6%,但它仍然是国民经济中的基础产业,关乎国家粮食安全和农民增收,关乎全面建成小康社会目标能否如期实现。当前我国农业同样面临着结构性失衡的问题,必须通过深化改革来解决。

一是供求矛盾凸显,倒逼结构性改革。2004—2015 年,我国粮食产量实现"十二连增",供求关系得到改善,但农业结构性矛盾开始显现,阶段性、结构性的供过于求和供给不足并存。农业的国际竞争力下降、可持续发展能力下降、供需匹配能力下降。有效供给不能适应需求变化,粮食生产结构出现明显的变化:大豆的产量不断降低,但需求快速增长,进口依存度不断攀升;玉米产量急剧增长,库存快速上升。生产成本过高,农产品价格全面高过国际价格,竞争力下降。绝大多数农产品产量过剩,收储政策导致财政负担沉重。针对当前突出问题,着眼于可持续发展,必须以提高农业质量效益和竞争力为根本目标,加快推进农业供给侧结构性改革。

二是顺应发展规律,推进农业供给侧结构性改革。农业本身具有其特殊性,农业的产业性质和其他的产业有很大的不同。农业受自然的影响,生产周期较长,面临无法预期和难以把控的自然风险;农业对利用国际资源和市场方面敏感,随时面临价格剧烈波动的市场风险。同时,农业是国民经济的基础,和其他产业的关联度很高,"无粮不稳""谷贱伤农""粮贵伤民""粮价是百价之基",农业发展关乎经济发展全局,牵一发而动全身。

农业发展的每一个历史时期都有与之相应的内部结构与外部特征,两者互相促进相互影响。但当二者出现不协调甚至矛盾冲突时,农业经济发展将呈现迟滞甚至危机。为此,国家通过重新调配整顿原有的和制定实施新的政策措施,使农业内部结构适应农业发展的新环境新要求,以使农业发挥更大经济社会生态功能。这一过程也是农业自我适应和自我修复过程。因此,农业结构性改革是符合农业发展规律的必然选择。

第二,取消玉米临储政策,推进种植业结构调整。用改革的办法解决农业供给侧结构性问题，最重要的就是让价格反映市场供求，由市场决定农业资源的配置，要进一步深化农产品价格形成机制和收储制度改革。

"三量齐增"，倒逼玉米临储政策调整。数据显示，我国玉米产量从2004年的1.3亿吨增长到2015年的2.25亿吨，可谓世界之冠。但同时我国的玉米库存量也摘得世界之冠，成为"老大难"。全国政策性玉米库存量已超过当年玉米产量。玉米阶段性供大于求，库存激增，与其他粮食品种之间的结构性矛盾尤为突出。加之国内外玉米价格严重倒挂，造成高产量、高进口、高库存"三量齐增"的局面。因此，去库存就成为此次玉米临储政策改革的应有之义，也是当前农业供给侧结构性改革的先行之举。

自2008年实行玉米临时收储制度开始，8年间玉米收储价格提高幅度达50%；而同期国际粮食价格却深度回落。过高的玉米临储收购价格，一方面托升了国内玉米市场价格，导致国内外价差拉大，国内玉米产区与销区价格倒挂、东北产区与华北产区价格倒挂、价格扭曲，部分华北玉米倒流东北进入临储。另一方面，过高的临储价格刺激了玉米生产，抑制了玉米消费，并使东北粮食加工企业由于玉米价格高而无法正常加工，导致玉米供大于求，库存不断上升。

取消玉米临储，改革迈出实质性一步。2015年，国家首次下调玉米临储收购价格，降幅10%。2016年3月底，实行了8年之久的玉米临时收储政策退出了历史舞台，玉米收储制度改为"市场化收购+补贴"的新模式。这被解读为中国农业供给侧改革的突破口。政策调整的主要内容，一是玉米价格由市场形成，反映市场供求关系，生产者随行就市出售玉米，各类市场主体自主入市收购。二是为保护农民利益，建立玉米生产者补贴制度。三是为应对出现大范围卖粮难等风险，还将适时安排符合条件的企业入市托底收购。政策调整的核心原则在于,市场定价、价补分离、保障农民利益。

第三,深化农村土地制度改革,提高农业综合生产率。"中国农村改革之父"杜润生认为,"中国最大的问题是农民问题,农民最大的问题是土地问题"。作为供给侧结构性改革的重要着力点之一的土地制度改革,在农业供给侧改革中具有至关重要的作用。我国农业结构性矛盾凸显和"三量齐增"压力加大,原因在于供求结构失衡、生产成本高,农业生产效率和经营效益低,根源在于土地集中度低,集约化和规模化经营水平低。

一是三权分置,奠定新型土地产权制度基础。习近平同志强调,现阶段深化农村土地制度改革,要更多考虑推进中国农业现代化问题,既要解决好农业问题,也要解决好农民问题。要在坚持农村土地集体所有的前提下,促使承包权和经营权分离,形成所有权、承包权、经营权三权分置,经营权流转的格局。"三权分置",为加快土地经营权流转和推进规模化、集约化经营奠定了制度基础,是适应生产力发展、适应当前现实的制度安排。2016年10月底中共中央办公厅、国务院办公厅印发了《关于完善农村土地所有权承包权经营权分置办法的意见》,正是回应我国农村农业发展的结构性变迁。

二是加快土地经营权流转,开启农业规模经营新格局。土地经营权流转,是指在保持农村土地集体所有权性质不变的前提下,农村家庭承包的土地通过合法的形式,保留承包权,将经营权转让给其他农户或其他经济组织的行为。土地经营权流转是农村经济发展到一定阶段的产物,是农村土地制度改革的必然要求。一方面,伴随我国工业化、信息化、城镇化和农业现代化进程,农村劳动力大量转移,农业物质技术装备水平不断提高,发展适度规模经营成为必然趋势;另一方面,在我国当前的土地集体所有制和以家庭为主体的承包制等制度安排下,土地的所有权和承包权不能流转,能够流转的只能是土地所有权和承包权派生出来的经营权。目前,全国家庭承包经营耕地中已有33.3%发生流转,2.3亿承包户中有6600万户或多或少流转了土地。①

三是构建新型农业经营体系,完善农村基本经营制度。深化农村土地制度改革,必须完善新型经营主体财政、信贷保险、用地、项目扶持等政策。积极创建示范家庭农场、农民专业合作社示范社、农业产业化示范基地、农业示范服务组织,加快培育新型经营主体。引导新型经营主体与承包农户建立紧密利益联结机制,带动普通农户分享农业规模经营收益。支持新型经营主体相互融合,鼓励家庭农场、农民专业合作社、农业产业化龙头企业等联合与合作,依法组建行业组织或联盟。依托现代农业人才支撑计划,健全新型职业农民培育制度。

---

① 叶兴庆:《农地"三权分置"要有利于现代化》,《人民日报》2016年11月3日。

第十三章　生态建设:绿水青山
也是金山银山

　　从世界历史上看,生态文明是工业文明的产物,是随着工业文明发展到后期,人们对工业化对资源、环境的负面作用有了明确的认识后所作出的反应与调整。在此问题上,先行工业化国家较早遇到了麻烦,有不少人关心呼吁人类社会要尊重自然,敬畏自然,节约资源,实现增长模式的转变。[①] 党的十八大以来,以习近平同志为核心的党中央,从中国特色社会主义事业"五位一体"总布局的战略高度,从实现中华民族伟大复兴中国梦的历史维度,强力推进生态文明建设,引领中华民族永续发展。[②] 要把生态文明放在更加突出的位置,像保护眼睛一样保护生态环境,像对待生命一样对待生态环境,在生态环境保护上一定要算大账、算长远账、算整体账、算综合账,不能因小失大、顾此失彼、寅吃卯粮、急功近利。生态环境是一项长期任务,要久久为功。[③]

---

　　① 罗伯特·罗尔斯:《转折点:增长范式的终结》,上海译文出版社2001年版。

　　② 《绿色发展:走向生态文明新时代(治国理政新实践)》,《人民日报》2016年2月16日。

　　③ 《为了中华民族永续发展——习近平关心生态文明建设纪实》,《人民日报》2015年3月10日。

一、生态文明理念是对传统发展方式的反思

生态文明是指人与自然关系的进步状态,反映了人类进步与自然相互之间的和谐程度。生态文明的核心是人与自然的关系问题,其要义是人与自然和谐相处,实现人类社会的可持续发展。生态文明的基本内涵是强调人与自然平等、和谐共处,主张绿色、节约、健康的生产方式和消费方式,追求人与自然和谐共进、生产力高度发达、人文全面发展、社会持续繁荣的理想境界。

在我国,生态文明的提出以及人们对此的认识深化,总体上也沿袭了这一历史路径,也是随着对我国传统经济增长方式的反思而提出的。一是资源约束趋紧。改革开放以来,我国经济快速增长。与此同时,各类资源的消耗量急速上升,目前我国已成为世界上最大的能源消耗国,对资源、环境、生态带来很大的压力。随着我国工业化、城镇化的进一步发展,未来各类资源的人均消费量都还要增加,资源环境对于经济社会的瓶颈制约作用日益明显,粮食安全、能源安全已成当务之急。二是环境污染严重。目前,我国环境形势严峻,对于人民生产生活至关重要的水、土、气都不同程度地出现了问题。全国十大流域中的九个流域都受到污染,地下水污染也愈加严重。土壤污染量大、面广、持久、毒性大。大气污染日益严重,区域性阴霾频发。据《中国环境宏观战略研究综合报告》称,我国 1.9 亿人的饮用水有害物质含量超标;约三分之一的城市人口暴露在超标的空气环境中;各类环境群体性事件频繁发生。三是生态系统显著退化。近年来,我国自然生态系统退化明显。水土流失面积占国土面积的 37%;沙化土地占国土面积的 18%,90% 的

草原不同程度退化。处于亚健康和不健康状态的海洋生态系统分别占52%和24%。① 生物多样性急剧减少,濒危或接近濒危的高等植物已达4000—5000种。地震、泥石流、洪涝等各类自然灾害频繁发生,给人民群众的生产生活带来很大的影响。

习近平同志对生态文明的重视具有明显的前瞻性、预见性和连续性。三十多年前他在制定《正定县经济、技术、社会发展总体规划》时就明确强调"宁肯不要钱,也不要污染"。2003年,时任浙江省委书记的习近平在《求是》杂志上发表的署名文章《生态兴则文明兴——推进生态建设打造"绿色浙江"》中指出,生态文明建设是"保护和发展生产力的客观需要""社会文明进步的重要标志",是"功在当代的民心工程、利在千秋的德政工程"。2013年5月24日,习近平同志在主持中央政治局第六次集体学习时再次重申这一论断,并引用恩格斯《自然辩证法》中的一段话:"美索不达米亚、希腊、小亚细亚以及其他各地的居民,为了得到耕地,毁灭了森林,但是他们做梦也想不到,这些地方今天竟因此而成为不毛之地。"②在2016年全国生态文明建设工作推进会议上,习近平同志强调:"要深化生态文明体制改革,尽快把生态文明制度的'四梁八柱'建立起来,把生态文明建设纳入制度化、法治化轨道。""要把生态文明建设作为一项重要任务,扎实工作、合力攻坚,坚持不懈、务求实效,切实把党中央关于生态文明建设的决策部署落到实处,为建设美丽中国、维护全球生态安全作出更大贡献。"

---

① 《国家海洋局:我国典型海洋生态系统86%处于亚健康和不健康状态》,新华网,2016年4月8日。

② 《习近平在中共中央政治局第六次集体学习时强调:坚持节约资源和保护环境基本国策,努力走向社会主义生态文明新时代》,新华网,2013年5月24日。

习近平同志对生态文明的重视也是对我们党和政府一贯态度的继承和发扬。1956年，毛泽东在《论十大关系》中就指出："天上的空气，地上的森林，地下的宝藏，都是建设社会主义所需要的重要因素。"1958年，他又要求"使我们祖国的河山全都绿起来，要达到园林化，到处都很美丽，自然面貌要改变过来。"①1981年夏的长江、黄河流域罕见洪灾，引发邓小平同志的思考，一场持续至今的全民义务植树运动由此拉开，他对经济发展和生态环境的关系进行了辩证思考："黄河所以叫做'黄'河，就是水土流失造成的。我们计划在那个地方先种草后种树，把黄土高原变成草原和牧区，就会给人们带来好处，人们就会富裕起来，生态环境也会发生很好的变化。"②

建设生态文明，是关系人民福祉、关乎民族未来的长远大计。面对资源约束趋紧、环境污染严重、生态系统退化的严峻形势，必然树立尊重自然、顺应自然、保护自然的生态文明理念，把生态文明放在更加突出的位置，融入经济建设、政治建设、文化建设、社会建设各方面和全过程，努力建设美丽中国，实现中华民族永续发展。③

二、正确认识发展经济与生态文明的关系

加快推进生态文明建设是加快转变经济发展方式、提高发展质量和效益的内在要求，是坚持以人为本、促进社会和谐的必然选择，是全面建成小康社会、实现中华民族伟大复兴中国梦的时代抉择，是积极应

---

① 《毛泽东同志在中共中央政治局会议（北戴河会议）上的讲话》，1958年8月21日。
② 《邓小平年谱（1975—1997）》，中央文献出版社2004年版。
③ 《十八大以来重要文献选编》（上），中央文献出版社2014年版，第30—31页。

对气候变化、维护全球生态安全的重大举措。环境就是民生,青山就是美丽,蓝天也是幸福。[①] 正如习近平同志在《浙江日报》"之江新语"发表评论《绿水青山也是金山银山》时指出:如果能够把"生态环境优势转化为生态农业、生态工业、生态旅游等生态经济的优势,那么绿水青山也就变成了金山银山"。

对于生态文明,在经济实践中有三个层次的认识:第一个层次是用绿水青山去换金山银山,一味索取资源。第二个层次是既要金山银山,但是也要保住绿水青山。第三个层次是认识到绿水青山可以源源不断地带来金山银山,绿水青山本身就是金山银山,我们种的常青树就是摇钱树,生态优势变成经济优势,形成了一种浑然一体、和谐统一的关系。这一阶段是一种更高的境界,体现了科学发展观的要求,体现了发展循环经济、建设资源节约型和环境友好型社会的理念。以上这三个层次,是经济增长方式转变的过程,是发展观念不断进步的过程,也是人与自然关系不断调整、趋向和谐的过程。这"两座山"要作为一种发展理念、一种生态文化,体现到城乡、区域的协调发展中。

第一,要重新认识人与大自然的关系。人类是大自然的一部分。在人类活动与大自然之间,存在着双重关系,一方面人类通过自己的活动,从自然界获得维持生命、发展生命的各种资源,尽最大可能地改变自然、利用自然,并在这一进程中深刻地改变了自然面貌,促进了人类自身的进步与发展;另一方面在既定的技术条件下,大自然设定了可允许被开采、被利用的资源总量与环境容量。一旦超出这个界限,人类就会受到大自然的报复。因此,新常态下发展经济必须遵循自然规律,必须在自然规律允许范围内行动,必须认识到大自然本身既是极其富有

---

① 《环境就是民生,青山就是美丽,蓝天也是幸福》,《人民日报》2015 年 3 月 7 日。

和慷慨的,但同时又是极其脆弱和精细平衡的,自然界存在着不可逾越的界限。超过这个界限,自然系统的基本完整性就受到威胁,我国经济社会的生存和发展就失去了最根本的支撑。

第二,要重新认识目的与手段的关系。改革开放三十多年以来,我国经济取得了巨大进步。但由于种种原因,在有些地方、有些时候、有些同志的脑海中,常常混淆了经济发展到底是我们追求的目标,还是达到目标所需要的手段。近年来,我国在生态环境方面的持续恶化对人民生活带来巨大影响,国民"幸福感"有所下降。在经济新常态下,必须明确认识到,促进经济增长本身并不是目的,满足人民群众日益增长的物质文化需要,提升全民幸福感才是党和政府的终极目标。必须重新认识、定位"目标"与"手段"的关系,坚定不移地将发展经济作为提升国民幸福指数的重要手段之一。必须牢牢将生态文明理念融入经济发展之中去,满足广大人民群众对蓝天、绿地、清洁水、干净空气等生态产品的需求,提升国民幸福感。

第三,要重新认识当代与未来的关系。大自然是整个人类的生命支持系统,不仅在久远的过去曾哺育过我们的祖先,还将在遥远的未来养护我们的子孙后代。长远而言,我们都是宇宙的匆匆过客,是资源、环境的临时托管人,那些对于生命存在具有极端重要意义的水、大气、森林、土壤和生物,我们有义务将其完整地交到下一代的手上。将生态文明理念融入经济发展之中,既有利于当代人的幸福,更是面对未来的责任。要给世世代代以合理利用自然资源的权利,不能为了满足我们这一代的需要,就剥夺下一代以至子孙后代满足他们需要的权利,更不能让子孙后代承担我们过度开发和使用资源的恶果。要注重生态的代际公平,既注重当代人的福祉,也考虑后代人的利益,不能"吃祖宗的饭,断子孙的路"。

三、生态文明建设的战略目标与主要途径

"建设生态文明是关系人民福祉、关乎民族未来的大计,是实现中华民族伟大复兴中国梦的重要内容。"①党的十八大指出,到 2020 年全面建成小康社会时,资源节约型、环境友好型社会建设取得重大进展;到 2050 年新中国成立一百年时,基本建成资源节约型、环境友好型社会。习近平同志强调,生态文明建设是"五位一体"总体布局和"四个全面"战略布局的重要内容。李克强同志指出,生态文明建设事关经济社会发展全局和人民群众切身利益,是实现可持续发展的重要基石。② 因此,必须发挥市场配置资源的决定性作用和更好发挥政府作用,积极推动经济转型升级,在发展中保护,在保护中发展。

第一,努力走新型工业化道路,加快向绿色、低碳、循环经济转型。从世界范围和我国的情况看,工业是造成严重的生态、环境问题的主要成因,推动工业向绿色、低碳、循环方向发展是缓解、甚至消除环境、生态问题的主要方式。要把节能减排作为新型工业化道路的核心要求,调整结构、降低能耗,推进我国工业向绿色低碳方向发展。切实降低能源消耗强度,控制能源消费总量。要通过优化产业结构、推动技术进步、强化工程措施、加强管理引导等方式,形成激励和约束相结合,政府、企业、社会共同参与的节能减排新机制。加快发展循环经济,提高资源利用效率。围绕提高资源产出率,遵循"减量化、再利用、资源化"

---

① 中共中央宣传部编:《习近平总书记系列重要讲话读本》,学习出版社、人民出版社 2014 年版,第 120 页。

② 《习近平对生态文明建设作出重要指示》,新华网,2016 年 12 月 2 日。

的原则，构建循环型工业、农业、服务业体系，推动资源再生利用产业化，形成覆盖全社会的资源循环利用体系。大力发展绿色产业和清洁能源，改善能源结构。积极壮大新能源产业规模，加快开发风电、光电产业，积极探索核电，因地制宜开发利用生物质能，改善我国能源结构。大力发展环保产业，为全社会提供节能环保技术装备、技术解决方案以及绿色低碳、生态环保的产品。

第二，积极推动我国资源型产品的价格改革，形成全社会节能降耗的内在激励机制。长期以来，我国各类资源型产品价格形成机制不合理、价格偏低，很难形成促使企业、居民节约利用的内在机制。为此，一方面要在起点环节适度引入竞争，优化相关产品的价格形成机制，另一方面要在终端合理调整电、水、气等资源型产品的价格，切实用价格机制引导全社会节约利用资源。以电价为例，既要形成水电、核电及可再生能源发电的合理定价机制，有序推进竞价上网和输配电价改革，也要在终端环节完善居民阶梯电价方案。继续推进资源税改革、尽快开征环境税。用经济手段促使企业主体节能降耗。大力推进排污权交易制度建设，健全资源补偿和交易制度，按照"谁开发、谁保护、谁受益、谁补偿"的原则，建立生态补偿机制，为生态环境保护注入持久动力。

第三，积极推动能源生产和消费革命，把节能贯穿于经济社会发展全过程和各领域。习近平同志指出，能源安全是关系国家经济社会发展的全局性、战略性问题，对国家繁荣发展、人民生活改善、社会长治久安至关重要。[①] 面对能源供需格局新变化、国际能源发展新趋势，保障国家能源安全必须推动能源生产和消费革命。一是要积极推动能源消费革命。要转变能源消费理念，控制能源消费总量，坚定调整产业结

---

① 《习近平谈治国理政》，外文出版社2014年版，第130页。

构,高度重视城镇化节能,切实扭转粗放用能方式,不断提高能源效率,以尽可能少的能源消费支撑经济社会发展。二是要积极推动能源供给革命。大力推进煤炭清洁高效利用,着力发展非煤能源,形成煤、油、气、核、新能源、可再生能源多轮驱动的能源供应体系。坚持发展非化石能源与化石能源高效清洁利用并举,实现传统能源高效化、非化石能源规模化。三是要积极推动能源体制改革。形成主要由市场决定能源价格的机制,转变政府对能源的监管方式,建立健全能源法治体系。放开竞争性业务,鼓励各类投资主体有序进入能源开发领域,进行公平竞争。加快电力体制改革步伐,推动供求双方直接交易。加快推进油气领域改革,促进油气管网公平接入和开放。推进清费立税,深化煤炭资源税改革。四是要积极推动能源技术革命。科技决定能源未来,科技创造未来能源。我们要坚持追赶与跨越并重,加强能源创新体系建设,建设能源科技强国。抓好重大科技专项,力争页岩气、深海油气、新一代核电等核心技术取得重大突破。加快科技成果转化,推进能源装备国产化,提升能源装备自主化水平,支持先进能源技术装备"走出去"。

第四,完善相关统计评价、干部考核指标体系。在浙江工作期间,习近平同志曾尖锐批评一些干部在"发展"问题上产生了误区,把"发展是硬道理"片面地理解为"经济增长是硬道理",把经济发展简单化为GDP决定一切①。强调要看GDP,但不能唯GDP;既要看GDP,又要绿色GDP。他认为,GDP快速增长是政绩,生态保护和建设也是政绩;不能光追求速度,而应该追求速度、质量、效益的统一;不能盲目发展,污染环境,给后人留下沉重负担,而要按照统筹人与自然和谐发展的要求,做好人口、资源、环境工作。其中对生态环境价值的肯定,体现出强

---

① 习近平:《之江新语》,浙江出版联合集团、浙江人民出版社2013年版,第73页。

烈的历史情怀和人文关怀。具体来看，一方面，要建立体现生态文明要求的目标体系，完善统计指标，把资源消耗、环境损害、生态效益纳入经济社会发展评价体系。另一方面，要完善干部考核机制，针对区域和城乡差异设立不同的考核目标，增加生态文明相关指标权重，明确界定责任，完善干部考核任用。另外，还要进一步完善相关法律法规建设，加强环境监管，严格环境执法；健全生态环境保护责任追究制度和环境损害赔偿制度；推动信息公开与公众参与，完善多元化的环境监督体制。

　　总之，我们必须将生态文明理念融入经济发展之中，既要金山银山，也要绿水青山。绿水青山就是最大、最久的金山银山。发展经济，决不能超越资源环境的承载能力，决不能以牺牲生态、破坏环境为代价。只有这样，我国经济社会系统才能与自然生态系统相互协调，我国经济建设才能与政治建设、社会建设、文化建设等相互协调，中华民族才能实现永续发展和长治久安。

四、推动形成绿色发展方式和生活方式

　　绿色发展是新发展理念的重要组成部分，是推进生态文明建设的重要遵循，是"十三五"乃至更长时期我国经济社会发展的重要方向和战略目标，体现了我们对发展和保护关系的再认识，回应了广大人民群众的需求和愿望。习近平同志在主持中央政治局第四十一次集体学习时强调："推动形成绿色发展方式和生活方式是贯彻新发展理念的必然要求，必须把生态文明建设摆在全局工作的突出地位，坚持节约资源和保护环境的基本国策。"他强调，人类发展活动必须尊重自然、顺应自然、保护自然，否则就会遭到大自然的报复。这个规律谁也无法抗拒。人因自然而生,人与自然是一种共生关系,对自然的伤害最终会伤及人类自身。只有尊重自然规律,才能有效防止在开发利用自然上走弯路。改革开放以来,我国经济社会发展取得历史性成就,这是值得我们自豪和骄傲的。同时,我们在快速发展中也积累了大量生态环境问题,成为明显的短板,成为人民群众反映强烈的突出问题。这样的状况,必须下大气力扭转。

推动形成绿色发展方式和生活方式,是发展观的一场深刻革命。[①]这就要坚持和贯彻新发展理念,正确处理经济发展和生态环境保护的关系,像保护眼睛一样保护生态环境,像对待生命一样对待生态环境,坚决摒弃损害甚至破坏生态环境的发展模式,坚决摒弃以牺牲生态环境换取一时一地经济增长的做法,让良好生态环境成为人民生活的增长点、成为经济社会持续健康发展的支撑点、成为展现我国良好形象的发力点,让中华大地天更蓝、山更绿、水更清、环境更优美。要充分认识形成绿色发展方式和生活方式的重要性、紧迫性、艰巨性,把推动形成绿色发展方式和生活方式摆在更加突出的位置。

第一,加快转变经济发展方式。根本改善生态环境状况,必须改变过多依赖增加物质资源消耗、过多依赖规模粗放扩张、过多依赖高能耗高排放产业的发展模式,把发展的基点放到创新上来,塑造更多依靠创新驱动、更多发挥先发优势的引领型发展。这是供给侧结构性改革的重要任务。要发展绿色环保产业,转变资源利用方式。推动低碳循环发展是保护生态环境与保持经济稳中向好的双赢之策,新兴产业、循环经济、绿色经济产业和绿色生产体系必将成为经济社会发展新的增长点。全国工商联环境商会的研究显示,"十一五"以来,我国节能环保

---

① 《习近平在中共中央政治局第四十一次集体学习时强调:推动形成绿色发展方式和生活方式 为人民群众创造良好的生产生活环境》,《人民日报》2017 年 5 月 28 日。

产业的年均增速超过 15%,进入快速发展阶段;根据国家发改委统计,截至 2015 年年底,我国节能环保产业产值已经达到 4.5 万亿元。从"十二五"到"十三五",节能环保产业已经由战略性新兴产业变为"一大支柱产业"。当前,我国经济发展进入新常态,许多传统行业增长放缓,但节能环保产业的发展速度不减反增。

第二,加快建设主体功能区。伴随着经济的持续快速发展,我国空间结构不合理、耕地面积减少过多过快、生态系统整体功能退化、经济布局与资源环境失衡等问题日益凸显。主体功能区是基于不同区域的资源环境承载能力、现有开发密度和发展潜力等,将特定区域确定为特定主体功能定位类型的一种空间单元。主体功能区的提出和实施,无论在理论还是在实践上都是一种创新,对中国区域发展和促进经济社会发展有深远影响。主体功能区规划是我国优化国土空间开发格局、促进区域协调发展的重大举措,是绿色发展理念在开发空间和区域层面的具体体现。推进主体功能区建设涉及方方面面的利益关系,必须正确认识和处理限制与发展、政府与市场、主体功能区与行政区、各类主体功能区之间、主体功能区规划与其他各类空间规划、主体功能与其他功能之间的关系。

第三,加强环境综合治理和生态保护修复。环境综合治理和生态保护修复是绿色发展的应有之义,也是绿色发展的重要抓手。习近平同志指出:"生态环境保护是功在当代、利在千秋的事业。"要清醒认识保护生态环境、治理环境污染的紧迫性和艰巨性,清醒认识加强生态文明建设的重要性和必要性,以对人民群众、对子孙后代高度负责的态度和责任,真正下决心把环境污染治理好、把生态环境建设好,努力走向社会主义生态文明新时代,为人民创造良好生产生活环境。要以解决大气、水、土壤污染等突出问题为重点,全面加强环境污染防治,持续实施大气污染防治行动计划,加强水污染防治,开展土壤污染治理和修复,加强农业面源污染治理,加大城乡环境综合整治力度。要坚持保护优先、自然恢复为主,深入实施山水林田湖一体化生态保护和修复,开展大规模国土绿化行动,加快水土流失和荒漠化石漠化综合治理。要深刻认识全球气候变化的重要影响,积极参与应对全球气候变化的事业,以"最大的决心"应对气候变化,有效控制温室气体排放,主动适应气候变化,广泛开展国际合作。要众志成城,铁腕治理,坚决打好蓝天保卫战。

第四,推进资源节约集约利用。生态环境问题,归根到底是资源过度开发、粗放利用、奢侈消费造成的。资源开发利用既要支撑当代人过上幸福生活,也要为子孙后代留下生存根基。要树立节约集约循环利用的资源观,用最少的资源环境代价取得最大的经济社会效益。要推动资源利用方式根本转变,加强全过程节约管理,大幅提高资源利用综合效益。全面推动能源节约,全面推进节水型社会建设,强化土地节约集约利用,加强矿产资源节约和管理,大力发展循环经济,倡导勤俭节约的生活方式,建立健全资源高效利用机制。

第五,完善生态文明制度体系。推动绿色发展,建设生态文明,重在建章立制,用最严格的制度、最严密的法治保护生态环境,健全自然资源资产管理体制,加强自然资源和生态环境监管,推进环境保护督察,落实生态环境损害赔偿制度,完善环境保护公众参与制度。生态环境保护能否落到实处,关键在领导干部。要落实领导干部任期生态文明建设责任制,实行自然资源资产离任审计,认真贯彻依法依规、客观公正、科学认定、权责一致、终身追究的原则,明确各级领导干部责任追究情形。对造成生态环境损害负有责任的领导干部,必须严肃追责。各级党委和政府要切实重视、加强领导,纪检监察机关、组织部门和政府有关监管部门要各尽其责、形成合力。

第十四章 "一带一路":国际合作共赢的世纪工程

2013 年 9 月和 10 月,习近平同志在访问哈萨克斯坦和印度尼西亚时,分别提出了共同建设"丝绸之路经济带"和"21 世纪海上丝绸之路"(简称"一带一路")的倡议。① 2015 年 3 月 28 日他在博鳌亚洲论坛 2015 年年会开幕式主旨演讲中提出,"一带一路"建设秉持的是共商、共建、共享原则,欢迎沿线国家和亚洲国家积极参与,也张开臂膀欢迎五大洲朋友共襄盛举。② 同日国家发改委、外交部、商务部联合发布了《推动共建丝绸之路经济带和 21 世纪海上丝绸之路的愿景与行动》③,确立了"一带一路"建设的发展方向和行动指南,"一带一路"进入全面推进的新阶段。2017 年 5 月 14 日、15 日,"一带一路"国际合作高峰论坛在北京举行,这是各方共商、共建"一带一路",共享互利合作成果的国际盛会,也是加强国际合作,对接彼此发展战略的重要合作平台。高峰论坛期间及前

---

① 习近平:《弘扬"上海精神",促进共同发展——在上海合作组织成员国元首理事会第十三次会议上的讲话》,新华网,2013 年 9 月 14 日。

② 习近平:《迈向命运共同体 开创亚洲新未来——在博鳌亚洲论坛 2015 年年会上的主旨演讲》,新华网,2015 年 3 月 28 日。

③ 《推动共建丝绸之路经济带和 21 世纪海上丝绸之路的愿景与行动》,人民出版社 2015 年版。

夕,各国政府、地方、企业等达成一系列合作共识、重要举措及务实成果,形成270多项成果(清单)。"一带一路"建设,是国际合作共赢、造福世界各国人民的世纪工程,我们要有足够的耐心、诚心、热心,把这件大事做好。

一、推动世界和平发展的新基石

"一带一路"构想不是对中国古代"丝绸之路"和"海上丝绸之路"的简单恢复或者复制,而是党中央和国务院审时度势、在对世界发展趋势进行科学研判基础上作出的重大战略部署,是促进世界经济共同发展的新基石。

对于世界发展的总体趋势,习近平同志指出,当今世界,任何国家或国家集团都再也无法单独主宰世界事务,特别是随着一大批新兴市场国家和发展中国家走上发展的快车道,多个发展中心在世界各地区逐渐形成,国际力量对比继续朝着更加有利于世界和平与发展的方向前进;同时各国相互联系、相互依存的程度空前加深,越来越成为你中有我、我中有你的命运共同体,因此"和平、发展、合作、共赢成为时代潮流"。[1] 同时我们也应该注意到,当今世界依然面临诸多难题和挑战,形形色色的保护主义明显升温,地区热点此起彼伏,霸权主义、强权政治和新干涉主义有所上升,军备竞争、恐怖主义、网络安全等传统安全威胁和非传统安全威胁相互交织,维护世界和平、促进共同发展依然任重道远。[2]

---

① 习近平:《顺应时代前进潮流　促进世界和平发展——在莫斯科国际关系学院的演讲》,《人民日报》2013年3月24日。
② 习近平:《顺应时代前进潮流　促进世界和平发展——在莫斯科国际关系学院的演讲》,《人民日报》2013年3月24日。

　　我国是世界上最大的发展中国家,也是世界和平和发展最坚定的维护者和推动者。从世界发展的角度看,国际金融危机后,世界经济进入深度调整期,发达国家消费需求、投资能力对世界经济的推动作用明显减弱,迫切需要中国、印度等新兴市场国家对世界经济发展发挥应有的刺激、带动作用。"一带一路"沿线大部分为发展中国家及新兴市场国家,其中不少发展中国家具有明显的要素禀赋优势但经济发展较为滞后,迫切需要加强公路、铁路、航空、管道等基础设施建设,将自身的要素禀赋优势转化为经济发展优势;另外一些国家原有经济发展模式后续乏力,迫切需要减少对发达国家市场的贸易依赖程度、实现贸易市场的多元化和经济结构的转型升级。

　　我国提出建设"一带一路"的战略构想,契合沿线国家的共同需求,为沿线国家优势互补、开放发展开启了新的机遇之窗①,有利于沿线国家通过政策协调配套、基础设施建设和资金贸易往来等实现"抱团取暖"、共同繁荣。"一带一路"是一个开放性的经济合作平台,不仅可以促进沿线国家的交流合作,其他有国际经济合作意向的发达国家和发展中国家也可以参与进来,"一带一路"是互利共赢之路,将带动各国经济更加紧密结合起来,创造新的经济和就业增长点,增强各国经济内生动力和抗风险能力,通过所有参与国的共同努力,"一带一路"必将成为世界经济发展的新引擎。

　　从世界和平的角度看,"一带一路"沿线是典型的多发展类型国家、多宗教、多民族聚集区,也是世界安全问题、矛盾冲突较为集中的地区。这一地区范围内,既有新加坡、韩国等高收入国家,也有中国、印度、印尼等中等收入国家,还有孟加拉、柬埔寨等低收入国家;既是基督

---

　　① 高虎城:《深化经贸合作 共创新的辉煌》,《人民日报》2014 年 7 月 2 日。

教、佛教、伊斯兰教、印度教等世界主要宗教的发源地,也是佛教、伊斯兰教、印度教等宗教教徒的最主要聚集区;全世界大约3000个民族中,有2000多个分布在"一带一路"沿线地区,在该地区,国家主权问题往往与民族问题、宗教问题互相交织,成为该地区矛盾冲突的重要根源。

我国提出建设"一带一路"的战略构想,不仅仅是国与国之间的经济合作平台,更是各宗教、各民族彼此交流理解的沟通平台。一方面,发展不平衡不是简单的经济问题,而是当今世界诸多矛盾热点的根源所在①,我们积极倡导"一带一路",就是要切合亚欧大陆诸多国家现实存在的合作发展需要,产生广阔辐射效应,缩小地区发展差距,推动地区热点降温,加快区域一体化进程;另一方面,"一带一路"建设有利于各国家、各宗教、各民族加深彼此的熟悉、理解,真正树立起利益共同体意识,在共同发展中寻求各方利益的最大公约数。因此"一带一路"的战略构想实际上是中国向世界提供的公共产品②,必将成为世界安全的新保障。

二、打造中国开放发展的新引擎

从整体上看,"一带一路"是我国为主动适应经济新常态作出的重大战略调整,对我国的经济社会发展而言,"一带一路"战略构想将中国与世界再次深度联通,着力推动中国与沿线各国在经济、安全、人文等方面的合作交流。

第一,经济内涵方面。"一带一路"沿线包括65个国家、超过40

---

① 《王毅:"一带一路"是中国向世界提供的公共产品》,新华网,2015年3月23日。
② 《王毅:"一带一路"是中国向世界提供的公共产品》,新华网,2015年3月23日。

亿的人口和超过 20 万亿美元的经济总量，并拥有丰富的能源资源，与我国具有广阔的经济技术合作空间。① 当然，"一带一路"是开放的，不限于 65 个国家。从对外开放角度看，"一带一路"使广大中西部地区由"内陆腹地"变为"开放前沿"，深化了我国与中亚、东南亚、南亚以及更广大区域发展中国家和地区的互利合作，有利于全方位开放新格局的形成；从经济转型升级角度看，"一带一路"建设将低端制造业转移到我国中西部、东南亚等具有比较优势的地区，是增强我国产业国际竞争力的必然选择，同时将我国部分"过剩"但不"落后"的产能转移出去，既有利于我国经济转型升级，也为沿线国家提供了难得的发展契机；从区域经济发展角度看，"一带一路"建设通过基础设施建设、人才吸引、开放政策等各类政策加大对中西部地区的倾斜，必将增强中西部的发展潜力和对人口人才聚集的吸引力，对于促进我国区域经济协同发展、实现新型城镇化"三个一亿人"的奋斗目标大有裨益。

第二，国家安全内涵方面。"一带一路"是维护国家经济安全、打击三股势力、营造和平相处的国际环境的重要保障。从经济安全角度看，"一带一路"为沿线地区丰富的畜牧业产品、粮食等优质农产品进入我国提供了便利，对于节约我国耕地资源、维护我国粮食安全具有重要作用，同时密切与沿线国家地区的资源能源开发合作，可以实现我国资源能源进口的多元化、有力保障我国的能源安全；从维护社会稳定的角度看，"一带一路"通过带动边疆、民族地区经济发展和人民安居乐业，有助于从根本上消除三股势力兴风作浪的社会土壤，同时通过各国家、各民族、各宗教间的沟通交流，可以对三股势力形成联合打压之势，极大压缩其国际生存空间；从促进世界和平与发展看，"一带一路"建

---

① 王义桅：《"一带一路"：机遇与挑战》，人民出版社 2015 年版，第 39 页。

设过程中,中国以自己的实际行动向全世界表明,发展壮大后的中国依然是维持国际和平、推动世界进步的中流砥柱,从而消除国际社会对我国发展壮大的担忧和疑虑,为我国的和平发展营造了良好的国际环境。

第三,人文内涵方面。"一带一路"合作倡议为"丝绸之路""海上丝绸之路"赋予新的时代内涵,为各国间的人文交流提供了一个广阔的舞台。"一带一路"不仅实现了沿线国家资源能源等有形物质产品的互通有无,而且将中国的强大制造能力与原苏联地区的航空航天和精密机械等科技文化遗产、中东的节水技术、印度的信息技术以及欧洲的生态技术和城镇化建设经验等更方便地联系起来,通过科技合作、人员往来等合作交流为沿线国家的经济发展提供了有力的技术和智力支持;与西方和其他地区所谓"文明交流"充满的征服、奴役不同,我国古代陆上、海上丝绸之路上的对外交往活动,平等友好、互惠互利始终是主旋律,随着"一带一路"的建设,我国"协和万邦""以和为贵"等优秀传统文化和和平共处五项原则等国际关系准则必将为世界更广大区域的国家和民族所接受,成为增强各国尊重互信、维护世界持久和平的重要原则标准。

三、构筑共商共建共享的共同体

"一带一路"是一项系统工程,"共商、共建、共享"是"一带一路"建设秉持的基本原则,打造"政治互信、经济融合、文化包容的利益共同体、命运共同体和责任共同体"则是我们最终所要实现的发展目标①,而要

---

① 《授权发布:推动共建丝绸之路经济带和21世纪海上丝绸之路的愿景与行动》,新华网,2015年3月28日。

实现这一目标,关键就是要看"政策沟通、设施联通、贸易畅通、资金融通、民心相通"能否真正落到实处。

第一,"政策沟通"是"一带一路"凝聚共识的基本前提。习近平同志多次强调,"一带一路"建设不是另起炉灶、推倒重来,而是实现战略对接、优势互补。① 4 年来,中国同有关国家协调政策,包括俄罗斯提出的欧亚经济联盟、东盟提出的互联互通总体规划、哈萨克斯坦提出的"光明之路"、土耳其提出的"中间走廊"、蒙古提出的"发展之路"、越南提出的"两廊一圈"、英国提出的"英格兰北方经济中心"、波兰提出的"琥珀之路"等。中国同老挝、柬埔寨、缅甸、匈牙利等国的规划对接工作也全面展开。各方通过政策对接,实现了"一加一大于二"的效果。做好"政策沟通",首先是要做好与沿线国家发展战略的相互对接,与沿线各国就经济发展战略和对策进行充分交流,共同制定推进区域合作的规划和措施,使各国的互利合作迈向新的历史高度②。还要利用好上海合作组织、中国—东盟"10+1"、亚太经合组织(APEC)等现有的各种双边、多边合作机制推动区域合作,建立完善双边联合工作机制,对"一带一路"建设的实施方案、行动路线图进行研究探讨,通过签署合作备忘录、合作规划以及建设双边合作示范模式等方式协调推动合作项目实施。

第二,"设施联通"是"一带一路"形成发展的基础条件。"道路通,百业兴。""一带一路"合作倡议实施以来,中国与相关国家一道共同加速推进雅万高铁、中老铁路、亚吉铁路、匈塞铁路等项目,建设瓜达尔港、比雷埃夫斯港等港口,规划实施一大批互联互通项目,设施联通不

① 《习近平："一带一路"建设不是另起炉灶推倒重来》,新华网,2017 年 5 月 14 日。
② 《授权发布:推动共建丝绸之路经济带和21 世纪海上丝绸之路的愿景与行动》,新华网,2015 年 3 月 28 日。

断加强。今后还应着力做好以下三方面的工作：一是加强交通基础设施建设，提高道路通达能力，加强口岸、港口、航空基础设施建设，促进国际通关、换装、多式联运有机衔接，建立统一的全程运输协调机制，实现国际运输便利化；二是加强能源基础设施的互联互通合作，加强能源运输大通道建设，沿线国家共同维护输油、输气管道等运输通道安全，另外要推进跨境电力与输电通道建设；三是要加快推进双边跨境光缆、洲际海底光缆、空中（卫星）信息等项目的规划和建设，提高国际通信互联互通水平，畅通信息丝绸之路。

第三，"贸易畅通"是"一带一路"共创繁荣的重点内容。习近平同志曾强调，我们要"激发企业对外投资潜力，勇于并善于在全球范围内配置资源、开拓市场"①。2014—2016年，中国同"一带一路"沿线国家贸易总额超过3万亿美元。中国对"一带一路"沿线国家投资累计超过500亿美元。实施贸易畅通，还要提高贸易自由化便利化水平，通过改善通关设施条件以及加强海关在信息互换、监管互认、执法互助等方面的合作降低通关成本、提高通关能力；通过检验检疫、认证认可以及"经认证的经营者"（AEO）互认等推进跨境监管程序协调。要加快投资便利化进程，加强农产品深加工、海洋资源开发合作、传统能源资源勘探开发、清洁能源和再生资源加工转化等方面的投资合作。要加强贸易和投资合作机制，推动建立创业投资合作机制，加强在信息技术、新能源、新材料等新兴产业的交流合作，实现优势互补、互利共赢。

第四，"资金融通"是"一带一路"顺利推进的重要保障。融资瓶颈是实现互联互通的突出挑战。中国同"一带一路"建设参与国和组织开展了多种形式的金融合作。亚洲基础设施投资银行已经为"一带一

---

① 《习近平：加快实施自由贸易区战略　加快构建开放型经济新体制》，新华网，2014年12月6日。

路"建设参与国的 9 个项目提供 17 亿美元贷款,"丝路基金"投资达 40 亿美元,中国同中东欧"16+1"金融控股公司正式成立。这些新型金融机制同世界银行等传统多边金融机构各有侧重、互为补充,形成层次清晰、初具规模的"一带一路"金融合作网络。今后,还要积极推进亚洲货币稳定体系、投融资体系和信用体系建设,通过扩大沿线国家双边本币互换结算的范围和规模、推进亚洲基础设施投资银行、金砖国家开发银行、丝路基金等的筹建运营,深化沿线国家的金融合作,特别是要通过银团贷款、银行授信、沿线国家政府和企业在境内外发行人民币债券和外币债券等方式,推动"一带一路"沿线国家债券市场的开放和发展。要建立高效的金融监管协调机制,通过签署双边监管合作谅解备忘录、加强征信管理部门以及征信机构、评级机构之间的交流合作等方式强化跨境风险和危机处置的交流合作,逐步构建起区域性的金融风险预警系统。

第五,"民心相通"是"一带一路"合作共赢的社会根基。"国之交在于民相亲,民相亲在于心相通"①,"一带一路"合作倡议要落地开花、取得实实在在的成效,必须具有坚实民意基础和社会基础。从国家层面看,要充分发挥好政党、议会交往的桥梁作用,加强立法机构、主要政党、政治组织、友好城市以及国家智库间的沟通交流;要在医疗援助和应急医疗救助、科技合作和科技人员交流、社会保障管理服务和公共行政管理等方面加强务实合作。从民间交流层面看,要充分发挥公益组织、慈善机构在教育医疗、减贫开发、生态环保等领域的积极作用,让基层民众深切感受到"一带一路"建设对自身生产生活状况的改善;要通过网络平台、新媒体等工具加强文化传媒的国际交流和合作,为"一

---

① 习近平:《弘扬人民友谊 共创美好未来——在纳扎尔巴耶夫大学的演讲》,新华网,2013 年 9 月 8 日。

带一路"建设发展营造和谐友好的文化生态和舆论环境。

四、跨区域错位开放的协奏曲

"一带一路"既是我国加强与沿线国家经济文化交流的合作倡议，也是全方位对外开放的行动号角。习近平同志强调，要将"一带一路"建成开放之路，以开放为导向，解决经济增长和平衡问题。① 对于我国的对外开放，习近平同志提出了"以点带面，从线到片，逐步形成区域大合作"②的区域发展构想，这一区域发展构想是国内开放与对外开放的有机结合，是经济与政治、国际关系战略考量的内在统一体，是指导我国现阶段区域开放和区域发展的总方针。

《推动共建丝绸之路经济带和 21 世纪海上丝绸之路的愿景与行动》(以下简称《愿景与行动》)将"中国各地方开放态势"作为单独一部分予以讨论，明确提出了"充分发挥国内各地区比较优势，实行更加积极主动的开放战略，加强东中西互动合作，全面提升开放型经济水平"③的总体部署要求，其最主要特点，就是将"一带一路"国内区域划分为西北地区、东北地区、西南地区、沿海和港澳台地区以及内陆地区五部分，分别进行产业规划和功能定位，将跨区域的错位开放作为了"一带一路"国内区域开放合作的最主要形式。

西北地区主要是加强与中亚、南亚、西亚等地区的国家的交通联

---

① 《推动"一带一路"建设行稳致远》，《人民日报》2017 年 5 月 17 日。

② 习近平：《弘扬"上海精神" 促进共同发展——在上海合作组织成员国元首理事会第十三次会议上的讲话》，新华网，2013 年 9 月 14 日。

③ 《授权发布：推动共建丝绸之路经济带和 21 世纪海上丝绸之路的愿景与行动》，新华网，2015 年 3 月 28 日。

系、商贸往来和人文交流,其中新疆要打造成丝绸之路经济带核心区,陕、甘、宁、青四省发挥经济文化和人文优势形成西安内陆型改革开放新高地,宁夏要推进内陆开放型经济试验区建设。东北地区则主要向北开放,通过发挥内蒙古、黑龙江、吉林、辽宁与俄远东地区陆海相连的独特区位优势,加强与俄罗斯的经贸和人文交流,将东北地区建设成向北开放的主要窗口。西南地区主要面向南亚、东南亚地区扩大开放,广西要依靠自身地理优势,构建面向东盟区域的国际通道;云南要努力建成大湄公河次区域经济合作新高地,成为面向南亚、东南亚的辐射中心;西藏要加强与尼泊尔等周边国家的边境贸易和旅游文化合作。沿海和港澳台地区则要继续发挥自身优势,建设好中国(上海)自由贸易试验区、21 世纪海上丝绸之路核心区以及其他开放合作区的示范带动作用,以扩大开放倒逼深层次改革,努力打造国际合作竞争新优势。内陆地区则要利用好内陆人力资源、产业基础等方面的比较优势,建设多个内陆开放型经济高地,并通过海关特殊监管区等加强与沿海、沿边口岸的通关合作,进而深化与"一带一路"沿线国家的产业合作。

值得注意的是,"一带一路"中的"地方开放"是全国范围内的"全域开放"。一是从大的地理分区上看,"一带一路"是包括东北、西北、西南以及沿海、内陆等全部的国土区域的对外开放。二是从具体的省区范围看,虽然《愿景与行动》中明确指明的有 18 个省市,但"一带一路"建设并不局限于这些省市范围,各省市根据"一带一路"总体蓝图,立足自身特点、优势主动与"一带一路"契合、衔接,指定具体可行的实施方案,并不存在哪个省缺席的问题①。从这个意义上讲,"一带一路"建设是我国新时期全方位对外开放格局的具体体现。

---

① 《"一带一路"战略全国覆盖:不存在哪个省缺席》,《21 世纪经济报道》2015 年 4 月 14 日。

第十五章　合作共赢:全面提高开放型经济水平

以开放促改革,是党的十八届三中全会明确要求,也是我国经济建设中摸索出的一条重要经验。当下,我国已成为全球第二大经济体、第一大贸易国、第一大外汇储备国、第二大消费国,双向投资也都名列前茅。如何进一步扩大开放,积极参与全球治理,为中国的自身和世界各国经济发展带来更大机遇,为世界经济复苏提供更强动力,成为我们关注的重大问题。习近平同志指出,"中国将在更大范围、更宽领域、更高层次上提高开放型经济水平。"[1]在 G20 杭州峰会上他再次提出:"面对当前挑战,我们应该建设开放型世界经济,继续推动贸易和投资自由化便利化。

一、准确研判全球经济贸易形势

当前和今后一个时期,世界经济环境仍然比较复杂,机遇和挑战相

---

[1]　习近平:《在同出席博鳌亚洲论坛二〇一三年年会的中外企业家代表座谈时的讲话》,《人民日报》2013 年 4 月 9 日。

互交织。我国开放型经济已站在新的起点上，形势逼人，不进则退。我们要专心办好自己的事情，抓住时机进行全球布局，注重防范各种风险，主动参与融入世界经济。"我们要放眼长远，努力塑造各国发展创新、增长联动、利益融合的世界经济，坚定维护和发展开放型世界经济。"①

第一，全球经贸格局正在发生重大变化。2008 年国际金融危机后，全球经贸格局发生了深刻变化。当前，美国经济逐步回暖，欧元区经济增长缓慢，新兴经济体不断分化。世界经济虽然总体保持复苏态势，但仍面临增长动力不足、需求不振、国际贸易和投资持续低迷等多重风险和挑战。全球经济"东升西降"的格局正在发生着变化，国际经济"企稳回升"态势一波三折，仍存变数。国际产业分工与合作仍在深化，劳动密集型产业特别是低端制造环节加速向低收入国家转移，中高端制造业向发达国家回流。全球需求结构的深刻调整，要求我们在巩固传统市场的同时，必须加快开拓前景广阔的新兴市场。当前国际区域经济合作蓬勃发展，各类自由贸易协定大量涌现，成为经济全球化的重要动力。然而多哈回合谈判陷入僵局，大国纷纷加快发展自贸谈判进程，东亚地区成为自贸区博弈的热点地区。美国全力推进"两洋战略"，不断介入亚太地区事务，寻求 WTO 框架外的自由贸易谈判。日本、俄罗斯、印度、韩国等周边国家也纷纷对外发展自贸关系。这就要求我国也要以更加积极的姿态对外拓展多双边经贸关系，构建开放型经济新体制。

第二，实现对外贸易稳定增长面临压力。全球贸易增长放缓对对外贸易形成压力。世界贸易组织对当前世界贸易前景持谨慎乐观态

---

① 习近平：《共同维护和发展开放型世界经济——在二十国集团领导人峰会第一阶段会议上关于世界经济形势的发言》，新华网，2013 年 9 月 6 日。

度,认为增长仍然脆弱,下行风险相当大。加上欧元区经济不振、主权债务危机持续恶化、商品价格波动以及地缘政治风险,导致全球贸易持续缓慢增长。根据世界贸易组织的统计,国际贸易增速已从 1990—2008 年的年均 7%降至 2009—2015 年间的 3%。在此背景下,我国的对外贸易也呈现出了增长放缓的势头。2016 年中国货物贸易进出口总值 24.33 万亿人民币,比 2015 年下降 0.9%,其中出口 13.84 万亿元,下降 2%;进口 10.49 万亿元,增长 0.6%。[①] 当前,我国拓展全球经贸利益遭遇更突出的保护主义压力。与加入世贸组织时相比,我国目前已经成为名副其实的制造业大国,约占国际市场份额 10%。随着出口竞争力的不断增强,我国在各个产品层面均遭遇较大的保护主义压力。在中低端产品领域,我们和许多发展中国家有一定的利益冲突。在高端产品领域又将不可避免挑战发达国家的核心利益。在此背景下,我国在经济、贸易、投资、金融等各个领域,均遭遇了更为复杂的保护主义压力。[②]

第三,"引进来"与"走出去"形势复杂。改革开放以来,我们积极吸引并利用外商直接投资,截至 2014 年年底,累计利用外商直接投资达 1.4 万亿美元,连续 21 年实际利用外资居发展中国家首位,这是我国开放型经济发展的重大成就。[③] 在世界经济形势严峻复杂的形势下,这样的成绩来之不易。但是我们也应当看到欧债危机导致金融市场动荡,全球投资者避险意识上升,跨国企业对外投资能力下降。加之发达国家倡导制造业振兴计划,鼓励制造业回流,新兴经济体加大引资

---

① 国家统计局:《2016 年国民经济和社会发展统计公报》。

② 国家行政学院经济学教研部编著:《中国经济新常态》,人民出版社 2014 年版,第178 页。

③ 国务院研究室:《如何使中国继续成为外商投资首选地》,中央政府网,2014 年 3月 20 日。

力度,也使全球直接投资出现一定程度分流。

与此同时,我国加快了"走出去"战略的实施。仅 2016 年,我国境内投资者共对全球 164 个国家和地区的 7961 家境外企业进行了非金融类直接投资,累计实现投资 1.13 万亿人民币,同比增长 44.1%。① 2014 年我国已首次成为净投资输出国。跨国并购比重较高,并购额已占同期对外投资总额的三分之一,其中不乏一些大项目。但也要看到,部分国家对我国投资能源资源项目、参与重大工程建设以及国有企业投资等仍存有顾虑,对外投资中还常常遇到各种障碍。一些地区安全形势严峻,突发事件时有发生,对我国企业的海外风险防范能力提出了更高要求。但总体看我国企业"走出去"仍处于初级阶段,特别是对外投资管理体制建设相对滞后,不能完全适应对外投资加快发展的新形势,在投资审批、外汇管理、金融服务、货物进出口、人员出入境等方面存在诸多障碍。

二、加快构建开放型经济新体制

习近平同志强调:"站在新的历史起点上,实现'两个一百年'奋斗目标、实现中华民族伟大复兴的中国梦,必须适应经济全球化新趋势、准确判断国际形势新变化、深刻把握国内改革发展新要求,以更加积极有为的行动,推进更高水平的对外开放,加快实施自由贸易区战略,加快构建开放型经济新体制,以对外开放的主动赢得经济发展的主动、赢得国际竞争的主动。"②党的十八届三中全会首次把建立完善开放型经

---

① 《2016 年我国对外投资同比增长 44.1%》,《经济日报》2016 年 1 月 17 日。

② 《习近平在中共中央政治局第十九次集体学习时强调:加快实施自由贸易区战略 加快构建开放型经济新体制》,《人民日报》2014 年 12 月 7 日。

济体制作为重要目标,这预示着我国进入了全方位开放新格局的新时代。

党的十八大报告要求全面提高开放型经济水平,并将其作为"加快完善社会主义市场经济体制和加快转变经济发展方式"的重要领域之一。党的十八届三中全会关于"构建开放型经济新体制"这一新提法,既是对改革开放以来我国开放型经济探索经验的继承与发展,也是在新时期、新形势下在制度层面对改革开放大政方针的具体化、蓝图化。当前,我国开放型经济已进入新的历史阶段,面临着国际经济政治环境新变化的机遇和挑战,面临着国家发展战略的新要求。对此,我们必须实行更加积极主动的开放战略,找准对外开放的抓手,把改革的攻坚领域与开放的重要环节紧密结合起来,切实提高开放型经济的水平和质量,加快形成开放型经济的新机制、新态势。

第一,构建开放型经济新机制、新态势,意味着要从局部开放过渡到全面开放,意味着从积极"引进来"到主动"走出去",力争实现更高层次、更多维度、更多联动的开放格局。在新形势下,要加快对外开放新格局、新机制的形成步伐,就必须注重发挥对内和对外"两个开放"的相互促进、相互借鉴的作用,把"引进来"和"走出去"更好地结合起来,促进国际国内要素的有序自由流动和资源的高效配置以及国内国外两个市场的深度融合。要引导沿海内陆沿边开放优势互补,创新开放模式,推动沿海地区开放型经济率先转型升级,加快把内陆地区培育成全球重要加工制造基地的进程。要加快沿边开放步伐,打造分工协作、优势互补、均衡协调的区域开放新格局。要巩固东部沿海地区和全国特大城市的开放先导地位,加快从全球加工装配基地向研发、先进制造基地转变,推进服务业开放先行先试,在长三角、珠三角、环渤海地区建设若干全国乃至国际性经济、贸易、航运、金融中心和次中心。加快推进沿边省份向周边地区开放,加快重点口岸、边境城市、边境(跨境)经济合作区建设,加强基础设施与周边国家互联互通。要鼓励企业及个人对外投资,确立企业及个人对外投资主体地位,允许其发挥自身优势到境外开展投资合作;允许其自担风险、自主经营,到世界各国家、各地区开展工程承揽和劳务合作项目;允许其创新方式,到境外开展绿地投资、并购投资、证券投资、联合投资等业务。

第二,构建开放型经济新体制,意味着要通过开放推进全方位的改革,努力解决各种历史遗留的老问题和在前进道路上遇到的新问题。目前,我国的改革开放已经进入攻坚期、深水区,面临着"啃硬骨头"的阶段。难点问题、焦点问题之所以难推进、难解决,既囿于固有体制机制遗留的缺陷,也囿于思想观念的束缚和障碍,更囿于既得利益格局的掣肘。在内部改革遇到阻力的情况下,"以开放促改革"无疑是一种突破捷径或路径选择。实践证明,我国加入 WTO,以外交约束和国际惯例来倒逼国内改革的做法,是实现我国经济社会快速发展十年"黄金期"的重要因素。毋庸讳言,随着社会的进步和经济的发展,我们现有的一些管理制度和政府监管模式,已经越来越难以适应我国充分融入世界经济大循环和国际分工合作、加快提升国家竞争力的实际需要,必须下大的决心,做大的调整和改变,以"壮士断腕"的魄力,推动政府职能的转变,推动经济的转型。强化政府职能的转变,核心是改革行政审批制度,简政放权,处理好政府和市场的关系,在充分发挥政府职能和效率的同时,让市场在资源配置方面发挥决定性的作用。

第三,构建开放型经济新体制,自贸区是重要的试验窗口。建立中国上海自由贸易试验区是党中央在新形势下推进改革开放的重大举措,意在为全面深化改革和扩大开放探索新途径、积累新经验。2013年9月,国务院批复成立上海自贸区;随着上海自贸区可复制、可推广的经验初步形成,2015 年 4 月,国务院批复成立天津、福建、广东 3 个自贸区;之后,2017 年 3 月,国务院批复成立辽宁、浙江、河南、湖北、重庆、四川、陕西 7 个自贸区。至此,形成"1+3+7"共计 11 个自贸区的格局。这些自贸区对周边经济的辐射效应和带动作用将得到进一步的发挥,从而将促成我国改革开放的新格局,推动我国经济社会发展迈上新的台阶。

三、构建开放型经济新体制主攻方向

"海纳百川,有容乃大。"如何构建开放型经济新体制,习近平同志在 2016 年亚太经合组织工商领导人峰会上的演讲中给出了精辟的论述:"中国开放的大门永远不会关上,只会越开越大。我们将实行更加积极主动的开放战略,创造更全面、更深入、更多元的对外开放格局。""我们将深入参与经济全球化进程,支持多边贸易体制,推进亚太自由贸易区建设,推动区域全面经济伙伴关系协定尽早结束谈判。"[1]

第一,坚持"引进来"和"走出去"并重,提高国际投资合作水平。习近平同志指出"中国经济发展前景广阔,中国将坚定不移推进改革开放,加快转变发展方式,坚定不移奉行对外开放政策,继续为外国企业提供更好的环境和条件,中国的发展将为世界作出更大贡献。"[2]"坚

---

① 《亚太经济往何处去,习近平在利马给出中国答案》,《人民日报》2016 年 11 月 20 日。

② 《习近平同出席博鳌亚洲论坛年会的中外企业家代表座谈》,新华网,2013 年 4 月 8 日。

持'引进来'和'走出去'并重，提高国际投资合作水平；深化涉及投资、贸易体制改革，完善法律法规"①，为此要求我们统一内外资法律法规，保持外资政策稳定、透明、可预期。

放宽外商投资市场准入，建立"准入前国民待遇和负面清单"管理模式。多年来，我们采取逐案审批和产业指导目录的外资管理方式，同时，在一些领域对内外资企业实行不同的法律法规。这种管理方式的优点是产业政策导向性强，缺点是审批环节多，政策稳定性不足，容易导致"玻璃门""弹簧门"等问题，行政成本和营商成本都较高。而目前国际上有70多个国家都采用"准入前国民待遇和负面清单"管理模式，负面清单是国际上重要的投资准入制度。按照"非禁止即开放"的原则，清单之外的行业及项目全都开放。负面清单只列出不允许项目，其他没有列入的都允许投资。今后要推进金融、教育、文化、医疗等服务业领域有序开放，放开育幼养老、建筑设计、会计审计、商贸物流、电子商务等服务业领域外资准入限制，进一步放开一般制造业。

同时，我们要加快实施"走出去"战略，深化对外投资管理体制改革，放宽对外投资的各种限制，落实"谁投资、谁决策、谁受益、谁承担风险"的原则，确立企业及个人对外投资的主体地位，减少审批环节，缩短审批及时间，切实为企业"走出去""松绑"。允许企业和个人发挥自身优势到境外开展投资合作，允许自担风险到各国各地区自由承揽工程和劳务合作项目，允许创新方式"走出去"开展绿地投资、并购投资、证券投资、联合投资等。推进对外投资管理方式改革，实行以备案制为主，大幅下放审批权限。健全金融、法律、领事等服务保障，规范"走出去"秩序，促进产品出口、工程承包与劳务合作。

---

① 《深化改革开放，共创美好亚太——在亚太经合组织工商领导人峰会上的演讲》，《人民日报》2013 年 10 月 8 日。

　　第二,加快自由贸易区建设。为积极推动建立均衡、共赢、关注发展的多边经贸体制,提升开放型经济水平,2012 年年底的中央经济工作会议提出:要加快实施自由贸易区战略。2013 年 10 月,习近平同志再次强调:"我们将统筹双边、多边、区域次区域开放合作,加快实施自由贸易区战略,推动同周边国家互联互通。"①建设自由贸易试验区,是党中央、国务院为推进新形势下改革开放提出的一项重大举措。形成面向全球的高标准自由贸易区网络。近年来,主要经济体纷纷将商谈自贸区作为重要战略推动,自贸协定已成为大国开展地缘政治和经济博弈的重要手段。在此形势下,只有主动出击,推进更高标准自由贸易区网络的形成,才能增强中方话语权,避免陷于被动。党的十八届三中全会中明确提出"改革市场准入、海关监管、检验检疫等管理体制,加快环境保护、投资保护、政府采购、电子商务等新议题谈判,形成面向全球的高标准自由贸易区网络"②,自贸区谈判标准上要摆脱被动处境,摆脱"规则接受者"的被动局面,主动融入全球高标准自由贸易区的网络。我们要坚持双边、多边、区域次区域开放合作。推动服务贸易协定、政府采购协定、信息技术协定等谈判,加快环保、电子商务等新议题谈判。积极参与高标准自贸区建设,推进中美、中欧投资协定谈判,加快与韩国、澳大利亚、海湾合作委员会等自贸区谈判进程。坚持推动贸易和投资自由化便利化,实现与各国互利共赢,形成对外开放与改革发展良性互动新格局。重点建立和完善富有区域特色的自由贸易区。要构建覆盖太平洋两岸的亚太互联互通格局,打造亚太大市场,稳步提升太平洋两岸成员协同发展水

---

　　① 《深化改革开放,共创美好亚太——在亚太经合组织工商领导人峰会上的演讲》,《人民日报》2013 年 10 月 8 日。

　　② 《十八大以来重要文献选编》(上),中央文献出版社 2014 年版,第 526 页。

平,实现一体化。① 要打通制约互联互通建设的瓶颈,建立政府、私营部门、国际机构广泛参与的投融资伙伴关系。中国愿意积极探索拓展基础设施建设投融资渠道,倡议筹建亚洲基础设施投资银行。要在区域和国际合作框架内推进互联互通和基础设施建设,要用互联互通促进亚太地区人民在经贸、金融、教育、科学、文化等各领域建立更紧密联系,加深彼此了解和信任。应当进一步巩固 APEC 已有的成果,继续推动亚太区域合作。

第三,扩大内陆沿边开放。扩大开放不仅仅是沿海地区的对外开放问题,而更重要的是扩大对内的开放,扩大内陆沿边的开放。要从体制机制、政策环境等方面下功夫,全面夯实内陆开放型经济发展的基础。抓住全球产业重新布局机遇,推动内陆贸易、投资、技术创新协调发展。创新加工贸易模式,形成有利于推动内陆产业集群发展的体制机制。构建国际流通网络,支持内陆城市增开国际客货运航线,发展多式联运,形成横贯东中西、联结南北方对外经济走廊。推动内陆同沿海沿边通关协作,实现国际生产网络与国际流通网络两者的有效对接,实现口岸管理相关部门信息互换、监管互认、执法互助,扩大"属地申报、口岸放行"等改革试点,使内陆地区货物进出口逐步实现"一次申报、一次查验、一次放行",提高口岸通行效率,降低通关成本。推进沿边开放要坚持统筹规划、因地制宜、互惠互利、共同发展、东西互动、内引外联的原则,在"边"字上做文章,从合作机制和开放政策上寻求突破。加快沿边开放步伐,允许沿边重点口岸、边境城市、经济合作区在人员往来、加工物流、旅游等方面实行特殊方式和政策。建立开发性金融机

---

① 《发挥亚太引领作用,维护和发展开放型世界经济》,《人民日报》2013 年 10 月 8 日。

构,加大对内陆、沿边地区的投入,加快同周边国家和区域基础设施互联互通建设,加大对边境贸易的资金扶持力度。积极推进外引内联,深化与周边国家经贸合作,进一步扩大和提升沿边开放质量和水平,完善沿边地区互利共赢、安全高效的开放型经济体系,优化、整合和提升区域功能,形成沿边地区参与国际竞争的新优势。

四、加强国际合作积极参与全球治理

2016 年 9 月 3 日,习近平同志在 G20 工商峰会开幕式上提出,"全球经济治理要抓住共同构建公正高效的全球金融治理格局,共同构建开放透明的全球贸易和投资治理格局,共同构建绿色低碳的全球能源治理格局,共同构建包容联动的全球发展治理格局四个重点"[①]。这既是我们参与国际合作和全球治理的原则,也是中国在全球治理方面贡献中国力量的主导方向。

第一,打牢加强国际经济合作的物质基础。国际合作中要突出务实合作,务实合作是物质基础和原动力。中国在不同组织、不同地区都提出了有针对性的务实合作的目标。在金砖国家第五次峰会上,习近平同志提出要积极推进金砖国家开发银行、外汇储备库等项目,夯实合作的经济社会基础。对于东盟,中国将致力于加强和东盟国家的互联互通建设。李克强同志在马来西亚之行和与中东欧国家领导人的会晤中,多次谈到与他国的产能合作,并多次充当"推销员",促成中国铁轨铺进东南亚。根据上海合作组织成员国和观察员

---

① 《习近平:全球经济治理要抓住四个重点》,新华网,2016 年 9 月 3 日。

国的地缘特点，习近平同志提出要建设交通和物流大通道，促进商谈贸易和投资便利化，在金融领域、能源以及粮食安全上展开务实合作。在拉美，习近平同志在墨西哥参议院演讲中，提到经济上中拉要抓住双方经济发展方式转变的机遇，深挖合作潜力，创新合作模式，深化利益融合，建立持久稳定的互利经贸合作伙伴关系。他在非洲出访时提出，中国将为非洲国家培训各类人才，加强对非洲的技术转让和经验共享。下大气力推进中非经贸、金融、基础设施建设、人员往来等领域合作。中国要共同支持非洲在谋求强劲增长、加快一体化、实现工业化方面作出努力，促进非洲经济成为世界经济的新亮点。通过建设利益共享的全球价值链，培育普惠各方的全球大市场，实现互利共赢的发展。在2014年3月访欧期间，习近平同志指出，中国和欧洲是促进共同发展的两大市场，中欧要共同坚持互利共赢，坚持市场开放，致力于发展开放型世界经济，为全球经济强劲、可持续、平衡增长提供强大动力。

第二，制定合理与可持续的规则参与全球经济治理。二十国集团是发达国家和发展中国家就国际经济事务进行充分协商的重要平台，中国要在二十国集团、亚太经合组织等多边框架下合作，推动全球经济治理改革才能促进世界经济强进、可持续和平衡增长。要把二十国集团建设成稳定世界经济、构建国际金融安全网、改善全球经济治理的重要力量。全球经济治理过程中，经济全球化的强势与全球经济调节的弱势并存的经济治理矛盾，暴露出现有全球经济治理机制在应对全球化威胁和挑战方面存在不足。在世界经济艰苦、复杂的调整过程中，面对可持续发展的问题，如何更好地提高全球的经济治理能力，是目前全世界、国际社会都必须要解决的问题。新兴市场国家和发展中国家希望全球经济治理体系更完善、更符合世界生产力发展要求、更有利于世界各国共同发展。随着中国在世界经济总量以及在国际贸易的排名不断提升，中国赢得了更大的谈判能力，在世界经济和政治舞台中的地位日益突出，在全球经济治理体系中发挥着越来越重要的作用。作为一个负责任的大国，中国有能力引领国际经济治理机制的变革，有能力从被动的"与国际惯例接轨"，转向主动的"参与推动规则演化"。在经济的发展中，中国以推动建立更合理、更符合世界经济发展的可持续规则为己任，通过确立更加公平、公正的经济发展规则，改善各国在世界经济利益分配中的地位。他提出，我们要推动各国加强宏观经济政策协调，改革国际货币金融体系，推动贸易和投资自由化便利化，促进全球经济更加强劲发展。

第三，我国应当努力成为全球经济治理体系改革的参与者和引领者。良好的外部环境是我国经济在过去三十多年快速增长的重要条件，也是下一阶段经济新常态能够稳定运行所必不可少的外部支撑。不同的是，我国过去作为一个后来者，基本上是接受已有的国际治理体系，而在新常态下，我国已经成为全球最重要的经济体之一，我们必须成为积极的改革参与者和治理体系的设计者。在 2016 年 G20 杭州峰会上，中国就为全球经济复苏与增长提供了"标本兼治、综合施策"的一揽子方案，也为未来全球长效治理体系与机制奠定了可持续与包容发展的基调。① 今后，我们仍应高度重视 WTO、世界银行、国际货币基金组织等机构的作用。作为拥有全球性利益的全球性大国，我们必须在国际组织中拥有发言权，并主动争取掌握话语权。同时，这并不排除我国寻求增量改革的空间，亚洲基础设施银行、金砖银行等机制的设立或倡议，可以对现有机制产生良好的补充和促进作用。我国积

---

① 盛斌：《习主席在杭州峰会上提出了哪些中国方案》，中国共产党新闻网，2016 年 9 月 29 日。

极推进的自贸区战略,特别是"一带一路"的建设倡议,同样也欢迎对现行国际贸易体制的增量改进,也为经济新常态提供了新的发展思路。

第十六章 经济福祉：让人民过上更好的生活

带领人民创造幸福生活，是我们党始终不渝的奋斗目标。我们要顺应人民群众对美好生活的向往，坚持以人民为中心的发展思想，以保障和改善民生为重点，发展各项社会事业，加大收入分配调节力度，打赢脱贫攻坚战，保证人民平等参与、平等发展权利，使改革发展成果更多更公平惠及全体人民，朝着实现全体人民共同富裕的目标稳步迈进。"人民对美好生活的向往，就是我们的奋斗目标。"①

一、牢固树立以人民为中心的发展思想

"天下顺治在民富，天下和静在民乐。"党的十八大以来，以习近平同志为核心的党中央把以人民为中心的发展思想摆在治国理政的突出位置。习近平强调："我们必须把人民利益放在第一位"；以人民为中心的发展思想"不能只停留在口头上、止步于思想环节，而要体现在经

---

① 《习近平谈治国理政》，外文出版社 2014 年版，第 4 页。

济社会发展各个环节"①。以人民为中心的发展思想具有丰富的内涵和强有力的指导作用,是新形势下坚持党的根本宗旨的科学指南。

第一,以人民为中心的发展思想彰显马克思主义立场和我们党的不懈追求。我们党是全心全意为人民服务的党,我们国家是人民当家作主的国家,党和国家一切工作的出发点和落脚点是实现好、维护好、发展好最广大人民的根本利益。以人民为中心的发展思想彰显马克思主义的立场、观点、方法,充分体现了中国共产党人的不懈追求。

一是彰显了马克思主义政治经济学的根本立场。马克思主义政治经济学是马克思主义的重要组成部分,是观察和分析经济社会的望远镜和显微镜,也是马克思主义政党为人民谋利益、坚持人民利益至上的必修课。习近平同志指出:"要坚持以人民为中心的发展思想,这是马克思主义政治经济学的根本立场。"②以人民为中心的发展思想解决了"为什么人、由谁享有"这个发展的根本问题,坚持发展为了人民、发展依靠人民、发展成果由人民共享,深化了马克思主义关于人民群众创造历史的观点,体现了中国特色社会主义的本质特征和社会主义市场经济发展的根本目的,彰显了马克思主义政治经济学的根本立场。

二是彰显了中国共产党人的根本宗旨。习近平同志指出:"我们讲宗旨,讲了很多话,但说到底还是为人民服务这句话。我们党就是为人民服务的。"③作为一个建党九十多年、执政六十多年的马克思主义政党,我们党始终坚持人民主体地位,始终站在实现好、维护好、发展好最广大人民根本利益的立场上看问题、做事情。来自人民、植根人民、

---

① 蔡昉:《坚持以人民为中心的发展思想》,《人民日报》2016年8月3日。
② 李鹏:《中国特色社会主义政治经济学要坚持以人民为中心的发展思想》,《理论视野》2016年第5期。
③ 杨河:《说到底还是为人民服务这句话》,《求是》2014年18期。

服务人民,全心全意为人民服务是我们党区别于其他一切政党的根本标志。以人民为中心的发展思想充分体现了尊重历史发展规律和尊重人民主体地位的一致性,充分体现了中国共产党人全心全意为人民服务的根本宗旨和"人民对美好生活的向往,就是我们的奋斗目标"的价值追求。

三是彰显了当代中国经济社会发展的基本价值取向。创新、协调、绿色、开放、共享的新发展理念突出目标牵引、坚持问题导向、着力补齐短板,深刻揭示了在当今时代实现更高质量、更有效率、更加公平、更可持续发展的科学路径,是关系我国发展全局的一场深刻变革。以人民为中心的发展思想把增进人民福祉、促进人的全面发展、朝着共同富裕方向稳步前进作为经济社会发展的出发点和落脚点,是贯穿新发展理念的灵魂。只有牢固树立以人民为中心的发展思想,才能正确把握历史前进和经济社会发展的基本规律,不断开创中国特色社会主义事业新局面。

第二,深入理解以人民为中心的发展思想的丰富内涵。"政之所兴在顺民心,政之所废在逆民心。"[1]人民是创造历史的动力,是决定我们前途命运的根本力量。以人民为中心的发展思想坚持人民是推动发展的根本力量,具有丰富的思想内涵。

一是牢牢把握人民至上的价值取向,始终坚持人民主体地位。习近平同志指出:"人民是创造历史的动力,我们共产党人任何时候都不要忘记这个历史唯物主义最基本的道理。"[2]中国共产党诞生于国家衰败与民族苦难之时,成长于战火纷飞之中,成熟于社会主义建设之中。正是紧紧依靠人民这个最根本的力量,我们党逐步成为推动国家繁荣

---

① 郑朝阳:《政之所兴在民心》,《中国纪检监察报》2016 年 9 月 26 日。
② 双学习:《以人民为中心的方法论蕴意》,《光明日报》2017 年 1 月 19 日。

发展和社会进步的先锋队。新形势下,我国经济社会发展面临前所未有的机遇和挑战,更加需要紧紧依靠人民破解发展难题、增强发展动力、厚植发展优势,创造历史伟业。因此,习近平明确要求,"尊重人民主体地位,聚焦人民实践创造"[1]"充分发扬民主,广泛汇聚民智,最大激发民力,形成人人参与、人人尽力、人人都有成就感的生动局面"[2]。牢固树立以人民为中心的发展思想,就是要坚持人民主体地位,充分尊重人民创造的经验、拥有的权利,依靠人民谋求发展,团结亿万人民共同奋斗。

二是牢牢把握发展为民的根本要求,逐步实现共同富裕。无论是全面建成小康社会还是逐步实现共同富裕,都是为了促进人的全面发展,顺应人民对过上更美好生活的新期盼。党的十八大以来,以习近平同志为核心的党中央坚持发展为民的根本要求,让改革发展成果更多更公平惠及广大人民,使人民群众在共建共享中有更多获得感。近年来,我国改革发展取得丰硕成果,民生福祉持续改善,城乡收入差距逐步缩小,贫困人口不断减少。坚持以人民为中心的发展思想,在经济平稳健康发展的基础上使改革发展成果更多更公平惠及全体人民,就能如期全面建成小康社会,朝着共同富裕的目标稳步前进。

三是牢牢把握民意为重的评价标准,密切党同人民群众的血肉联系。民心是最大的政治。习近平同志指出:"检验我们一切工作的成效,最终都要看人民是否真正得到了实惠,人民生活是否真正得到了改善,人民权益是否真正得到了保障""做好经济社会发展工作,民生是

---

① 2016 年 5 月 17 日,习近平主持召开哲学社会科学座谈会并发表重要讲话。

② 习近平:《新常态不是避风港 不是不要发展和 GDP 增长》,《人民日报》2016 年 5 月 10 日。

'指南针'。"①牢牢把握民意为重的评价标准,是坚持立党为公、执政为民的内在要求,是党和人民事业不断发展的重要保证。党的十八大以来,以习近平同志为核心的党中央坚持全面从严治党,用铁的纪律维护党的团结统一,以零容忍态度惩治腐败,相继开展了党的群众路线教育实践活动、"三严三实"专题教育、"两学一做"学习教育,党风政风呈现新气象,受到人民群众的衷心拥护和支持。践行以人民为中心的发展思想,就是要充分尊重人民意愿、顺应人民期待、赢得人民拥戴,密切党同人民群众的血肉联系。

第三,着力把以人民为中心的发展思想落到实处。党的十八大以来,以习近平同志为核心的党中央治国理政的思想不断丰富发展,治国理政的实践也取得了显著的成就,以人民为中心思想如一条红线贯穿始终。

一是坚持全面深化改革开放,促进经济健康发展,努力增进人民福祉。党的十八届三中全会作出了全面深化改革若干重大问题的决定,三年多来各领域标志性、支柱性改革基本推出,重要领域和关键环节改革取得突破,更多地聚焦在解决发展不平衡、不协调、不可持续,聚焦在解决城乡发展和居民收入差距,聚焦在解决各类社会矛盾,是为了更好地促进经济发展,增进人民福祉。习近平同志根据国内外发展形势,提出中国经济步入新常态的战略判断,并据此调整施政政策。为了促进经济社会健康发展,更好地满足人民群众需要,党中央注重发挥经济体制改革的牵引作用,提出并实施供给侧结构性改革,进一步矫正要素配置扭曲,使市场在资源配置中起决定性作用。更加关注经济发展的质量和效益,追求实实在在和没有水分的增长。在世界经济低迷不振的

---

① 平言:《民生是经济工作"指南针"》,《经济日报》2015 年 7 月 22 日。

大背景下,中国经济结构不断优化,创新驱动发展战略加快实施,国有企业改革持续推动,以人为核心的新型城镇化稳步推进,经济持续保持中高速增长,城乡居民收入持续增长,人民生活不断改善,以人民为中心的思想得到充分体现。

二是坚持全面建成小康社会,着力补齐民生短板,让人民群众得到更多实惠。民生是人民幸福之基、社会和谐之本。增进民生福祉是我们党坚持立党为公、执政为民的本质要求。2013—2016年,中国城镇新增就业每年都超过1300万人,有效解决了就业难的问题。职工医保、城镇居民医保和新农合参保人数超过13亿,参保覆盖率稳定在95%以上。持续推进教育事业改革发展,促进教育公平,增加教育经费投入,上学难、上学贵问题逐步得到有效解决。加大保障性住房建设和交通、水利等基础设施建设,满足人民群众的基本居住、出行和饮水需求,人民群众得到诸多实实在在的实惠。党中央重视扶贫开发工作,明确提出到2020年实现现行标准下贫困人口全部脱贫。2013—2016年,每年脱贫人数均在1200万人以上。实施精准扶贫战略,着力提高脱贫攻坚的成效。不断加强基本公共服务均等化建设,着力补齐落后地区发展短板。党中央着力推动民生建设和消除贫困,根本出发点和着力点就是不断改善人民群众生活质量,让人民共享改革发展成果。

三是坚持建设法治中国,促进社会公平正义,保障人民平等享有各项民主权利。党的十八大以来,党中央把维护社会大局稳定作为基本任务,把促进社会公平正义作为核心价值追求,把保障人民安居乐业作为根本目标,全国推进法治中国建设。党的十八届四中全会审议通过了《中共中央关于全面推进依法治国若干重大问题的决定》,明确提出了全面推进依法治国的总体目标和主要任务,深刻阐明了党的领导和依法治国的关系,阐释了社会主义法治体系的内涵,突出和强调了宪法在依法治国中的地位。深入推进法治政府建设,加快建立政府权力清单、负面清单、责任清单,进一步明确政府的责权边界,坚决消除权力设租寻租空间。健全依法决策机制,建立重大决策终身责任追究制度及责任倒查机制,把公众参与纳入重大行政决策法定程序。全面推进政务公开,让权力在阳光下运行,让人民监督权力的运行。保证公正司法,坚决纠正了一批冤假错案,有效提高了司法公信力。建设法治中国,就是让人民拥有参与决策的权利、拥有监督权力运行的权利、拥有享受司法平等的权利,是落实以人民为中心思想的根本所在。

四是坚持全面从严治党,大力推进反腐倡廉建设,永葆全心全意为人民服务的初心。党是我们事业的坚强领导核心。习近平同志指出,坚持党的领导,是党和国家的根本所在、命脉所在,是全国各族人民的利益所系、命脉所在。① 党的十八大以来,党中央把党要管党、从严治党紧紧抓在手上,下大气力贯彻落实。着眼于加强制度建党,制定、修订了一系列规章、规定、办法和细则,党内制度建设逐渐完善。着眼于保持党同人民群众的血肉联系,制定并坚决贯彻落实"八项规定",聚焦反对"四风",深入开展党的群众路线教育活动,持续深入改进党的作风,不断拉近党同人民群众的距离。着眼于思想建党,深入开展"三严三实"专题教育和"两学一做"学习教育,引导共产党员坚守为人民服务的精神追求。着眼于夯实党执政的组织基础,坚持党总揽全局、协调各方的领导核心作用,不断加强基层党组织建设。着眼于干部清正、政府清廉、政治清明,大力推进党风廉政建设和反腐败斗争,坚持用铁的纪律维护党的团结统一,以零容忍的态度惩治腐败。党的十八大以来,不论查处贪官人数之多、级别之高、行动密集之大,还是涉及领域之

---

① 《坚持和完善党的领导是党和国家的根本所在、命脉所在》,《人民日报》2016 年 7 月 1 日。

宽、挖掘问题之深,都是前所未有的,干部不敢腐不能腐不想腐的态势正在形成。党中央一系列从严治党的重要举措,根本目的是就是永葆党的先进性、纯洁性,始终坚守党全心全意为人民服务根本宗旨。

二、小康不小康关键看老乡

党的十八大以来,习近平同志就全面建成小康社会作了一系列重要论述。他指出,到2020年全面建成小康社会,自然包括农村的全面小康,也必须包括革命老区、贫困地区的全面小康。没有农村的小康,特别是没有贫困地区的小康,就没有全面建成小康社会。他在河北阜平县考察时说,"消除贫困、改善民生、实现共同富裕,是社会主义的本质要求"①。全面建成小康社会,不仅要从总体上、总量上实现小康,更重要的是让农村和贫困地区尽快赶上来,逐步缩小这些地区同发达地区的差距,让小康惠及全体人民。这不仅是实现全面建成小康社会的需要,也是社会主义的本质要求。

第一,脱贫致富奔小康的科学路径是找对因地制宜的发展路子。实现脱贫致富,不仅要解放思想,更要把握方向、找对路子。习近平同志在宁德工作时就提出,"要使弱鸟先飞,飞得快、飞得高,必须探讨一条因地制宜发展经济的路子""确定本地经济发展的路子,要从中央和省里的总体部署,从全局工作的大背景、大前提和本地区的实际情况来考虑"。党的十八大之后,他又进一步强调,"推进扶贫开发,推动经济社会发展,首先要有一个好思路、好路子。要坚持从实际出发,因地制

---

① 《习近平谈治国理政》,外文出版社2014年版,第189页。

宜,理清思路、完善规划、找准突破口"①。当时,他针对宁德实际,明确提出了"因地制宜、分类指导、量力而行、尽力而为、注重效益"的指导思想,主张充分发挥宁德的山海优势,走一条发展大农业的路子,立足本地资源进行工业开发,使农业、工业两个轮子转起来。实践证明,贫困地区只要立足实际,廓清发展思路,找准主攻方向,发挥好比较优势与后发优势,完全可以实现加快发展、后发赶超。

第二,脱贫致富奔小康的根本依靠力量是人民群众。扶贫开发工作是一项具有特殊意义的群众工作,习近平同志指出,"贫困地区的发展靠什么? 千条万条,最根本的只有两条:一是党的领导;二是人民群众的力量""无论是从发挥党的领导作用,还是从调动群众积极性这两方面说,都要求我们的各级干部始终同广大人民群众保持密切的血肉联系"②。他在宁德工作时大力倡导干部要练好密切联系群众这个基本功,推行信访接待下基层、现场办公下基层、调查研究下基层、宣传党的方针政策下基层的"四下基层"工作制度,已成为密切联系群众的重要途径,成为化解矛盾、推动发展、促进和谐、改进作风的有效办法。当年他乘车近3个小时、步行2个多小时,三进寿宁县下党乡访贫问苦、与群众一道商讨解决发展难题,令当地老百姓感念至今。

第三,脱贫致富奔小康的关键是注重农村扶贫工作。扶贫开发是三农工作的重要内容,农村贫困人口增收脱贫又是扶贫工作的重中之重。习近平同志多次强调农村扶贫工作的重要性,他指出:"全面建成小康社会,最艰巨最繁重的任务在农村、特别是在贫困地区。没有农村的小康,特别是没有贫困地区的小康,就没有全面建成小康

---

① 中共云南省委:《深入学习贯彻习近平总书记关于扶贫开发的战略思想》,《求是》2015 年第 7 期。
② 习近平:《摆脱贫困》,福建人民出版社 1992 年版(人民网连载,2014 年 10 月 27 日)。

社会。""全面建成小康社会，不能丢了农村这一头①。""我们实现第一个百年奋斗目标、全面建成小康社会，没有老区的全面小康，特别是没有老区贫困人口脱贫致富，那是不完整的。这就是我常说的小康不小康、关键看老乡的涵义。"②各级党委和政府应更有效地帮助贫困地区、贫困村加快发展，支持贫困农户、提高发展能力，打好农村脱贫攻坚战。

第四，脱贫致富奔小康的重要保障是要大力弘扬"滴水穿石"精神。做好扶贫开发工作、改变落后面貌不是一朝一夕的事，需要始终保持锲而不舍、艰苦奋斗的韧劲。习近平同志在宁德工作时大力倡导"滴水穿石"精神，指出欠发达地区发展"没有什么捷径可走，不可能一夜之间就发生巨变，只能是渐进的，由量变到质变的、滴水穿石般的变化"。他强调，"不能只热衷于做'质变'的突破工作，而要注重做'量变'的积累工作""像接力赛一样，一棒一棒接着干下去"。"滴水穿石"精神，体现了铁杵磨针、积沙成塔的韧性意志，体现了弱鸟先飞、勇为人先的创业激情，体现了矢志如初、奋斗不息的进取品格，体现了"功成不必在我"的境界胸怀，是欠发达地区、革命老区广大干部群众宝贵的精神财富，在今天依然具有很强的现实意义。任何事业的成功，都要有股"水滴"的韧劲，改变贫困地区落后面貌，必须依靠一代又一代干部群众目标一致、矢志不移的共同努力。我们要把"滴水穿石"精神贯穿于脱贫致富奔小康的全过程，"咬定青山不放松"，扑下身子，摸清实情，持之以恒，埋头苦干，以坚韧之力驱除急于求成的浮躁之气，用

---

① 《习近平：实现有质量有效益的速度，实现实实在在没有水分的速度》，新华网，2014 年 11 月 2 日。
② 《把革命老区发展时刻放在心上——习近平主持召开陕甘宁革命老区脱贫致富座谈会侧记》，《人民日报》2015 年 2 月 17 日。

长远之计凝聚扶贫攻坚的强大合力。①

三、实施精准扶贫战略打赢脱贫攻坚战

2013 年 11 月习近平同志在湖南考察时提出了"精准扶贫"概念，他要求"扶贫要实事求是，因地制宜，要精准扶贫，切勿空喊口号，也不要搞好高骛远的目标"。2015 年 1 月他在云南调研时进一步指出，"要以更加明确的目标，更加有力的措施，更加有效的行动，深入推进精准扶贫、精准脱贫，项目安排和资金使用都要合理安排，精准使用，让贫困百姓真正得到实惠"。精准扶贫不仅是新时期做好扶贫开发工作的重要思想指导，更是打赢脱贫攻坚战、全面建成小康社会的现实需要。

第一，实施精准扶贫是打赢脱贫攻坚战的现实需要。党的十八大以来，党中央提出并实施精准扶贫战略，进一步丰富和拓展具有中国特色的扶贫开发道路，开创了新时期扶贫开发事业的新局面。习近平同志指出："我们不能一边宣布全面建成了小康社会，另一边还有几千万人口的生活水平处在扶贫标准线以下，这既影响人民群众对全面建成小康社会的认可度，也影响国际社会对我国全面建成小康社会的认可度。"②当前，重点是要坚持精准扶贫、精准脱贫，重点提高脱贫攻坚成效，确保党中央确定的脱贫攻坚目标如期实现。

一是"重效率轻效果"的扶贫模式已不适应新形势下扶贫开发工作

---

① 尤权：《实现贫困地区全面小康的战略思考——学习习近平同志〈摆脱贫困〉一书的体会》，《人民日报》2014 年 8 月 19 日。

② 刘永富：《全力补齐全面建成小康社会的突出短板》，《求是》2016 年第 6 期。

的需要。衡量扶贫开发工作成效,两个重要的指标就是扶贫工作的准确性和高效性。扶贫开发实施多年来,我们着重推动面上扶贫脱贫,整体性的贫困情况基本摸清,效率也较高,但精确到户、扶贫到户落实得还不够,扶贫瞄准出现偏离,扶贫效果没有充分发挥。新形势下实施精准扶贫战略,就是要把扶贫瞄准的层级,从过去的以县为单位的"区域性"扶贫,调整为到村到户的"点穴式"扶贫,并据此调整相应的配套实施政策。全面小康就是不让一个人掉队的小康,把扶贫瞄准对象聚焦到贫困村、贫困户的"点穴式"扶贫,从根本上纠正了以前扶贫模式的不足,有效提升了扶贫工作成效,也提高了扶贫资源和资金的使用效率,提高了扶贫开发的精准度,让真正的贫苦户能够享受到一户一策带来的好处。

二是"重整体轻个体"的扶贫方式已难以发挥成效。精准扶贫就是为了能够将真正贫困、有帮扶需求的人筛选出来,将有限的扶贫资源精准投放给他们,确保真正有生存和发展需要的贫困户能够得到应有的政策和资源扶持。传统模式下,出于提高扶贫效率的考虑,往往是一级政府统一制定整齐划一的扶贫策略,再依靠一定的组织程序引导贫困人口参与到扶贫开发工作中。但实际情况是,政府制定的统一帮扶策略往往水土不服,与贫困户的脱贫需求不匹配或严重脱节。要全面实现贫困人口脱贫,重点是在"精准"二字上下功夫。只有精准摸清贫困户、精准制定脱贫方案、精准做好资源分配和管理,实实在在地把扶贫工作下沉到村到户,对贫困家庭、贫困人口实施精准帮扶,才能从根本上找到贫困因素、扫清致贫障碍、拔掉致贫"病根",实现真正意义上的脱贫。只有实施对症下药、靶向治疗,扶贫才能取得实实在在的成效,才能赢得贫困户的真心欢迎和接纳,扶贫脱贫才能见到实效。①

---

① 闻涛:《扶贫开发,精准在于扶贫》,《人民日报》2015年6月25日。

三是落实以人民为中心的发展观需要实施精准扶贫战略。习近平同志在看望慰问阜平县困难群众时指出:"消除贫困、改善民生、实现共同富裕,是社会主义的本质要求。对困难群众,我们要格外关注、格外关爱、格外关心,千方百计帮助他们排忧解难,把群众的安危冷暖时刻放在心上,把党和政府的温暖送到千家万户。"精准扶贫就是要坚持走社会主义道路,实现共同富裕。共同富裕是中国特色社会主义的本质规定,是中国特色社会主义理论的重要组成部分。[①] 实现共同富裕,既要确保让有能力和条件发展经济的人脱贫致富,也要努力让没有能力和条件或暂时没有能力和条件发展经济的人不被忽略,需要对每家每户的困难人口实行对口扶贫,这既是落实精准扶贫精准脱贫战略的需要,也是实现共同富裕的核心所在。

第二,实施精准扶贫精准脱贫战略要注重抓好"六个精准"。长期以来,我们在扶贫开发工作中一直存在对贫困人口识别不准、致贫原因情况不明、责任落实不到位、扶贫合力未形成、资金投入不足、贫困群体主观能动性不高和分类指导待加强等问题。"谁是真正的贫困户""贫困原因是什么""怎么针对性帮扶""帮扶效果又怎样""脱贫之后如何退出"等一系列问题制约着扶贫开发工作的深入开展,使得一些真正的贫困人口没有得到帮扶。主要原因在于扶贫对象的精准性、因贫施策的科学性不够。

一是精准识别扶贫对象。精准扶贫、精准脱贫,关键在准,重在实效。准确识别贫困人口,搞清贫困程度,找准致贫原因,是精准扶贫的第一步。要核准底数,精准分类,按照统一的扶贫对象识别办法,摸实

---

① 吴振坤:《改革开放30年的最大成果——论中国特色社会主义》,《理论学刊》2008年第10期。

情况,根据致贫原因和发展需求,科学划分贫困户类型。① 要完善系统,建档立卡,着力开展进村入户工作,对贫困人口状况进行调查。把识别权交给群众,确保贫困户认定的真实有效、公开透明,确保真扶贫户进入帮扶范围。要分析原因,明确目标,在找准贫困对象的基础上,进一步找准致贫原因,采取各种扶贫开发方式和方法,扎实开展针对性的帮扶。要动态监测,分级管理,按照脱贫出、返贫进的原则建立贫困帮扶档案,及时进行数据更新,做到有进有出、逐年更新、分级管理、动态监测。

二是精准安排扶贫项目。在精准识别的基础上,工作重点就是要做到精准施策、分类施策,既要因人因地施策,也要因贫困类型施策。要因地制宜发展特色产业。根据各当地的区位条件、资源优势和产业基础,选择适合当地发展的特色产业。提高群众的积极性和项目的针对性,充分发挥好扶贫项目和资金的带动引领作用,有针对性地引导和帮助贫困户发展产业。② 要构建产业发展带动机制。对建档立卡贫困户统筹安排使用资金,建立产业发展带动机制,奠定牢固的产业发展基础和稳定的脱贫机制保障。重点扶持符合相关条件的农民专业合作社、村集体经济组织、扶贫企业发展扶贫产业,带动贫困户创收增收。

三是精准使用扶贫资金。扶贫资金,既是贫困群众的"保命钱",也是精准扶贫的"助推剂",承载着保基本、兜底线、促公平的重要使命。③ 衡量农村贫困地区扶贫开发工作绩效的直接途径,就是看扶贫资金的运作与管理是否有效。要精准拨付扶贫资金,杜绝资金分配和

---

① 刘奇:《坚决打赢老区脱贫攻坚战》,《人民日报》2016 年 11 月 14 日。

② 国家发展改革委社会发展研究所课题组:《精准扶贫:让全民共同迈上小康之路》,《社会科学报》2016 年 3 月 31 日。

③ 夏红民、曹树林:《扶贫需要提高"精准度"》,《人民日报》2014 年 5 月 21 日。

使用的随意性。要有效利用扶贫资金,重点打造重大的、具有牵引作用的扶贫项目,整合利用各项扶贫资金,集中力量重点解决致贫的突出问题。加大引入社会力量参与扶贫开发工作的力度,通过政府购买服务等方式,盘活、激活社会力量,形成全社会共同参与扶贫的氛围。要严格监管扶贫资金,规范实施扶贫项目,确保扶贫成果能够实实在在落到贫困户身上。

四是精准落实扶贫措施。要针对扶贫对象的贫困情况和致贫原因,制定具体帮扶方案,分类确定帮扶措施,确保帮扶措施和效果落实到户、到人。坚持发展生产脱贫一批。对贫困人口中有劳动能力、有耕地或其他资源,但缺少资金来源、缺少产业支撑、缺少专业技能的,要把脱贫攻坚重点放在改善生产生活条件上,引导和支持他们依靠自己的双手开创美好明天。坚持易地搬迁脱贫一批。对生存条件恶劣、自然灾害频发的地方,要在坚持群众自愿的前提下,实施易地搬迁。同时想方设法为搬迁人口创造生活和就业条件,确保搬得出、稳得住、能致富。坚持生态补偿脱贫一批。对生态系统重要、需要保护修复的地区,重点做好生态环境保护和生态恢复治理。坚持发展教育脱贫一批。秉持"治贫先治愚,扶贫先扶智"的理念,努力让贫困地区的孩子们接受良好教育,破除贫困的代际传递。① 坚持社会保障兜底一批。对贫困人口中不具备劳动能力、完全丧失或部分丧失劳动能力的,交由社会保障兜底。

五是精准派驻扶贫干部。推进脱贫攻坚,要更好地发挥政府的作用,关键是责任落实到人。加快形成中央统筹、省(自治区、直辖市)负总责、市(地)县抓落实的扶贫开发工作机制,做到分工明确、责任清晰、任务到人、考核到位,既各司其职、各尽其责,又协调运转、协同发

---

① 孟庆涛:《中国特色扶贫开发道路促进人权事业发展》,《人民日报》2016 年 10 月 18 日。

力。尤其要在选派贫困村第一书记上下功夫，确保"因村派人精准"。"农村富不富，关键在支部"①，选派优秀干部到贫困村担任村党支部第一书记，夯实农村基层基础，对改变农村贫困面貌、带领贫困人口脱贫致富，至关重要。第一书记人选，可以从优秀大学生村官、创业致富能手、复退军人、返乡农民工或各级机关优秀年轻干部、后备干部和国有企事业单位优秀人员中选派。要加大对农村专业技术人才、种养业能手、知识型人才的技术、信息、资金、项目等扶持，大力培育农村致富带头人，充分发挥"领头羊"作用，引领带动贫困户脱贫致富。

六是精准衡量脱贫成效。精准扶贫的目的在于精准脱贫，确保已脱贫的贫困户精准有序退出，是确保精准扶贫取得成效的重要环节。要通过细致调查、对标检查、群众评议，筛选出已真正实现稳定脱贫的贫困户，逐步推动已脱贫贫困户的有序退出，将有限的扶贫资源留给尚未脱贫的贫困户。要加大对建档立卡的贫困户的动态管理，脱贫即销号，返贫即建档，做到有进有出，客观真实，群众认可。同样，对已经脱贫销号的家庭，也要追踪观察一段时间，政策上有一定缓冲。要铭记老区和老区人民在中国革命进程中作出的巨大贡献，把老区脱贫发展和老区人民生活改善时刻放在心上、抓在手上，加快老区脱贫步伐。

四、形成合理有序的收入分配格局

收入分配问题极其复杂，也是老百姓目前最为关注的问题。改革开放以来，由于我们采取了非均衡发展的战略，一方面，经济得到快速

---

① 姚庆英：《农村富不富，关键在支部》，《组织人事报》2015 年 6 月 11 日。

发展,总体人均收入水平大幅度提高;另一方面,又出现了贫富差距扩大的问题,富的和穷的都有不满意的地方,出现"端起饭碗吃肉,放下筷子骂娘"的现象。形成合理有序的收入分配格局对于缩小贫富差距,实现人民共享改革红利具有十分重要的意义。2015 年 11 月 23日,习近平同志在主持政治局集体学习时指出:"不断健全体制机制和具体政策,调整国民收入分配格局,持续增加城乡居民收入,不断缩小收入差距。"《中华人民共和国国民经济和社会发展第十三个五年规划纲要》要求:"正确处理公平和效率关系,坚持居民收入增长和经济增长同步、劳动报酬提高和劳动生产率提高同步,持续增加城乡居民收入,规范初次分配,加大再分配调节力度,调整优化国民收入分配格局,努力缩小全社会收入差距。"

第一,要形成合理有序的收入分配格局,须充分认识深化收入分配制度改革的重大意义。收入分配制度改革是一项十分艰巨的系统工程,要把落实收入分配制度、增加城乡居民收入、缩小收入分配差距、规范收入分配秩序作为重要任务,着力解决人民群众反映突出的问题。要着重保护劳动所得,努力实现劳动报酬增长和劳动生产率提高同步,提高劳动报酬在初次分配中的比重。健全工资决定和正常增长机制,完善最低工资和工资支付保障制度,完善企业工资集体协商制度。改革机关事业单位工资和津贴补贴制度,完善艰苦边远地区津贴增长机制。同时,完善以税收、社会保障、转移支付为主要手段的再分配调节机制,加大税收调节力度。建立公共资源出让收益合理共享机制。完善慈善捐助减免税制度,支持慈善事业发挥扶贫济困积极作用。规范收入分配秩序,完善收入分配调控体制机制和政策体系,保护合法收入,调节过高收入,清理规范隐性收入,取缔非法收入,增加低收入者收入,扩大中等收入者比重,努力缩小城乡、区域、行业收入分配差距,逐步形成橄榄型分配格局。

第二，要形成合理有序的收入分配格局，须在完善再分配调节机制上强化政府责任。再分配是指国家通过税收、财政转移支付、各类社会保障和社会救助等对初次分配结果进行调节的过程。党的十八届三中全会要求"完善以税收、社会保障、转移支付为主要手段的再分配调节机制，加大税收调节力度。建立公共资源出让收益合理共享机制"①。这就要求我们要进一步强化政府责任，合理运用税收政策工具，健全公共财政体系，提高公共服务支出在财政支出中的比重，不断做大并分好公共资源出让收益，使其更多用于民生改善和社会保障。不断完善政府转移支付制度，重点向革命老区、民族地区、边疆地区、贫困地区倾斜。

第三，要形成合理有序的收入分配格局，须在规范收入分配秩序方面推进体制机制创新。规范收入分配秩序，既要不断完善市场机制，也要更好发挥政府作用。需要各级政府发挥积极主导的作用，加强法律法规体系建设，建立健全财产登记制度，完善财产法律保护制度；健全行政司法联动监管机制，加大维护劳动者合法权益执法力度；减轻中低收入者税负，加大对高收入者税收调节力度；健全现代支付和收入监测体系，严格规范工资外收入、非税收入等管理，强化打击取缔非法收入的法律法规环节，还要在加大反腐力度、加强信息公开、实行社会监督、提升技术保障等方面，不断推进体制机制创新。

五、建立更加公平可持续的社会保障制度

习近平同志在经济工作中强调"守住底线"和社会政策要托底的

---

①　《十八大以来重要文献选编》（上），中央文献出版社 2014 年版，第 537 页。

思路,这就是要形成以保障基本生活为主的社会公平保障体系,织牢民生安全网的"网底"。我国是世界上人口最多的发展中国家,正处于并将长期处于社会主义初级阶段,建立更加公平可持续的社会保障制度必须立足基本国情,积极有为,量力而行,始终坚持以下基本原则:

一是公平与效率相结合。按照这个思路,社会保障制度设计需要有普惠性的安排,政府承担起对最困难群体基本生活保障的"兜底"责任。要建立兼顾各类人员的是社会保障调整机制,合理调节各方面利益关系,促进社会和谐。同时,要把缴费型社会保障作为核心,既发挥社会统筹互济、分散风险的功能,又强调权利与义务相对应,待遇水平与缴费多少适度挂钩,促进诚实勤奋劳动,避免重蹈一些国家福利制度刚性过强、难以持续的覆辙。

二是全覆盖与保基本相结合。国际经验表明,社会保障没有所谓"最优模式",各国都是依据国情作出制度安排。基本制度稳定是实现持续发展的前提,轻率地"翻烧饼"式的"改革",代价沉重,教训深刻。我国的社会保障制度要以全覆盖、保基本为优先目标,尽力而为、量力而行,扩大社会保障覆盖范围,稳步提高各项社会保障待遇标准。虽然我国现行的社会保障制度有很多缺陷,但是已经有多年运行经验,要在此基础上不断完善,而不能在基本制度模式上推倒重来、反复折腾。

三是统一规范与统筹兼顾相结合。我国的社会保障制度改革都是在地方试点基础上逐步推开的,在制度发展中难免带有政策标准参差、地域管理分割的矛盾。要在全国范围内统一基本政策,统一基金管理,规范经办服务流程,建立全国统一的社会保障信息系统,形成全国"一盘棋"。要加强社会保障制度的顶层设计,增强改革的前瞻性、系统性和协调性,协调经济政策和社会政策,统筹城乡发展,妥善处理不同群体之间的利益关系,明确国家、单位、个人(家庭)社会保障的各自责

任,综合推进社会保障体系建设,统筹当前和长远,实现制度可持续
发展。

　　建立更加公平可持续的社会保障制度,要以增强公平性、适应流动
性、保证可持续性为重点,要在以下重点方面取得突破:

　　第一,加快推进社会保险制度改革。习近平强调:"要完善制度、
改进工作,推动养老事业多元化、多样化发展,让所有老年人都能老有
所养、老有所依、老有所乐、老有所安。"①一是坚持社会统筹和个人账
户相结合的基本养老保险制度,完善个人账户制度,健全多缴多得激励
机制,确保参保人权益,实现基础养老金全国统筹,坚持精算平衡原则。
稳定统账结合的基本制度模式并逐渐定型。二是加快推进机关事业单
位养老保险制度改革。按照社会统筹与个人账户相结合的基本模式,
改革机关和事业单位养老保险制度,破除养老保险"双轨制",同时建
立体现机关事业单位特点的职业年金制度。三是整合城乡居民基本养
老保险制度、基本医疗保险制度,加快实现城乡居民在制度上的公平和
公共资源上的共享。四是完善社会保险关系转移接续政策,扩大参保
缴费覆盖面,适时适当降低社会保险费率。

　　第二,加快建立健全保证社会保障制度可持续发展的体制机制。
一是健全社会保障财政投入制度,完善社会保障预算制度。明确政府
所承担的社会保障责任,更好发挥公共财政在民生保障中的作用。二
是建立健全合理兼顾各类人员的社会保障待遇确定和正常调整机制。
以职工和居民收入为基础合理确定社会保障水平,建立综合考虑收入
增长、物价变动等主要因素的正常调整机制,实现社会保障待遇与经济
社会发展相联系的持续、有序、合理增长。三是加强社会保险基金投资

---

　　① 《习近平总书记深入北京市供热企业和敬老院考察民生工作时表示》,新华网,
2013 年 12 月 29 日。

管理和监督,推进基金市场化、多元化投资运营。加强对社保基金的法律监督、行政监督和社会监督,确保基金安全和有效使用。四是健全社会保障管理体制和经办服务体系。根据社会保障制度新的改革发展变化,及时调整社会保障行政管理体制。

第三,推进多层次社会保障体系建设。一是推进城乡最低生活保障制度统筹发展。在不断完善城乡最低生活保障制度的同时,把着力点逐步转向城乡统筹,推进城乡制度整合和待遇衔接。二是改革和完善住房保障制度。建立健全符合国情的住房保障和供应体系,建立公开规范的住房公积金制度,改进住房公积金提取、使用、监管机制,着力提高住房公积金使用效率。三是积极发展补充社会保险和商业保险。制定实施免税、延期征税等优惠政策,加快发展企业年金、职业年金等补充社会保险和各类商业保险,构建多层次社会保障体系。四是健全特殊群体的服务保障制度。加快建立社会养老服务体系和发展老年服务产业,健全农村留守儿童、妇女、老年人关爱服务体系。

参考文献

［1］习近平:《习近平谈治国理政》,外文出版社 2014 年版。

［2］习近平:《之江新语》,浙江出版联合集团、浙江人民出版社 2013 年版。

［3］习近平:《摆脱贫困》,福建人民出版社 1992 年版。

［4］习近平:《干在实处、走在前列——推进浙江新发展的思考与实践》,中共中央党校出版社 2006 年版。

［5］习近平:《中国农村市场化建设研究》,人民出版社 2001 年版。

［6］《习近平总书记重要讲话文章选编》,党建读物出版社、中央文献出版社 2016 年版。

［7］《习近平关于全面建成小康社会论述摘编》,中央文献出版社 2016 年版。

［8］《习近平关于实现中华民族伟大复兴的中国梦论述摘编》,中央文献出版社 2013 年版。

［9］《习近平关于社会主义经济建设论述摘编》,中央文献出版社 2017 年版。

［10］《毛泽东选集》,人民出版社 1991 年版。

［11］《邓小平文选》第二卷,人民出版社 1994 年版。《邓小平文

选》第三卷,人民出版社1993年版。

[12]《邓小平年谱(1975—1997)》,中央文献出版社2004年版。

[13]《十八大以来重要文献选编》,中央文献出版社2014年版。

[14]国家发展和改革委员会编写组:《中华人民共和国国民经济和社会第十三个五年规划纲要辅导读本》,人民出版社2016年版。

[15]《中共中央关于全面深化改革若干重大问题的决定》,人民出版社2013年版。

[16]《中共中央关于全面依法治国若干重大问题的决定》,人民出版社2014年版。

[17]中共中央宣传部编:《习近平总书记系列重要讲话读本》,学习出版社、人民出版社2014年版。

[18]《国家新型城镇化规划(2014—2020年)》,人民出版社2014年版。

[19]《推动共建丝绸之路经济带和21世纪海上丝绸之路的愿景与行动》,人民出版社2015年版。

[20]《习近平用典》,人民日报出版社2015年版。

[21]何毅亭:《学习习近平重要讲话》(增订本),人民出版社2014年版。

[22]安格斯·麦迪森:《中国经济的长期表现(公元960—2030年)》,伍晓鹰等译,上海人民出版社2011年版。

[23]道格拉斯·诺思:《经济史中的结构与变迁》,上海三联书店1991年版。

[24]戴维·史密斯著:《龙象之争》,丁德良译,当代中国出版社2007年版。

[25]罗伯特·罗尔斯:《转折点:增长范式的终结》,上海译文出版

社 2001 年版。

[26]科斯、王宁:《变革中国:市场经济的中国之路》,中信出版社 2013 年版。

[27]托马斯·皮凯蒂:《21 世纪资本论》,中信出版社 2014 年版。

[28]邹致庄:《中国经济转型》,电子工业出版社 2017 年版。

[29]蔡昉:《破解中国经济发展之谜》,中国社会科学出版社 2014 年版。

[30]常修泽:《包容性改革论》,经济科学出版社 2013 年版。

[31]陈佳贵、黄群慧等:《工业大国国情与工业强国战略》,社会科学文献出版社 2012 年版。

[32]成思危、厉以宁、吴敬琏、林毅夫等:《改革是中国最大的红利》,人民出版社 2013 年版。

[33]迟福林:《改革红利》,中国经济出版社 2013 年版。

[34]迟福林:《转型抉择 2020:中国经济转型升级的趋势与挑战》,中国经济出版社 2015 年版。

[35]樊纲:《制度改变中国》,中信出版社 2014 年版。

[36]高培勇:《财税体制改革与国家治理现代化》,社会科学文献出版社 2015 年版。

[37]高尚全:《改革只有进行时》,人民出版社 2013 年版。

[38]辜胜阻:《创新驱动战略与经济转型》,人民出版社 2013 年版。

[39]何传启主编:《中国现代化报告》,北京大学出版社 2015 年版。

[40]国家行政学院经济学教研部编著:《中国经济新常态》,人民出版社 2015 年版。

［41］国家行政学院经济学教研部编著:《中国供给侧结构性改革》,人民出版社 2016 年版。

［42］国家行政学院经济学教研部编著:《中国经济新方位》,人民出版社 2017 年版。

［43］国家行政学院编写组:《中国精准脱贫攻坚十讲》,人民出版社,2016 年版。

［44］国家行政学院编写组:《中国新发展理念》,人民出版社 2016 版。

［45］国家行政学院编写组:《打造中国经济升级版》,国家行政学院出版社 2014 年版。

［46］国家行政学院编写组:《攻坚:全面深化经济体制改革》,国家行政学院出版社 2014 年版。

［47］胡鞍钢:《2030 中国:迈向共同富裕》,中国人民大学出版社 2011 年版。

［48］贾康主编:《供给侧改革理论、实践与思考》,商务印书馆 2016 年版。

［49］李扬、张晓晶:《论新常态》,人民出版社 2015 年版。

［50］厉以宁:《中国经济双重转型之路》,中国人民大学出版社 2013 年版。

［51］林毅夫、蔡昉、李周:《中国的奇迹:发展战略与经济改革》,格致出版社 1994 年版。

［52］林毅夫:《解读中国经济没有现成模式》,社会科学文献出版社 2008 年版。

［53］林毅夫:《新结构经济学》,北京大学出版社 2012 年版。

［54］刘鹤:《两次全球大危机的比较研究》,中国经济出版社 2013

年版。

[55]刘世锦主编:《在改革中形成增长新常态》,中信出版社 2014 年版。

[56]刘伟:《改革与发展的经济学分析》,北京大学出版社 2005 年版。

[57]马建堂主编:《2014 年中国宏观经济》,中国统计出版社 2015 年版。

[58]聂高民、孙长学等:《中国经济体制改革顶层设计研究》,人民出版社 2012 年版。

[59]欧阳峣:《大国综合优势》,上海三联书店 2011 年版。

[60]邱晓华、管清友:《新常态经济》,中信出版集体 2015 年版。

[61]王一鸣等:《走向 2020:中国中长期发展的挑战和对策》,中国计划出版社 2011 年版。

[62]王一鸣主编:《改革红利与发展活力》,人民出版社 2013 年版。

[63]王一桅:《"一带一路"机遇与挑战》,人民出版社 2015 年版。

[64]魏礼群主编:《四个全面:新布局、新境界》,人民出版社 2015 年版。

[65]魏礼群:《改革论集》,人民出版社 2016 年版。

[66]吴敬琏:《中国增长模式抉择》(第 4 版),上海远东出版社 2013 年版。

[67]徐绍史主编:《加快转变经济发展方式》,人民出版社、党建读物出版社 2015 年版。

[68]张占斌、周跃辉:《新常态下的大国经济》,湖南人民出版社 2015 年版。

[69]张占斌:《大国经济的治理》,国家行政学院出版社 2014 年版。

[70]张占斌:《统筹城乡经济发展》,国家行政学院出版社 2011 年版。

[71]张占斌:《中国改革新起点》,人民出版社 2017 年版。

[72]张占斌:《改革红利再释放》,三联书店 2014 年版。

[73]张占斌:《解析新型城镇化》,中国经济出版社 2014 年版。

[74]张占斌:《中国式崛起:渐进改革与政府公共政策选择》,中央文献出版社 2004 年版。

[75]张占斌主编:《中国经济强国梦》,河北出版传媒集团、河北人民出版社 2014 年版。

[76]赵胜轩主编:《全面建成小康社会与中国梦》,人民出版社、党建读物出版社 2015 年版。

[77]武力主编:《中国道路与中国梦》,当代中国出版社 2015 年版。

[78]周其仁:《城乡中国》,中信出版集团 2017 年版。

[79]周天勇:《艰难的复兴:中国 21 世纪国际战略》,中共中央党校出版社 2013 年版。

[80]周天勇:《中国向何处去》,人民日报出版社 2010 年版。

[81]郑永年:《中国模式经验与挑战》,中信出版集团 2016 年版。

[82]张维为:《文明型国家》,上海人民出版社 2017 年版。

后　记

　　当下,中国处在一个巨大的历史变革新时代。党的十八大以来,以习近平同志为核心的党中央提出了一系列治国理政的新理念新思想新战略,协调推进"五位一体"总体布局和"四个全面"的战略布局。为适应和引领中国经济新常态,努力跨过"中等收入陷阱",提出了创新、协调、绿色、开放、共享新发展理念,大力推进供给侧结构性改革,更加注重经济增长的质量和效益,加快从经济大国走向经济强国。五年来,中国经济稳中求进,取得了一系列新实践、新成就、新经验。这些重要的战略研判、思想论断和实践经验,既是马克思主义政治经济学的新成果,当代发展经济学的新突破,又是中国特色社会主义建设规律的新提升,中国特色社会主义理论体系的新发展,开辟了治国理政的新境界,指明了大国巨轮的前进航向。

　　国家行政学院是培训公务员特别是高中级公务员的新型学府,是培养高层次管理人才和政策研究人才的重要基地,是为中央提供决策咨询服务、开展科学研究的新型智库,还是坚守意识形态导向和舆论引领的理论阵地。近几年来遵照中央和学院党委要求,我和经济学部的同仁认真学习贯彻落实习近平总书记系列重要讲话精神,在院内外承担了相应的教学、科研和咨询任务。我本人主讲了"从经济大国到经济强国的战略""中国经济新常态及经济政策取向""新型城镇化与国家变革""全面建成小康社会""加快推进供给侧结构性改革"等课程,合作编著了《释放改革红利》《打造中国经济升级版》《攻坚:全面深化经济体制改革》《走进新常态的中国经济》《四个全面:新布局、新境界》《中国经济新常态》《从经济大国迈向经济强国》《中国供给侧结构性改革》《中国新发展理念》《中国精准脱贫攻坚十讲》《中国经济新方位》等著作,先后由人民出版社和国家行政学院出版社出版,有的获得了中央宣传部、中央组织部等评选的优秀理论读物等奖项,有的入选国家社科基金资助的中华学术外译项目,产生了良好的社会反响。

2017年下半年,党的十九大将隆重召开,总结党的十八大以来以习近平同志为核心的党中央在经济建设领域的成就和经验,对于我们做好下一个五年乃至更长一段时间的经济工作至关重要。为此,虽然认识和能力有限,但我们仍然满怀敬畏之心地开始了这项工作。本书的写作,得到了国家行政学院领导和同事的关心支持。马宝成、张青、冯俏彬、樊继达、马小芳、黄锟、王茹、王海燕、张国华、谢振东、孔世平、周跃辉、杜庆昊、吕洪业、马海龙、孙志远、水名岳、孙飞、高立菲等参加了部分章节内容的讨论和修改。特别是周跃辉、杜庆昊、孙飞等做了基础性的资料文字处理工作,浓情厚谊,记在心里。在此,一并表示诚挚的感谢!

写作此书,是服务党中央国务院工作大局的一种实现形式,也是本人教学、科研、咨询"三结合"的有益探索。写作的过程,也是本人不断学习、提高思想认识的过程。因此,本书只是阶段性的初步研究成果,今后还需要继续跟踪研究,不断提高认识水平。由于写作时间比较紧,本人理论水平有限,书中不妥之处,欢迎广大干部和读者朋友批评指正。

张占斌

2017 年 7 月

策划编辑:郑海燕
责任编辑:郑海燕　张　燕
封面设计:林芝玉
责任校对:吕　飞

图书在版编目(CIP)数据

中国经济新棋局/张占斌 著. —北京:人民出版社,2017.11(2019.4 重印)
(中国改革新征途:体制改革与机制创新丛书)
ISBN 978 - 7 - 01 - 018133 - 2

Ⅰ.①中… Ⅱ.①张… Ⅲ.①中国经济-经济发展-研究 Ⅳ.①F124

中国版本图书馆 CIP 数据核字(2017)第 218562 号

中国经济新棋局

ZHONGGUO JINGJI XINQIJU

张占斌　著

人 民 出 版 社 出版发行
(100706　北京市东城区隆福寺街 99 号)

北京盛通印刷股份有限公司印刷　新华书店经销

2017 年 11 月第 1 版　2019 年 4 月北京第 3 次印刷
开本:710 毫米×1000 毫米 1/16　印张:17
字数:202 千字

ISBN 978 - 7 - 01 - 018133 - 2　定价:55.00 元

邮购地址 100706　北京市东城区隆福寺街 99 号
人民东方图书销售中心　电话 (010)65250042　65289539

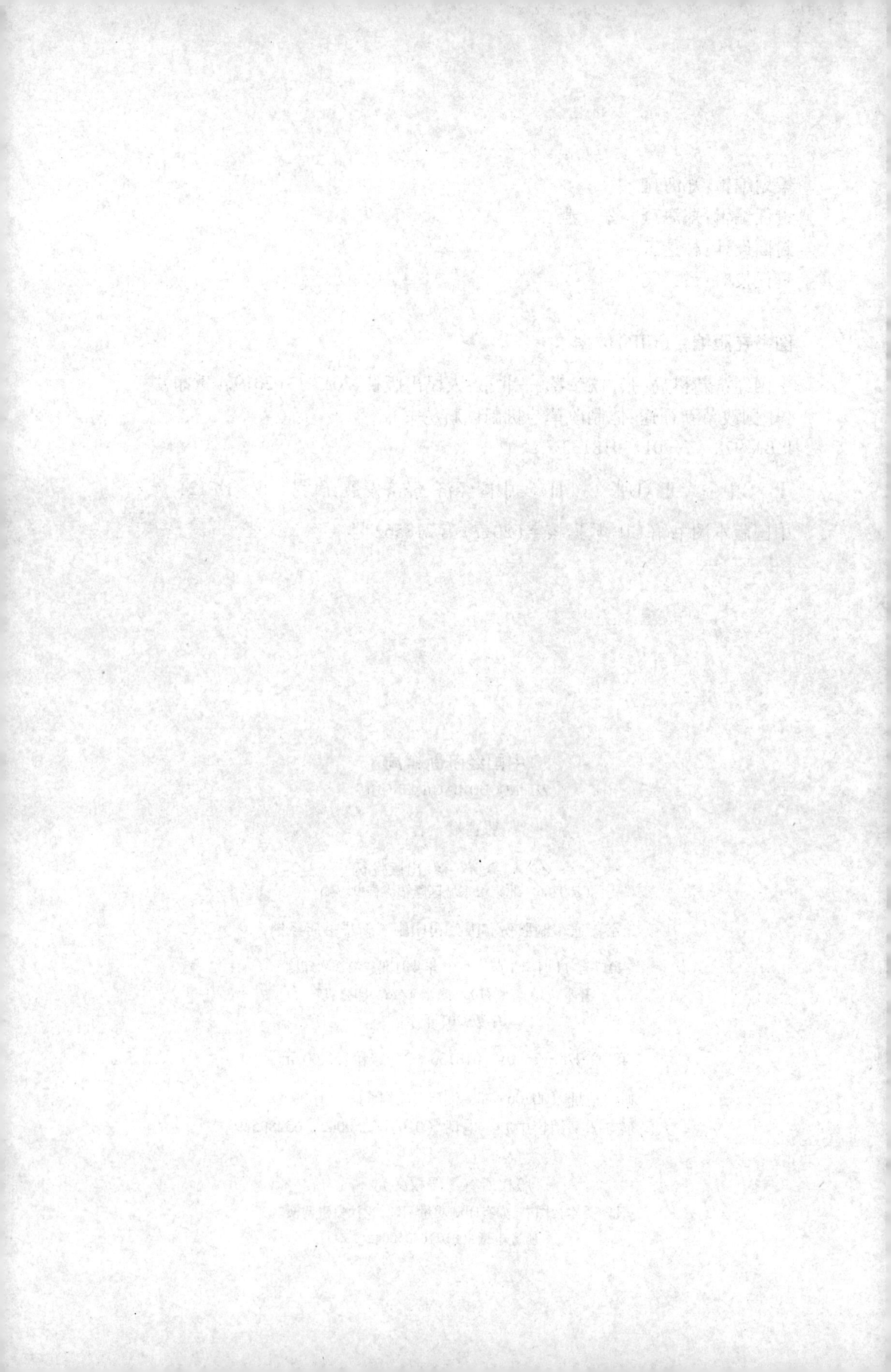